Tratando
BULIMIA em
ADOLESCENTES

Tratando
BULIMIA em
ADOLESCENTES

Uma Abordagem Baseada no Envolvimento de Toda a Família

Daniel Le Grange
James Lock

M. Books do Brasil Editora Ltda.

Rua Jorge Americano, 61 – Alto da Lapa
05083-130 – São Paulo – SP – Telefones: (11) 3645-0409/(11) 3645-0410
Fax: (11) 3832-0335 – e-mail: vendas@mbooks.com.br

Dados de Catalogação na Publicação

Le Grange, Daniel.
Tratando Bulimia em Adolescentes. Uma Abordagem Baseada no Envolvimento de Toda a Família/Daniel Le Grange e James Lock.

São Paulo, SP – M.Books do Brasil Editora Ltda.
1. Psicologia 2. Psiquiatria 3. Psicoterapia 4. Transtorno Alimentar

ISBN: 978-85-7680-058-3

Do original: Treating Bulimia in Adolescents. A Family-Based Approch
© 2007 The Guilford Publications, Inc.
© 2009 M.Books do Brasil Editora Ltda.
ISBN original: 978-1-59385-414-0

Editor
MILTON MIRA DE ASSUMPÇÃO FILHO

Tradução
Dayse Batista

Produção Editorial
Lucimara Leal

Coordenação Gráfica
Silas Camargo

Capa e diagramação
Crontec

Projeto Gráfico (original)
Paul Gordon

Para a minha irmã Lizette, já falecida – DLG

Para a minha família, cujo amor e apoio tornaram possível este trabalho – JL

Sobre os Autores

A prática combinada de Daniel Le Grange e James Lock no tratamento de transtornos alimentares totaliza trinta anos. Eles dedicam sua vida profissional ao apoio de pais e jovens com transtornos alimentares no tratamento dessas doenças tão complicadas. Especialmente nos últimos cinco anos, ambos têm-se dedicado consideravelmente a aprender mais sobre a bulimia nervosa em adolescentes e sobre as formas de apoiar as famílias em seus esforços para lidarem com as complexidades e com as dúvidas ligadas a este transtorno. Grange e Lock são co-autores, juntamente com W. Stewart Agras e Christopher Dare, do único manual de tratamento baseado em evidências para a anorexia nervosa, *Treatment Manual for Anorexia Nervosa: A Family-Based Approach* (Guilford, 2001) e também escreveram um livro para pais, *Help Your Teenager Beat an Eating Disorder* (Guilford, 2005).

Daniel Le Grange, PhD, é professor associado no Departamento de Psiquiatria da Seção para Psiquiatria de Crianças e Adolescentes e Diretor do Programa para Transtornos Alimentares na Universidade de Chicago. Realizou seu doutorado no Instituto de Psiquiatria da Universidade de Londres e estagiou no Hospital Maudsley, em Londres, onde participou da equipe responsável pelo desenvolvimento do tratamento baseado na família para a anorexia nervosa (a "abordagem de Maudsley"). Completou o trabalho de pós-doutorado no Hospital Maudsley e na Universidade de Londres, além de trabalhar com pesquisas na Faculdade de Medicina da Universidade de Stanford, onde apresentou, pela primeira vez, a abordagem de Maudsley aos seus colegas norte-americanos. Ele é autor ou co-autor de numerosos artigos, capítulos de livros e resumos clínicos e de pesquisas. A maior parte de seu trabalho acadêmico está centrada na área do tratamento baseado na família para distúrbios alimentares da adolescência, incluindo o primeiro estudo de dois tratamentos baseados na família para pacientes adolescentes ambulatoriais com anorexia nervosa. Foi eleito membro do conselho da Academia para Distúrbios Alimentares, em 2002, e atuou em diversos cargos na Academia. No passado, recebeu o prêmio *Career Development Award* do Instituto Nacional de Saúde Mental (NIMH, Estados Unidos), que visa investigar a eficácia relativa de tratamentos baseados na família para adolescentes com bulimia nervosa; atuou como investigador principal em Chicago para um estudo multicêntrico com duração de cinco anos do NIMH, para a investigação da eficácia de dois tratamentos psicossociais para adolescentes com anorexia nervosa; e participou como investigador em um estudo multicêntrico com duração de quatro anos do NIMH sobre a avaliação ecológica imediata da anorexia nervosa. Participa intensamente como conferencista nos Estados Unidos, Canadá, Europa, Austrália e África do Sul.

James Lock, MD, PhD, é professor de Psiquiatria Infantil e Pediatria na Divisão de Psiquiatria da Criança e Adolescente e de Desenvolvimento Infantil do Departamento de Psiquiatria e Ciências Comportamentais da Faculdade de Medicina da Universidade de Stanford, onde leciona desde 1993. É também diretor do Programa de Transtornos Alimentares da Divisão de Psiquiatria Infantil e diretor psiquiátrico de um programa de transtornos alimentares para pacientes pediátricos e adolescentes internados, no Hospital Infantil Lucile Salter, em Stanford. Formou-se em Psiquiatria Geral no Centro Médico da UCLA e em psiquiatria infantil, no Centro Médico da Universidade da Califórnia, em Davis, Califórnia. Suas principais pesquisas e interesses clínicos são voltados para estudos de psicoterapias, especialmente em crianças e adolescentes, e especificamente para aqueles com transtornos alimentares. Além disso, interessa-se também pelo desenvolvimento psicossexual de crianças e adolescentes e riscos relacionados a psicopatologias. Já publicou mais de 150 artigos, resumos e capítulos de livros. Ele atua nos conselhos editoriais de muitos periódicos científicos voltados para psicoterapia e distúrbios alimentares relacionados à saúde mental da criança e do adolescente, fazendo parte também como membro do conselho da Academia para Distúrbios Alimentares e membro da Sociedade de Pesquisas de Distúrbios Alimentares. É um dos agraciados com o prêmio *Early Career Development Award* e é o detentor atual do prêmio *Mid-Career Development,* ambos do NIMH, voltados para o desenvolvimento e estudo do tratamento de distúrbios alimentares em adolescentes, sendo também o principal investigador em Stanford de um estudo patrocinado pelo NIMH, que compara o tratamento individual ajustado para a fase do desenvolvimento com o tratamento baseado na família para a anorexia nervosa em adolescentes. Lock tem extensa experiência como conferencista, tendo se apresentado nos Estados Unidos, Europa e Austrália.

Agradecimentos

Gostaríamos de agradecer as contribuições de diversos colegas clínicos para a criação desse livro. Somos gratos pela orientação oferecida a nós por Bennett Leventhal (Chicago), Timothy Walsh (Columbia), Stewart Agras (Stanford), Michael Stroeber (UCLA), Hans Steiner (Stanford), Joel Yager (Universidade do Novo México) e Helena Kraemer (Stanford). O importante trabalho dos nossos colegas nos Hospitais da Universidade de Chicago foi fundamental para o desenvolvimento inicial, piloto do projeto e teste empírico final deste livro. Entre esses estão Roslyn Binford, Maureen Dymek, Khytam Dawood, Marla Engelberg, Renee Hoste e Chris Thurstone. Agradecemos especialmente às famílias que participaram do processo de desenvolvimento desse manual e que nos concederam generosamente a permissão para usarmos suas transcrições neste livro. Além disso, o Doutor Le Grange recebeu o apoio de um Prêmio para o Avanço de Carreira (*Career Development Award*) do NIMH (K23 MH01923), e o Dr. Lock foi patrocinado por um Prêmio de Carreira em Andamento (*Mid-Career Award*) do NIMH (K24 MH074467). Finalmente, e como sempre, expressamos nossa gratidão aos nossos familiares por seu apoio durante nossos esforços nesse projeto.

Prefácio

Escrevemos este livro para os médicos que trabalham com adolescentes com anorexia nervosa. Ele é uma adaptação de nosso trabalho sobre a anorexia nervosa em adolescentes (Lock, Le Grange, Agras e Dare, 2001), uma abordagem que se deriva de um tratamento baseado na família (TBF) usada pela primeira vez em ensaios controlados no Hospital Maudsley de Londres, depois colocada na forma de um manual e sujeitada a ensaios controlados e sem controle mais amplos, nas Universidades de Stanford de Chicago.

Até o momento, nosso entendimento sobre o tratamento de adolescentes com bulimia nervosa tem sido limitado pela ausência total de diretrizes de tratamento baseadas em evidências, para este distúrbio e com este grupo etário. Este livro tem por objetivo começar a preencher esta lacuna em nosso conhecimento e oferecer diretrizes clínicas acerca de como oferecer TBF para a bulimia nervosa. Em termos mais específicos, ele resulta diretamente de experiências na adaptação e prática do TBF com adolescentes com bulimia nervosa, no primeiro ensaio controlado realizado nos Estados Unidos, completado recentemente na Universidade de Chicago.

As estratégias gerais são semelhantes àquelas apresentadas em nosso livro anterior, *Treatment Manual for Anorexia Nervosa: A Family-Based Approach*. Entretanto, as diferenças nos sintomas de bulimia nervosa e nas personalidades e famílias de adolescentes com bulimia nervosa tornam o processo e as particularidades do TBF distintos daqueles oferecidos para pacientes com anorexia nervosa Assim, este manual oferece uma nova aplicação do TBF, para uma população relacionada, mas clinicamente distinta. A forma de tratamento familiar descrita aqui utiliza os pais como um recurso para a recuperação do adolescente com bulimia nervosa. Uma diferença crucial em relação ao TBF para a anorexia nervosa é o fato de que o adolescente com bulimia é chamado a colaborar com seus pais, neste esforço combinado para a sua recuperação. Em contraste, no TBF para a anorexia nervosa em adolescentes, os pais devem assumir o controle nos esforços para a recuperação do peso e não esperar a colaboração do filho, até a restauração do peso e da alimentação normal. Para adolescentes com bulimia nervosa, uma abordagem mais colaborativa é possível, em parte devido à natureza egodistônica dos sintomas bulímicos na maioria das adolescentes, uma diferença decisiva entre esses jovens e seus colegas com anorexia nervosa, para as quais os sintomas apresentam-se em sintonia com o ego. Além disso, a ajuda para que a família reduza a culpa que acompanha a bulimia na adolescência é, em geral, um caminho eficaz para a geração de maior cooperação entre a adolescente e seus familiares, no TBF.

Assim como ocorreu com nosso manual para adolescentes com anorexia nervosa, nossa principal esperança, ao desenvolvermos este livro sobre o tratamento para a bulimia nervosa, é tornar o TBF disponível em formato de livro, de modo que mais adolescentes com este distúrbio possam receber a oportunidade de experimentar um alívio sintomático precoce, recuperando-se de sua doença e vivendo sua adolescência sem as restrições impostas por um transtorno alimentar.

Durante aproximadamente uma década, nós trabalhamos como médicos e investigadores, em contextos médicos acadêmicos. Embora tenhamos trabalhado em diferentes partes do mundo, nosso interesse mútuo no tratamento de adolescentes com distúrbios alimentares nos uniu em nosso entendimento acerca da melhor maneira de fazermos o que fazemos diariamente, em nossas respectivas práticas. Tal sintonia de idéias levou a uma colaboração rica e produtiva, que está completando dez anos. Iniciamos nossa parceria em 1998 e escrevemos nosso primeiro livro, *Treatment Manual for Anorexia Nervosa* (Lock *et al.*, 2001), seguido por um livro sobre transtornos alimentares dirigido aos pais, *Help Your Teenagge Beat an Eating Disorder* (Lock e Le Grange, 2005) e, agora, este livro de tratamento para a bulimia nervosa em adolescentes.

Sumário

Um	Introdução e Informações Gerais sobre a Bulimia Nervosa	15
Dois	Tratamento Baseado na Família para Bulimia Nervosa na Adolescência	32
Três	Primeiro Estágio	46
Quatro	Primeira Sessão	58
Cinco	Primeira Sessão, na Prática	78
Seis	Segunda Sessão	101
Sete	Segunda Sessão, na Prática	114
Oito	Restante do Primeiro Estágio (Sessões 3-10)	136
Nove	Restante do Primeiro Estágio, na Prática	160
Dez	Segundo Estágio	185
Onze	Segundo Estágio, na Prática	200
Doze	Terceiro Estágio	216

Treze	Terceiro Estágio, na Prática	231
Quatorze	Resumo de um Caso Concluído	252
	Referências	259
	Índice	269

CAPÍTULO I

Introdução e Informações Gerais sobre a Bulimia Nervosa

A Finalidade deste Livro

Embora seja oferecido em arranjos clínicos, o trabalho familiar com adolescentes que sofrem de bulimia nervosa (BN) tem apoio empírico sistemático, e os terapeutas têm poucas diretrizes acerca da melhor maneira de executar essas intervenções. A BN é um transtorno com início predominantemente nos anos intermediários e finais da adolescência, e que parece ter alguma relação com dificuldades associadas ao desenvolvimento do adolescente. Portanto, abordagens que levam em consideração as questões desenvolvimentais associadas à adolescência provavelmente estão mais propensas ao sucesso. Contrastando com o tratamento para a BN, a terapia familiar para a anorexia nervosa (AN) em adolescentes está em um estágio relativamente avançado. Este livro visa abordar essa lacuna e oferecer orientação clínica para a terapia familiar para a BN. A forma de terapia familiar descrita é específica na utilização dos pais e familiares como um recurso para ajudar o adolescente com BN. Ela se deriva do tratamento baseado na família (TBF) para AN em adolescentes, criado no Maudsley Hospital e apresentado depois na forma de manual, para a sua disseminação. Assim, as intervenções gerais do livro são idênticas, em muitos casos, e similares àquelas apresentadas no tratamento de adolescentes com AN usando o TBF. Entretanto, as diferenças nos sintomas da bulimia, as personalidades de adolescentes com BN e as famílias desses jovens tornam o processo e detalhes do TBF substancialmente distintos daqueles oferecidos para pacientes com AN. Portanto, ainda que derivado do manual de TBF usado para AN na adolescência, este livro oferece uma nova aplicação da abordagem, para uma população diferente. Ele apresenta um programa de tratamento que inclui os detalhes de sessões e fases específicas da terapia.

O livro é uma adaptação de um manual de tratamento para AN em adolescentes baseado na família e publicado recentemente (Lock, Le Grange, Agras e Dare, 2001). Essa abordagem de tratamento deriva-se de diversos ensaios controlados de tratamento familiar para a AN (Dare, 1985; Eisler *et al.*, 1997, 2000; Le Grange, Eisler, Dare e Russell, 1992; Russell, Szmukler, Dare e Eisler, 1987) e foi estudado posteriormente na Universidade de Stanford (Lock, Agras, Bryson e Kraemer, 2005) e na Universidade de Chicago (Le Grange, Binford e Loeb, 2005).

A perspectiva geral deste enfoque terapêutico é ver os pais e outros familiares como recursos para ajudar pacientes adolescentes com BN. Os pais, em particular, exercem papéis cruciais durante os três estágios do tratamento. A perspectiva de que os pais devem ser levados em consideração, no que se refere ao tratamento de seus filhos com transtornos alimentares, há muito é defendida (Lasègue, 1873). De fato, para a maior parte das doenças médicas e para muitas doenças psiquiátricas, os pais e familiares geralmente são vistos como fundamentais. Por diversas razões, porém, as famílias de adolescentes com transtornos alimentares têm sido culpadas por esses problemas, embora com poucas evidências (o Capítulo 2 cobre a lógica completa do TBF).

Durante o primeiro estágio do tratamento, os pais devem desafiar e romper comportamentos alimentares disfuncionais, incluindo especificamente o consumo alimentar compulsivo, purgação e dietas exageradas. O sucesso dessas intervenções pelos pais exige, com freqüência, uma renovação dos papéis ligados ao controle e manejo desses comportamentos. Nesta fase, um dos principais objetivos é capacitar os pais para que assumam esses papéis. Além disso, a terapia concentra-se no apoio à ruptura desses comportamentos, em vez de convergir para outras questões psicológicas ou do desenvolvimento. Com freqüência, o terapeuta descobre que os pais não concordaram sobre a melhor maneira de abordar o problema de bulimia de seu filho, de modo que uma ênfase considerável é colocada sobre a necessidade de que os pais (quando existem os dois) concordem sobre como proceder. Ainda assim, o terapeuta evita dirigir os membros da família para soluções específicas e, em vez disso, incentiva-os a elaborarem, sozinhos, o melhor modo de superar os comportamentos bulímicos.

O segundo estágio concentra-se em devolver ao adolescente o controle sobre a alimentação e o peso corporal. Ele pode ter início apenas depois que os pais estiverem seguros de que os comportamentos alimentares voltaram ao normal, que o peso corporal é estável e que o consumo alimentar compulsivo e a purgação terminaram. Nesse ponto, é possível abordar outros problemas familiares, na medida em que afetam as preocupações e comportamentos com forma física e peso do adolescente. Apenas no terceiro estágio, quando o próprio adolescente demonstrou domínio sobre sintomas bulímicos, problemas mais gerais relativos a ela e à sua família assumem o primeiro plano no tratamento. Em geral, este estágio envolve o apoio ao adolescente e à família, enquanto o jovem avança produtivamente em seu desenvolvimento. Especificamente, este estágio envolve um trabalho para a crescente autonomia pessoal do adolescente, limites familiares mais adequados e a necessidade de que os pais reorganizem suas vidas juntos, enquanto os filhos adolescentes tornam-se mais independentes.

Este livro apresenta quatorze capítulos. O primeiro oferece uma introdução e visão geral da BN em adolescentes. O Capítulo 2 oferece uma introdução ao TBF para adolescentes com BN e apresenta em detalhes a terapia, que será o tema dos capítulos restantes. Os Capítulos de três a treze oferecem instruções detalhadas para a condução do TBF para a BN. As três sessões iniciais recebem uma ênfase particular, porque estabelecem o tom e o estilo terapêutico empregados durante todo o tratamento. Nesses capítulos, descrevemos as manobras terapêuticas assumidas pelo terapeuta, sua lógica e ilustrações de cada uma delas.

Neste capítulo introdutório, oferecemos materiais informativos gerais sobre a BN, a literatura pertinente gerada por estudos sobre a doença, um perfil da apresentação da BN em adolescentes, como esta difere da AN em adolescentes e opções e prognóstico para o tratamento.

Visão Geral da BN em Adolescentes

Os transtornos alimentares são condições altamente prevalentes, que têm um impacto profundo na vida dos adolescentes e de suas famílias. A BN é um transtorno alimentar debilitante, que afeta até 2% das mulheres jovens; surge, geralmente, na adolescência, muitas vezes já aos 12 anos de idade, e atinge um pico por volta dos 18 anos (Michelle *et al.*, 1987). O aspecto principal é o consumo alimentar compulsivo, acompanhado por sensação de perda do controle, culpa e remorso. Como na AN, existe o temor de engordar e tentativas repetidas de perder peso com dietas e/ou comportamentos compensatórios de purgação (por exempo, vômitos auto-induzidos, abuso de laxantes ou diuréticos), (American Psychiatric Association, 1994; Russell, 1979).

A BN é uma fonte importante de morbidade psiquiátrica e prejudica diversas áreas do funcionamento. Condições psiquiátricas comórbidas incluem altas taxas de depressão e ansiedade, transtornos de personalidade, perturbações no funcionamento escolar, abuso de álcool e drogas e tentativas de suicídio. Adolescentes com BN têm auto-estima significativamente reduzida em relação a adolescentes sem transtornos alimentares (Crowther *et al.*, 1985, 1986); além disso, pacientes adolescentes com bulimia relatam significativamente mais ideação suicida e tentativas de suicídio que outros adolescentes (Franko *et al.*, 2004; Hoberman e Garfinkel, 1990). Pode haver uma associação entre abuso sexual e físico e o comportamento de euforia alimentar e purgação entre adolescentes (Ackard *et al.*, 2001; Waller, 1991), mas essa questão não foi suficientemente explorada em pacientes jovens. Além da morbidade psiquiátrica, a preocupação com alimentos e peso corporal pode prejudicar o funcionamento social, escolar e profissional.

Embora a BN seja uma condição psiquiátrica, ela também está associada a complicações médicas, morbidade e mortalidade importantes (Palla e Litt, 1988). Até um quarto dos pacientes podem precisar ser hospitalizados por razões médicas (Palmer e Guay, 1985; Fisher *et al.*, 1995). Além disso, a BN é, com freqüência, um risco à vida, em virtude dos efeitos fisiológicos do consumo alimentar excessivo e de vômitos recorrentes. A hipocalemia é comum, e hipocalcemia, hipomagnesemia, hipofosfatemia, irritação e sangramento do esôfago, lacerações de Mallory-Weiss, ruptura gástrica e anormalidades do intestino grosso também têm sido notados (Schebendach e Nussbaum, 1992). O uso de xarope de ipeca para induzir vômito pode causar cardiomiopatia por emetina, toxicidade hepática ou miopatia periférica (Sociedade para Medicina Adolescente, 1995). O peso corporal geralmente está dentro da faixa normal, mas cáries dentárias, doença periodôntica e irregularidades menstruais são comuns (25% das pacientes apresentam amenorréia secundária e 33% apresentam menstruação irregular). A instabilidade médica potencial dessas pacientes, exacerbada pelo fato de que a maioria tende a negar a gravidade do problema, causa o risco de mortalidade.

O crescimento é um processo dinâmico no início da adolescência, e *déficits* nutricionais intensos podem ocorrer na ausência do ganho de peso saudável e esperado (Schebendach e Nussbaum, 1992). Os primeiros estudos sobre comportamentos de dieta e consumo alimentar compulsivo em amostras comunitárias mostravam que de 10% a 50% das meninas e meninos adolescentes engajavam-se freqüentemente em comportamentos de consumo alimentar compulsivo (Johnson *et al.*, 2002; Jones *et al.*, 2001; Stice *et al.*, 1998, 1999; Whitaker *et al.*, 1990).

Existem também evidências sugerindo que padrões alimentares perturbados em homens podem ser semelhantes àqueles observados em mulheres (Walsh e Wilson, 1997). A BN pode ser tão comum entre mulheres não-ocidentais e de minorias étnicas quanto é entre adolescentes caucasianas (French *et al.*, 1997; Stevens *et al.*, 2003. Story *et al.*, 1995).

A freqüência de BN tem aumentado entre adolescentes e pré-adolescentes. Aplicando critérios de diagnóstico rígidos, os estudos descobriram que de 2% a 5% das adolescentes entrevistadas* qualificavam-se para um diagnóstico de BN (Walsh e Wilson, 1997). Diversos relatos têm descrito números alarmantemente altos de adolescentes com BN (Mitchell e Hatsukami, 1987; Stein, Chalhoub e Hodes, 1998; Kent, Lacey e McClusky, 1992; Russell *et al.*, 1987). A freqüência relativa de BN pré-menarca em crianças é particularmente desconcertante (Maddocks *et al.*, 1992). Em contraste com a AN na adolescência, para a qual existem claras evidências de que casos com um início mais precoce da doença têm um prognóstico melhor que aqueles com início tardio (Steiner e Lock, 1998), o mesmo não se aplica para a BN. Em uma série de 32 casos de BN com idade de início aos 15 anos ou menos, autoferimentos deliberados eram mais comuns, comparados com casos de início mais tardio. Quase duas vezes mais casos de início precoce apresentavam excesso de peso antes da doença, comparados com casos típicos de início mais tardio. Adicionalmente, a negligência dos pais era quase duas vezes mais comum em casos de início precoce, comparados com pacientes com início típico (Mitchell *et al.*, 1991).

Claramente, a BN é uma preocupação de saúde de alta prevalência e gravidade, que afeta adolescentes de ambos os sexos e de diferentes grupos étnicos. Apesar de, com relação especificamente à BN na adolescência, as informações serem limitadas, nós revisamos as abordagens de tratamento disponíveis para adultos com BN, nesta obra.

Diferenças clínicas entre AN e BN

Embora a AN e a BN em adolescentes compartilhem muitas semelhanças clínicas (Le Grange, Loeb, Van Orman e Gellar, 2004), as diferenças, às vezes, consideráveis, entre esses dois transtornos precisam ser levadas em conta, quando se concebe o TBF para a BN. Existem questões diagnósticas específicas para as quais o terapeuta deve definir uma estratégia distinta para a BN, opostamente à AN:

---

* O pronome feminino é usado ao longo de todo este livro, porque a maioria dos pacientes com BN – se não todos – é do sexo feminino. Entretanto, esta abordagem de tratamento é igualmente apropriada para adolescentes masculinos com BN.

1. Comorbidade. Talvez a diferença potencial mais importante na apresentação clínica entre AN e BN seja a presença de comorbidades psiquiátricas. Pode-se dizer que a BN na adolescência cobre um *continuum* sintomático mais amplo, quando comparada à AN. O manejo da BN em adolescentes, portanto, pode ser consideravelmente mais difícil, no sentido de que doenças comórbidas têm potencial para desviar o terapeuta da tarefa principal imediata. Na AN, nenhuma outra condição comórbida, exceto a tendência suicida aguda, pode superar a auto-inanição, tornando mais fácil a tarefa do terapeuta de ater-se ao transtorno alimentar.

2. Ênfase sintomática. Enquanto a AN diz respeito a uma redução do peso ostensivamente por razões de "saúde", a BN tem mais a ver com a superestimativa da forma física. Além disso, o DSM (Manual de Diagnóstico e Estatística de Transtornos Mentais) traça uma clara distinção entre a AN e a BN; enquanto a ênfase na AN está claramente sobre um emagrecimento significativo, a BN concentra-se em episódios de consumo alimentar compulsivo, seguidos por comportamentos compensatórios inapropriados, como vômitos auto-induzidos e abuso de laxantes.

3. Estilo familiar. Famílias de pacientes com BN também demonstram estilos de relacionamento diferentes daqueles de famílias com pacientes com AN. Enquanto as famílias de pacientes com AN tendem mais a evitar conflitos e anseiam por manter uma impressão de boa educação, as famílias de pacientes com BN, com freqüência, tendem a ser um pouco mais desorganizadas e conflituosas, convidando o terapeuta a estabelecer alguma ordem.

4. Orgulho x Vergonha. A BN está associada a vergonha considerável, e as pacientes relutam em revelar seus sintomas. Na AN, por outro lado, a vergonha está associada à alimentação, enquanto as pacientes muitas vezes extraem um orgulho considerável de seus sintomas. Esta diferença pode facilitar a mudança, na BN; apesar de esconderem os sintomas, a vergonha associada com eles pode servir como um motivador para a mudança.

Existem, também, aspectos ou características psicológicas específicas para as quais o terapeuta deve traçar uma estratégia distintiva para a BN, em oposição à AN:

1. Motivação por parte dos pais. Pacientes jovens com transtornos alimentares raramente se sentem motivados para o tratamento, mas com sinais óbvios de inanição na AN, provavelmente os pais têm mais facilidade para separar a doença da paciente e para se motivarem a assumir o encargo da restauração do peso. Na BN, a motivação é mais dúbia, e o terapeuta pode ter de se esforçar muito mais para informar os pais sobre a natureza secreta da BN, de maneira que possam encontrar um modo de ajudar as filhas adolescentes que não parecem bem.

2. Independência. Comparados com pacientes médios com AN, jovens com bulimia muitas vezes dão a impressão de terem estabelecido um grau muito maior de independência, mesmo se essa é, com freqüência, bastante ambivalente. Enquanto na AN a independência é geralmente um ato voluntário, na BN ela ocorre mais como uma reação a outras pessoas. No fim, nem o paciente com AN nem aquele com BN é realmente independente. A aparência de maior independência pode ter conseqüências óbvias para o tratamento, no sentido de que os pais podem ter aceitado o nível de independência que suas filhas estabeleceram de uma maneira tal que pode ser difícil retornar a uma posição na qual exercem um controle maior sobre sua alimentação e sobre outras liberdades do que realmente desejariam exercer.

Similarmente, a adolescente com BN pode não aceitar a aparente interferência dos pais em suas liberdades com a facilidade com que muitos jovens com AN aceitariam. A tarefa dos pais é ajudar a reduzir a ansiedade da filha e colocá-la de volta na "trilha certa" da adolescência. Em outras palavras, os pais estão "consertando" as filhas; adolescentes com bulimia ainda podem apresentar regressão, embora não com a mesma gravidade dos adolescentes com AN.

3. Insight psicológico. Algumas pacientes demonstram *insight* acerca de seu dilema, enquanto outras não reconhecem que têm um problema. O desafio para o terapeuta de convencer a paciente de que precisa da ajuda dos pais para lidar com a bulimia será muito maior se ela rejeitar teimosamente a idéia de que tem uma doença grave. Em nossa experiência, contudo, a maioria das adolescentes com BN entende que não estão bem e sentem alguma motivação para superar suas dificuldades com a alimentação (a BN é sentida como mais distônica ao ego; ver Capítulo 3). Por outro lado, adolescentes com AN, em geral, relutam em entreter o pensamento de que estão gravemente enfermas – apresentando uma negação que representa um dilema particular para os médicos que precisam ajudar tais pacientes a alterarem seus comportamentos.

4. Experimentação da adolescência. Adolescentes com BN estão mais propensas que suas colegas com AN a terem experimentado uma faixa mais ampla de problemas da adolescência (por exemplo, relacionamentos amorosos precoces e drogas). Isso não apenas pode complicar os esforços do terapeuta para manter a família concentrada no restabelecimento de hábitos alimentares saudáveis para os adolescentes, mas os pais podem considerar mais difícil intervir no grau considerado desejável pelo terapeuta, se sentem que têm uma adolescente relativamente independente, com muitas experiências diferentes, com a qual precisam lidar, alguém que vêem como além de seus esforços de instrução ou orientação.

5. *Pressão do grupo de companheiras.* Em linha com os dois últimos temas, adolescentes com BN estão mais ligadas ao seu grupo de colegas e, portanto, podem sentir maior pressão para ajustarem-se às expectativas deste grupo. Novamente, isso pode complicar a tarefa do terapeuta e dos pais para descobrirem como esses podem ter um impacto significativo sobre o transtorno alimentar da filha, à luz das expectativas (por ex., por um corpo "perfeito") do grupo de colegas. Entretanto, o fato de a adolescente com AN geralmente sentir-se menos envolvida com seu grupo de companheiras e mais isolada em termos sociais não torna o tratamento menos difícil, embora por razões diferentes.

Abordagens de Tratamento para a BN na Adolescência

Apesar da disponibilidade de um grande número de estudos de tratamento para a BN adulta, nenhum incluiu ou investigou especificamente adolescentes com BN, isto é, jovens com 18 anos ou menos. Embora a AN e a BN sejam síndromes distintas, uma sobreposição considerável na sintomatologia é comum. Portanto, os tratamentos com eficácia comprovada para pacientes adolescentes com AN também podem ser benéficos para adolescentes com BN. Por outro lado, como já observamos, as famílias com filhas com AN podem ser diferentes daquelas cujas filhas têm BN, e tais diferenças podem ter implicações para o envolvimento dos familiares na terapia. Mulheres com BN relatam experiências de infância mais problemáticas que mulheres com AN (Webster e Palmer, 2000). Nossos próprios estudos têm demonstrado que pode haver maior probabilidade de conflitos ou críticas em famílias com adolescentes com BN, comparadas com famílias com AN (Dare, Le Grange, Eisler e Rotherford, 1994), mas é prematuro falarmos sobre uma "família anoréxica típica" em comparação com uma "família bulímica típica". Ainda assim, a natureza secreta dos comportamentos bulímicos, opostamente à fragilidade mais óbvia de uma adolescente assustadoramente magra, e a dificuldade geral de envolvermos adolescentes na terapia, sugerem que a intervenção familiar tem uma função importante nesses dois transtornos. Sob uma perspectiva do desenvolvimento, é possível argumentar que pacientes adolescentes com BN ou AN compartilham desafios semelhantes – por exemplo, a negociação da individuação, separação e sexualidade. Portanto, é clinicamente praticável que pacientes adolescentes com BN, que ainda vivem com suas famílias de origem, possam beneficiar-se do TBF, embora esse precise acomodar diferenças entre a AN e a BN em adolescentes.

Uma discussão sobre a terapia familiar para a BN estaria incompleta sem uma breve referência à abordagem de Maudsley à terapia familiar para a AN.

A Abordagem de Maudsley e a Evolução deste Livro

O tratamento da AN já é do domínio de terapeutas familiares há muito tempo (Dare e Eisler, 1997; Minuchin, Baker, Rosman, Liebman, Milman e Todd, 1975; Selvini Palazzoli, 1974; Wynne, 1980), e os problemas familiares há muito são vistos como parte da apresentação dos transtornos alimentares (Bliss e Branch, 1960; Bruch, 1973; Gull, 1874; Morgan e Russell, 1975). Na verdade, de acordo com Dare e Eisler (1997), a AN pode ser vista como um paradigma para a terapia familiar, como a histeria também era para a psicanálise e fobias, na terapia comportamental. Minuchin e colegas, na Clínica de Orientação Infantil da Filadélfia (1975), assim como Selvini Palazzoli, no Centro de Milão (1974), observaram características específicas em famílias com filhas anoréxicas. Eles salientaram a natureza excessivamente estreita dos relacionamentos familiares, a turvação nos limites entre gerações e tendências para a evitação de conflitos manifestos. No modelo de terapia proposto por Minuchin, a paciente é vista como alguém que desenvolveu o problema em resposta a vários fatores (por exemplo, familiares, genéticos, fisiológicos e socioculturais). Neste modelo, a intervenção familiar tenta modificar os problemas dentro da família e, se necessário, afastar criança de sua família (Harper, 1983). Em comparação, a abordagem de Maudsley à terapia familiar não atribui culpa; em vez disso, são feitos todos os esforços para a resolução do transtorno alimentar, em grande parte, pela visão dos pais como recursos para a cura. A abordagem de Maudsley para adolescentes com AN usa muitos dos *insights* e técnicas encontrados em escolas de terapia familiar mais antigas (por ex., estrutural, de Milão, estratégica e narrativa).

Embora exista uma variedade de séries de casos sobre muitos desses tipos de intervenções familiares, apenas a abordagem de Maudsley foi sujeitada a ensaios controlados. Esses ensaios demonstram o benefício relativo da terapia familiar para pacientes adolescentes (isto é, com 18 anos ou menos), com duração da doença menor que 3 anos (Eisler *et al.*, 1997, 2000; Le Grange, Eisler, Dare e Russell, 1992; Lock *et al.*, 2005; Russell *et al.*, 1987). O grupo de Maudsley conduz estudos controlados de terapia familiar desde meados da década de 1980. O mais importante desses é o de Russell *et al.* (1987), que compara resultados de tratamento na AN e na BN. Eles demonstraram que, comparadas com pacientes mais velhas, pacientes mais jovens com AN melhoravam mais com a terapia familiar do que com a terapia individual. Um acompanhamento de cinco anos do grupo original comprovou a manutenção do resultado positivo para as pacientes jovens que recebiam a terapia familiar (Eisler *et al.*, 1997). Em um estudo piloto controlado, este grupo explorou os componentes benéficos desta terapia familiar e se propôs a demonstrar a viabilidade do tratamento familiar como uma terapia ambulatorial (Le Grange, Eisler, Dare e Russell, 1992). Em um estudo de acompanhamento, mais amplo, eles confirmaram que a terapia familiar para a AN é uma alternativa viável para o tratamento com internação, e que existe uma relação entre a organização familiar e a aderência ao tratamento e seu resultado (Eisler *et al.*, 2000).

A terapia familiar também demonstrou eficácia em estudos controlados conduzidos por Robin e seu grupo, em Detroit. Esses pesquisadores compararam uma terapia familiar muito semelhante à de Maudsley com a terapia individual em 22 adolescentes com AN e descobriram que, após 16 meses, a terapia familiar resultava em maiores alterações no índice de massa corporal, enquanto ambos os tratamentos demonstravam resultados similares em outras medições (atitudes em relação à alimentação, preocupações com a forma corporal e conflitos familiares relacionados à alimentação) (Robin, Siegel, Koepke, Moye e Tice, 1994). Um acompanhamento desse grupo em um ano novamente demonstrou a superioridade da terapia familiar em termos de maior ganho de peso e taxas superiores de reinício da menstruação, quando comparada com a terapia individual. Embora a terapia individual também provasse ser eficaz, a terapia familiar produzia um retorno mais rápido a um estado saudável (Robin *et al.*, 1999). Está claro, a partir desses poucos estudos controlados, que a terapia familiar parece ser particularmente útil no tratamento de adolescentes com AN.

Desde esses primeiros estudos, a abordagem de Maudsley no tratamento familiar de adolescentes com AN foi descrita em um manual (Lock *et al.*, 2001) e aplicada com sucesso em um amplo ensaio aleatório recente (Lock *et al.*, 2005). Este livro, embora estreitamente alinhado com o manual para a AN, foi cuidadosamente adaptado para abordar as necessidades específicas de adolescentes com BN.

Terapia Familiar para a BN

Contrastando com adolescentes com AN, existem poucos relatos sistemáticos sobre a terapia familiar para pacientes com BN. Entretanto, existem descrições isoladas de casos de terapia familiar com adultos com BN (Madanes, 1981; Roberto, 1986; Root, Fallon e Friedrich, 1986; Wynne, 1980) e três estudos de terapia familiar que oferecem um claro relato deste tratamento (Russell *et al.*, 1987; Schwartz, Barrett e Saba, 1985). Descobertas desses estudos foram inconclusivas. No primeiro ensaio aleatório controlado de terapia familiar para adultos com BN, Russell e seus colegas do Hospital Maudsley não descobriram benefícios no tratamento individual ou familiar. Swartz e seus colegas, por outro lado, descobriram que 66% de 30 pacientes com BN melhoravam após 33 sessões de terapia familiar estrutural durante um período de nove meses. Nenhum desses estudos investigou especificamente pacientes adolescentes com BN. Evidências iniciais de que um tratamento psicológico pode ser eficaz com a população adolescente com BN vêm de um relato preliminar do grupo de Maudsley. Esta investigação da terapia familiar para adolescentes com BN revelou resultados encorajadores. O achado em um pequeno grupo de oito pacientes adolescentes com BN sugeriu que a terapia familiar era útil para este grupo de pacientes e suas famílias (Dodge, Hodes, Eisler e Dare, 1995). A inclusão de princípios educacionais sobre o transtorno e o envolvimento dos pais para ajudarem a cessar o ciclo de consumo alimentar compulsivo e purgação pareceram ser úteis. A maioria dos pacientes respondeu positivamente e mostrou alterações significativas em sintomas bulímicos desde o início do tratamento até o acompanhamento, em um ano. Ainda assim, esses resultados devem ser vistos com cautela; esse estudo descreveu um grupo pequeno de pacientes, o acompanhamento foi breve e nenhum grupo de controle foi incluído.

Com maior relevância para o desenvolvimento deste livro, nosso próprio estudo de caso (Le Grange, Lock e Dymek, 2003), assim como dois grandes ensaios controlados do TBF para adolescentes com BN que foram completados recentemente (*ver* Le Grange e Schmidt, 2005) mostram apoio para o tratamento baseado na família para esta população clínica (*ver* Capítulo 2). Além disso, Eisler *et al.* (2000) e nosso próprio trabalho (Lock e Le Grange, 2001) demonstraram que as famílias de adolescentes com AN do subtipo com farra alimentar/purgação respondem bem às tentativas dos pais para a redução dos sintomas bulímicos.

Como ocorre com muitos paradigmas no tratamento de adolescentes, existem fortes argumentos teóricos e clínicos em favor do envolvimento da família no tratamento de adolescentes com BN. Não obstante quaisquer questões familiares relevantes, sentimentos ampliados de culpa, vergonha e constrangimento nos pais podem reforçar o comportamento sintomático na adolescente. Na terapia familiar, as informações sobre a condição podem ser compartilhadas com os pais e com a adolescente, e os problemas envolvendo refeições e o impacto do transtorno alimentar sobre os relacionamentos familiares pode ser abordado. Ainda que, às vezes, não apresentem tanta gravidade quanto às pacientes adolescentes com AN, aquelas com BN com freqüência exigem uma negação e minimização significativas sobre a natureza alarmante de seus sintomas bulímicos, que as torna incapazes de avaliar a seriedade de sua doença. Esta negação e minimização exigem que os pais garantam que a adolescente receberá tratamento adequado. Se a adolescente bulímica é definida da mesma forma que Robin, Siegel, Moye, Gilroy, Dennis e Sikand (1999) definiram a adolescente com anorexia – isto é, como alguém "descontrolado" e "incapaz de cuidar de si mesmo" –, então o ônus de oferecer esse controle e cuidados deve recair sobre os pais. Os pais de uma adolescente com BN devem ser treinados para trabalharem como equipe, no desenvolvimento de maneiras de restaurar a alimentação saudável para a filha. Portanto, o TBF para adolescentes com BN apresenta potencial considerável e deve ser investigado de um modo mais sistemático. Enfoques mais tradicionais vêem o envolvimento dos pais no tratamento de uma adolescente à beira de estabelecer sua autonomia como indesejável e inapropriado. Embora o tratamento individual seja preferível, quando os pais apresentam psicopatologia importante ou hostilidade em relação à adolescente, seu envolvimento no tratamento da filha é quase sempre vantajoso.

Resultados para Pacientes com BN

Diversos estudos acompanharam pacientes com BN durante um período relativamente longo. Quase todos acompanharam pacientes que haviam recebido algum tratamento, e todos se concentraram em adultas com BN. No total, apenas cerca de metade das pacientes estudadas foi considerada recuperada da BN (Fairburn, Cooper, Doll, Norman e O'Connor, 2000; Fairbun e Cooper, 2003; Jager et al., 2004; Keel et al., 2000). Foram observadas evidências de maior risco comórbido psiquiátrico, particularmente depressão e abuso de substâncias (Fichter e Quadflieg, 2004). Embora o risco geral de mortalidade não fosse superior àquele esperado na população geral, ocorreram alguns óbitos (Fichter e Quadflieg, 2004; Herzog et al., 2000, Patton, 1988). Além disso, a recaída era comum em cerca de um terço das pacientes em diversos estudos (Fairburn et al., 2000; Fairburn e Cooper, 2003; Herzog et al., 1999). Adicionalmente, os achados sugerem que pensamentos e comportamentos suicidas são comuns, com cerca de um quarto das mulheres adultas com BN relatando tentativas de suicídio. Um prognóstico importante de maior risco para o suicídio é a idade mais precoce de início da BN (Franko et al., 2004). O destino de adolescentes com BN praticamente não foi examinado nesses estudos, mas é razoável presumir que pode haver um risco acumulado, com base no início precoce e duração maior, ao longo do tempo, para adolescentes com BN.

Introdução a esta Abordagem

Neste livro, nós apresentamos uma abordagem específica de tratamento para a BN em adolescentes, baseada em (1) nosso manual para adolescentes com AN (Lock *et al.*, 2001), (2) no ensaio recentemente completado para adolescentes com BN na Universidade de Chicago (Le Grange *et al.*, 2006), bem como em (3) nossa experiência clínica com esta população de pacientes nos últimos cinco anos. Ao tornarmos este tratamento disponível na forma de livro, esperamos que os profissionais que adotam este método descubram mais sobre seu uso clínico apropriado. Reconhecemos que nenhum tratamento funciona para todos os pacientes ou famílias sob todas as condições.

Assim, acreditamos que, exceto pelos estudos de pesquisas, nos quais protocolos rígidos são necessários, o julgamento dos médicos individuais precisará ser exercido. Esta necessidade de julgamento clínico não é menos verdadeira para este tratamento que para qualquer outro enfoque. Portanto, embora nos esforcemos para ser tão precisos e específicos quanto possível na discussão anterior, reconhecemos e esperamos que os médicos realmente modifiquem certos aspectos do tratamento para que se ajustem às circunstâncias nas quais o praticam. Ao mesmo tempo, acreditamos que certos princípios de tratamento sempre se mantêm, em todos os casos. Entre esses estão:

1. Uma visão agnóstica da causa da doença, que considera a família inocente, sob a perspectiva do tratamento;
2. Um compromisso com os pais como agentes competentes para o restabelecimento de uma alimentação saudável para suas filhas adolescentes;
3. Uma visão de toda a família como um recurso importante na recuperação; e
4. Uma necessidade de respeitar as carências da adolescente por controle e autonomia, em áreas outras que a alimentação e o peso.

Acreditamos, também, que o ritmo da terapia deve seguir a diretriz geral dos estágios do tratamento. Isto é, o foco do período inicial de tratamento deve estar sobre o restabelecimento de comportamentos alimentares saudáveis e estratégias de controle de peso sob a orientação dos pais; apenas depois que essas questões forem resolvidas, nós aconselhamos avançar para uma discussão da dinâmica familiar mais geral ou problemas da adolescente. Nós incluímos um esboço de intervenções terapêuticas para cada estágio do tratamento (Tabela 2.1, Capítulo 2). Esperamos que tal esboço ajude os terapeutas que usarem o livro a localizarem seu progresso no processo de tratamento ao seguirem as etapas como as apresentadas aqui.

O entendimento teórico ou a filosofia geral da abordagem de Maudsley é que a adolescente está intrinsecamente ligada à família e que o envolvimento dos pais na terapia é crucial para o sucesso completo do tratamento. Para a AN e, em menor grau, para a BN, a adolescente é vista como alguém em regressão. Portanto, os pais devem ser envolvidos no tratamento da filha e, ao mesmo tempo, devem demonstrar respeito e consideração por seus pontos de vista e experiências. Este tratamento dá muita atenção ao desenvolvimento da adolescente e visa orientar os pais para que ajudem suas filhas nas tarefas do desenvolvimento. Para isso, o trabalho fundamental em outros conflitos ou diferenças familiares precisa ser adiado, até que os comportamentos alimentares tenham sido normalizados.

Na BN, o desenvolvimento adolescente normal foi perturbado, em variados graus de uma para outra paciente, pela presença da doença. Os pais assumem temporariamente o controle, para ajudar a filha a descobrir formas de reduzir o poder que o transtorno tem sobre sua vida. Ao conquistarem o sucesso nessa tarefa, os pais devolvem o controle sobre a alimentação à filha e a ajudam a negociar as tarefas previsíveis do desenvolvimento adolescente.

A abordagem de Maudsley difere de outros tratamentos de adolescentes em diversos aspectos. Em primeiro lugar, como apontado acima, a adolescente não é vista como alguém no controle do seu comportamento; em vez disso, o transtorno alimentar a controla. Desde que não haja um transtorno psiquiátrico comórbido, a adolescente não demonstra um funcionamento ideal e há grande probabilidade de se beneficiar consideravelmente com a ajuda dos pais. Em segundo lugar, o tratamento visa corrigir esta posição, dando permissão para que os pais se envolvam mais ativamente na alimentação da adolescente. Em geral, os pais consideram inapropriado controlar a vida dos filhos dessa forma, e que são culpados pelo transtorno alimentar, ou os sintomas os assustaram tanto que temem agir decisivamente. Em terceiro lugar, a abordagem de Maudsley postula vigorosamente que o terapeuta deve concentrar sua atenção principalmente na tarefa de abordar os sintomas do transtorno alimentar, especialmente na primeira parte do tratamento. Opostamente à abordagem de Minuchin, a abordagem de Maudsley tende a se manter concentrada por mais tempo sobre o transtorno alimentar; isto é, o terapeuta permanece alerta para a tarefa terapêutica central, que é a de manter os pais concentrados no restabelecimento da alimentação saudável para a filha adolescente, de modo a livrá-la do controle do transtorno alimentar. A presença de problemas psiquiátricos comórbidos, obviamente, pode distrair o terapeuta e a família da tarefa principal, porque dar prioridade ao transtorno alimentar na presença de um transtorno grave de humor pode ser problemático (*veja* o Capítulo 2 para uma discussão mais detalhada sobre comorbidades).

Por que Usar este Livro?

Ocasionalmente, pode-se observar tensão entre o relacionamento terapêutico intuitivo com um paciente ou família e a estrutura de uma terapia específica descrita em um manual. Tal tensão geralmente é produtiva. Por um lado, as particularidades de cada paciente e família fornecem informações importantes sobre a situação clínica específica; por outro lado, o manual estruturado oferece um mapa geral, com marcos previsíveis que são relevantes para muitos dos pacientes e suas famílias, se não para todos.

Alguns já argumentaram que os manuais são como "livros de receitas" para terapeutas sem imaginação. Esses críticos sustentam que os pacientes são sempre, e de todas as formas, únicos e que, portanto, suas necessidades clínicas não podem ser previstas por manuais. Além disso, eles sugerem que tratamentos estruturados retiram a alma da situação terapêutica, forçando o terapeuta e o paciente a se moldarem a estruturas teóricas e modos de interação pré-fabricados.

Em contraste, os defensores de tratamentos na forma de manuais argumentam que as doenças compartilham características, modos de distorção do pensamento e comportamentos destrutivos comuns que as reforçam. Neste sentido, uma pessoa com uma doença é semelhante a qualquer outra com aquela doença. Quando uma doença é diagnosticada, a pessoa se junta às fileiras de indivíduos similarmente afetados. Para esses profissionais, há mais apelo por uma abordagem que preveja o processo de recuperação de uma doença, oferecendo uma trilha geral e marcadores específicos de progresso. Segundo essa linha de debate, é justo dizer que existem benefícios para o terapeuta e para o cliente, no uso de uma terapia baseada em um manual. Em primeiro lugar, a estrutura, embora flexível, garante que os procedimentos de tratamento sejam seqüenciados de um modo ideal e que todos os componentes da terapia sejam cobertos adequadamente. Em segundo lugar, um manual mantém terapeuta e cliente no rumo certo; sem a estrutura de um manual, é fácil desviar-se da questão central para outras que não são essenciais no tratamento da BN em adolescentes.

Ao redigirmos este manual, nossa visão sobre a utilidade de manuais está clara. Entretanto, alguns argumentariam que o melhor modo de usar um manual é seguindo-o ao pé da letra, sem desvios. Ainda assim, manuais são o único modo, exceto pela supervisão direta, de oferecer informações sobre tratamentos de uma forma significativa, aos terapeutas. Tratamentos eficazes que permanecem disponíveis apenas naqueles poucos locais que os desenvolvem ou se tornam especializados em sua aplicação têm valor limitado, porque o acesso é imensamente restringido por essas limitações. Embora um manual não possa prever cada problema do tratamento ou não substitua os relacionamentos únicos formados entre terapeuta e pacientes e famílias, ele pode ajudar a fazer uso do relacionamento de um modo focado, criado especificamente para abordar o problema apresentado.

Provavelmente, em nenhuma outra situação a tensão entre necessidades individuais e benefícios de uma intervenção estruturada e específica é maior que no tratamento de adolescentes com transtornos alimentares. No caso da BN, as necessidades de desenvolvimento de determinada adolescente, no arranjo do contexto familiar único no qual sua doença surge, são colocadas contra a natureza clara e poderosa dos sintomas que a ligam a todos aqueles que sofrem de BN. Neste manual, tentamos não menosprezar tal tensão, mas respeitá-la.

Ao colocarem o livro em uso, os terapeutas descobrirão que ele geralmente se aplica às situações clínicas que enfrentam com adolescentes que têm BN, mas também descobrirão uma necessidade de usarem a si mesmos como um meio pelo qual o tratamento poderá evoluir. Nenhum livro pode ou deve substituir o respeito básico, interesse e envolvimento implícitos no relacionamento terapêutico. Ao mesmo tempo, poucos pacientes com as distorções graves do pensamento e com os comportamentos que acompanham a BN esperariam recuperar-se apenas com o relacionamento terapêutico. Finalmente, portanto, este livro é uma ferramenta para os terapeutas, não a terapia em si mesma.

Conclusões

Neste capítulo, nós revisamos a etiologia, apresentação clínica, tratamento e prognóstico da BN. Revisamos essas questões, em parte, para oferecer informações gerais para o leitor. Entretanto, também desejávamos salientar diversos aspectos importantes da BN e seu tratamento, que têm relevância específica para a abordagem usada neste livro. O primeiro é que a BN é um transtorno que se inicia primariamente nos anos intermediários e finais da adolescência e parece ter alguma relação com as dificuldades associadas ao desenvolvimento adolescente.

Assim, abordagens que levem em consideração as questões do desenvolvimento associadas à adolescência estão mais propensas ao sucesso. Além disso, embora as abordagens de tratamento para a BN em adolescentes não tenham sido estudadas, observamos que abordagens baseadas na família para adolescentes com AN podem ser superiores às abordagens individuais. Outro fato a notar é que dados limitados demonstram que esta mesma abordagem pode ser útil para adolescentes com BN.

Salientar uma abordagem baseada na família pode parecer contraproducente para alguns profissionais que dão prioridade à necessidade de autonomia e autocontrole do adolescente que, na verdade, são esperados em seu desenvolvimento. De fato, nossa abordagem salienta que adolescentes com BN, em virtude da natureza poderosa dos pensamentos e comportamentos associados ao transtorno, demonstram falta de controle e precisam da ajuda dos pais para "voltarem à trilha certa", de modo que o trabalho habitual com a individuação do adolescente possa ser reassumido sem os sintomas do transtorno alimentar. Portanto, as famílias são vistas como um recurso importante para os adolescentes, em seus esforços para combaterem a doença e se recuperarem da BN. Para a maioria das doenças médicas, e para muitas doenças psiquiátricas, esta visão dos pais e famílias como uma fonte de ajuda é incomum, e conquanto isso ocorra por uma variedade de razões, famílias de adolescentes com transtornos alimentares têm sido vistas como influências prejudiciais, com poucas evidências.

A terapia descrita nos capítulos a seguir leva essas observações em conta. Isto é, ela é desenhada para abordar especificamente a necessidade de os pais ajudarem a adolescente a restabelecer um comportamento alimentar saudável, e também visa apoiar a adolescente em desenvolvimento no contexto de sua família.

Em resumo, embora não tenhamos evidências sistemáticas de qualquer abordagem específica de tratamento para a BN adolescente, o tratamento em forma de manual descrito nas páginas a seguir representa um enfoque razoável. Ele também é uma abordagem bem-sucedida com adolescentes com AN que se alimentam excessivamente e depois usam laxantes, mas é modificado para abordar as diferenças entre os dois transtornos. O tratamento para adolescentes com BN, como apresentado neste livro, pode ser caracterizado pelos seguintes componentes principais: (1) o uso dos pais para ajudar a adolescente a restabelecer hábitos alimentares saudáveis, e (2) um foco constante sobre os sintomas do transtorno alimentar até a sua normalização, isto é, com um adiamento de problemas gerais do adolescente e sua família, até que o comportamento do transtorno alimentar esteja sob controle. As vantagens desta abordagem e uma discussão mais completa de seus méritos são o tema do Capítulo 2.

CAPÍTULO 2

Tratamento Baseado na Família para Bulimia Nervosa na Adolescência

O TBF para a BN apresentado neste manual geralmente avança ao longo de três estágios definidos, durante um período de seis meses. O primeiro estágio, geralmente, dura entre dois e três meses, com sessões tipicamente marcadas em intervalos semanais. O espaçamento das sessões deve basear-se no progresso clínico do paciente. Próximo ao segundo estágio, o terapeuta pode marcar sessões a cada duas ou três semanas, e sessões mensais são aconselháveis próximo à conclusão do tratamento (terceiro estágio). Todas as sessões têm duração de 50-60 minutos. Descrevemos, primeiro, os objetivos gerais de cada estágio, seguidos por etapas específicas que devem ser adotadas para a conquista desses objetivos.

Os três estágios do tratamento são apresentados a seguir.

Primeiro Estágio: Restabelecimento da Alimentação Saudável (Sessões 1-10)

No Primeiro Estágio, o tratamento concentra-se quase que totalmente na ajuda para que pais e adolescente descubram uma forma de planejarem estratégias conjuntas para confrontarem os sintomas da BN e seu impacto destrutivo sobre o adolescente. No início, o terapeuta incentiva a ação unida dos pais para desafiarem e romperem comportamentos patológicos de alimentação e purgação. Em seus esforços para confrontarem a bulimia, os pais recebem incentivo para buscar a cooperação do adolescente. Essa posição de colaboração é um dos aspectos diferenciais do TBF para a BN, comparado com a AN; ele é mais passível de execução com a BN que com a AN, em parte, devido à natureza egodistônica da BN, se comparada à natureza altamente ego-sintônica da AN.

Em nossa experiência, a maioria das adolescentes com BN vê seus sintomas como indesejáveis e, embora sejam incapazes de conter seu envolvimento em consumo alimentar compulsivo e purgação, muitas expressam o desejo de se livrar dos sintomas. Enquanto muitas adolescentes com BN permanecem altamente ambivalentes sobre os benefícios percebidos em seus sintomas, a maioria das adolescentes com AN vê os sintomas como mais desejáveis, e fazem o possível para impedir os esforços de outros para alterar a situação. Para ajudar os pais a assumirem a ação e ajudarem sua filha a romper os ciclos habituais de consumo alimentar compulsivo e purgação, característicos da BN, o terapeuta salienta a escassez de evidências de que os pais sejam responsáveis pela BN. Esta informação reduz as sensações de culpa e de responsabilidade dos pais e os libera para assumirem a ação. Ela também permite que o terapeuta expresse solidariedade pelo drama dos pais e da paciente. O terapeuta dirige as discussões de modo a criar e fortalecer a aliança dos pais em torno de seu empenho para reforçar a alimentação saudável da filha, por um lado, e de alinhá-la com o subsistema de irmãos, por outro lado. Os efeitos egodistônicos dos sintomas bulímicos completam o quadro terapêutico, recrutando a cooperação da paciente com os esforços dos pais para ajudá-la a readquirir padrões de alimentação saudáveis.

Em um sentido geral, a posição do terapeuta é a de manter a família sob uma perspectiva positiva, de forma consistente e resoluta, buscando oportunidades para o reforço positivo e apoio, cumprimentando-os tanto quanto possível pelos efeitos benéficos de seus cuidados. Ao mesmo tempo, é importante que o terapeuta demonstre respeito pelo estado do desenvolvimento da adolescente. No caso da BN, isso quase sempre significa ajudar a aliviar a vergonha associada com comportamentos de consumo alimentar compulsivo e purgação, e demonstrar empatia pela triste situação em que a doença coloca a jovem. Por um lado, o terapeuta confronta resolutamente os comportamentos problemáticos, enquanto, por outro lado, reconhece o sofrimento e os efeitos debilitantes da BN. Além disso, o terapeuta reconhece que o incentivo os pais em tamanho envolvimento com a alimentação e comportamentos ligados ao peso da filha entra em conflito com o que os pais de adolescentes normalmente esperam. O terapeuta afirma claramente que este grau de envolvimento dos pais é temporário e necessário apenas para ajudar a mudar o curso da BN, no início do tratamento. Tal atitude poderia ser transmitida da seguinte maneira:

"Todos aqui reconhecem que você tem conseguido lidar com sua vida como alguém que entra na idade adulta até certo ponto, exceto por essa área na qual a bulimia parece estar no comando. A melhor maneira de ajudá-la é pedindo que você e seus pais descubram uma forma de trabalharem juntos, para que eles possam ajudá-la a ter uma alimentação saudável novamente."

As sessões do Primeiro Estágio geralmente são mantidas para garantir que a aprendizagem inicial seja rapidamente reforçada.

Segundo Estágio: Ajudando a Adolescente a Alimentar-se Sozinha (Sessões 11-16)

Depois que pais e filha conseguem normalizar o padrão de alimentação da adolescente (isto é, eliminar dietas excessivas, consumo alimentar compulsivo ou purgação), geralmente ocorre uma alteração no humor da família (por ex., alívio por terem assumido o controle sobre o transtorno alimentar), que está pronta para o segundo estágio do tratamento. Este visa devolver o controle dos comportamentos problemáticos de alimentação e ligados ao peso da adolescente, mas sob a supervisão dos pais. O objetivo é que a adolescente domine essas áreas, com o apoio dos seus pais. Tal domínio torna-se possível durante o Segundo Estágio, porque, por meio do trabalho conjunto no Primeiro Estágio, pais e filha romperam o domínio que a preocupação excessiva com o peso, estratégias de dieta inapropriadas, consumo alimentar compulsivo e purgação tinham sobre a adolescente. Neste contexto, questões familiares relacionadas a atitudes sobre o peso, dietas e alimentos podem ser trazidas ao primeiro plano em relação à BN e sua emergência na família. Nesta abordagem, o conflito familiar em si mesmo não é visto necessariamente como uma causa da BN. Se a adolescente percebe conflitos conjugais entre os pais, por exemplo, o terapeuta deve enfocar e tentar resolver o problema, quer apresente-se no primeiro, segundo ou terceiro estágio. Entretanto, este tratamento não é uma tentativa de terapia conjugal, e se tal for necessária, o terapeuta deve fazer o encaminhamento apropriado.

As sessões no Segundo Estágio geralmente são mantidas com freqüência quinzenal, para que as famílias sejam incentivadas a experimentar crescente independência em relação às opiniões do terapeuta.

Terceiro Estágio: Questões Relacionadas à Adolescente e Conclusão do Estágio (Sessões 17-20)

O Terceiro Estágio inicia-se quando os sintomas de consumo alimentar compulsivo e purgação cessaram completamente. O tema central, aqui, é o estabelecimento de um relacionamento saudável entre a adolescente ou adulta jovem e seus pais, no qual a doença não seja a base para a interação. Esse objetivo envolve, entre outros, um trabalho para a crescente autonomia da jovem, o estabelecimento de limites familiares mais apropriados e a necessidade de reorganização da vida conjugal pelos pais, depois que os filhos saírem de casa. As sessões do Terceiro Estágio ocorrem mensalmente, em geral.

Dada a maior heterogeneidade com a qual a maior parte dos casos de BN em adolescentes apresenta-se, em termos de formação da família, comorbidade e estado do desenvolvimento, parece concebível que as sessões de tratamento em cada estágio possam variar de uma para outra paciente muito mais na BN que para a maioria das pacientes adolescentes com AN e suas famílias. Portanto, o terapeuta deve estar preparado para implementar este manual com o grau apropriado de flexibilidade, mas sem sacrificar a integridade do protocolo. A flexibilidade é particularmente necessária no Primeiro Estágio se, além do transtorno alimentar, a paciente apresenta comorbidades que também exigem atenção imediata (por exemplo, abuso importante de substâncias, depressão grave). Nesses casos, o terapeuta precisará equilibrar a atenção dada ao transtorno alimentar com a necessidade de abordar também os problemas comórbidos (por exemplo, passar 60% do tempo com a BN e 40% tratando das comorbidades). De qualquer forma (isto é, com ou sem comorbidade), o terapeuta deve se esforçar para que os pais assumam o controle para lidar com o transtorno alimentar no início do tratamento.

Candidatas Apropriadas para esta Terapia

As pacientes mais apropriadas para este tipo de terapia são aquelas com 19 anos ou menos, com diagnóstico de BN e residindo na casa de suas famílias. Tal recomendação baseia-se nas evidências sistemáticas limitadas em favor do TBF para a AN e nos ensaios clínicos do TBF para a BN. A definição de *família* é sempre tema de controvérsias. Entretanto, para os fins do TBF, aplicamos uma definição muito prática: aqueles parentes que vivem sob o mesmo teto que a adolescente com BN. Isso pode significar que uma sessão familiar deve incluir membros da casa sem laços sanguíneos ou avós, se vivem na mesma casa, enquanto pode excluir as figuras dos pais que não se envolvem nos cuidados quotidianos da paciente.

Recomendamos esta definição porque, para serem úteis na confrontação dos sintomas de BN, os pais e outros parentes precisam estar disponíveis rotineiramente, especialmente nos horários das refeições. Mais tarde, abordaremos o tema de famílias com apenas um membro do casal e de pais divorciados, mas é importante notar, aqui, que essas configurações familiares podem ser tratadas com TBF, ainda que, em geral, o terapeuta precise fazer acomodações especiais para aumentar a probabilidade de um bom resultado.

Quaisquer que sejam os parentes envolvidos, o TBF exige um compromisso substancial por parte dos pais e dos irmãos, em termos do comparecimento às sessões de terapia. Talvez os pais precisem faltar ao trabalho, assim como fariam para consultas médicas em qualquer doença grave; os irmãos talvez precisem faltar às aulas ou a outras atividades. Famílias apropriadas para esta terapia devem preparar-se para esses sacrifícios, embora sejam feitos todos os esforços para tornar a terapia tão conveniente e curta quanto possível. Não é possível conduzir o TBF, a menos que as famílias compareçam às sessões com razoável freqüência (por exemplo, no mínimo 3 sessões) mensal, no início do tratamento. A família deve ser apoiada mesmo quando não comparece às consultas marcadas. É importante não desistir cedo demais, já que a família representa uma fonte de ajuda para a adolescente com BN.

O Uso deste Manual não é Adequado para o Tratamento de Quais Transtornos?

Devemos observar, brevemente, que o TBF pode não ser útil para outros transtornos atípicos relacionados à alimentação, em adolescentes. Alguns desses transtornos podem ter bases psicológicas e comportamentais (por ex., transtornos de conversão, fobia a alimentos, delírios psicóticos, transtorno obsessivo-compulsivo), e não existem indicações de que o TBF poderia ser útil para esses problemas. Além disso, o TBF pode não ser útil para adultos com BN. Na idade adulta, existe uma redução considerável da influência e autoridade dos pais, de modo que a vantagem que os pais e outros parentes têm para ajudar no desafio aos comportamentos é muito mais restrita. Portanto, a abordagem apresentada aqui é mais relevante para pacientes que ainda dependem psicológica e materialmente dos pais. É possível encontrar modificações da abordagem que talvez sejam úteis para adultos jovens que residem com os pais, mas inexistem explorações sistemáticas desta adaptação, de modo que não recomendamos que o TBF, como apresentado aqui, seja usado com pacientes adultas com BN. De fato, quando Russell *et al.* (1987)

começaram a estudar a abordagem, adultas com BN não responderam bem ao TBF e pareceram sair-se melhor com a terapia individual. Entretanto, universitárias, que geralmente são consideradas um grupo de alto risco, talvez possam obter benefícios desta abordagem de tratamento, se ainda residem com suas famílias ou se essas podem ser incorporadas ao tratamento. Esta forma da terapia, contudo, ainda é altamente experimental, até que sejam feitas investigações mais formais sobre as suas possibilidades na prática.

Quem Deve Usar Este Manual?

Este manual foi criado para uso por terapeutas qualificados e com experiência na avaliação e no tratamento de transtornos alimentares em adolescentes. Estudantes, sob a orientação de profissionais experientes, também podem usá-lo. O tratamento descrito deve ser conduzido com consultoria apropriada e com o envolvimento dos profissionais de pediatria, nutrição e psiquiatria infantil. Ele não visa ser um manual de auto-ajuda para adolescentes ou seus pais. Uma fonte mais apropriada de ajuda para pais e suas filhas adolescentes é *Help Your Teenager Beat an Eating Disorder* (Lock e Le Grange, 2005).

Envolvimento Profissional Adicional

Na maioria das terapias para adolescentes, o envolvimento direto ou indireto de outros profissionais é comum, no tratamento de adolescentes com BN. Com a AN, altos graus de monitoramento médico, com freqüência, exigem a especialização pediátrica. Similarmente, adolescentes com BN, como observado acima, podem ter dificuldades médicas. Naturalmente, o grau de apoio profissional e técnico (gravação em vídeo das sessões) que o terapeuta necessitará dependerá de sua experiência com famílias, em geral, com pacientes com transtornos alimentares, e com adolescentes com BN, em particular. A disponibilidade e facilidade do acesso a este apoio profissional também dependerão do arranjo no qual o terapeuta trabalha. Entretanto, poucos terapeutas devem almejar um trabalho sem quaisquer estruturas de apoio, porque este tratamento envolve uma tarefa terapêutica complexa, e é relativamente fácil ver-se enredado pela dinâmica familiar.

O terapeuta deve coordenar um contato regular com os membros dessa equipe de profissionais consultores. Esses contatos de equipe podem ocorrer na forma de reuniões semanais com a presença física dos participantes, teleconferências ou contato por e-mail ou fax. É de extrema importância que o terapeuta familiar deixe claro que a filosofia do tratamento é de sua competência, ainda que leve em consideração os dados clínicos disponíveis. Similarmente, os membros da equipe devem estar familiarizados com a filosofia do terapeuta familiar e permitir que esta guie seus contatos com o paciente.

Antes do primeiro encontro do terapeuta com a família, a paciente já terá passado por um exame físico. Os resultados deste exame, juntamente com o diário da compulsão alimentar/purgação (descrito no Capítulo 4 e incluído no fim deste capítulo) e gráficos de peso, devem estar disponíveis ao terapeuta antes do primeiro encontro com a família. Este profissional pesará a paciente durante as consultas subseqüentes e medirá a sua altura, se ainda é esperado o crescimento. As instalações para o monitoramento do peso, altura, química sangüínea e situação cardíaca e endócrina devem estar disponíveis; de outro modo, o terapeuta deve providenciar o exame médico rotineiro e os testes laboratoriais relevantes. Há muitos modos de se fazer isso, dependendo do quadro clínico da paciente (por exemplo, exames ortostáticos regulares são aconselháveis, assim como testes de eletrólitos em pacientes que abusam freqüentemente de laxantes).

Muitos terapeutas não terão uma base institucional para apoiar seu trabalho. Muitos, que trabalham na prática privada, desenvolvem alternativas aplicáveis e benéficas ao realizarem TBF para adolescente com BN. Por exemplo, pode ser útil, especialmente quando o profissional está aprendendo a executar o tratamento, fazê-lo com um colega. Esse trabalho em dupla pode ser vantajoso, ao proporcionar descobertas terapêuticas e apoio mútuo. Além disso, uma vez que alguns processos familiares podem envolver o terapeuta de formas não produtivas, o trabalho estreito com um colega pode ajudar a evitar que o terapeuta perca o rumo de seu trabalho e reduza inadvertidamente a eficácia do tratamento. Outra alternativa, ou uma que pode ser útil depois que os terapeutas estiverem trabalhando juntos, é gravar as sessões para serem revisadas regularmente por um colega experiente. Se não for possível ter o colega presente na sessão de tratamento, estabeleça supervisão ou consultorias semanais com um colega que se disponha a rever seus casos e oferecer o apoio e esclarecimentos necessários. Uma outra alternativa é gravar em áudio ou vídeo as sessões, para a revisão com um colega.

Para impedir qualquer erro de comunicação entre o terapeuta e outro profissional sobre os procedimentos de tratamento, é melhor estabelecer um relacionamento de tratamento com apenas um ou dois pediatras que possam se familiarizar com a melhor forma de prestar apoio ao TBF, quando avaliarem a paciente. Ainda assim, uma vez que oportunidades para mal-entendidos são comuns, recomendamos encontros regulares, especialmente quando o terapeuta divide vários pacientes com outros médicos. Para os médicos norte-americanos, pode ser complicado conseguir um pediatra que apóie regularmente seu trabalho, devido a contratos das empresas de convênio de saúde, que geralmente impedem a consolidação. Nesses casos, é particularmente importante oferecer ao médico uma boa descrição do TBF e informá-lo constantemente sobre a abordagem. Embora essa parceria envolva muito trabalho, geralmente a recompensa vem na forma de uma clareza geral e consistência no tratamento; em resumo, a paciente e a família não recebem mensagens confusas originadas dos diferentes profissionais.

O terapeuta deve assumir o encargo de organizar reuniões semanais da equipe ou conferências telefônicas semanais. Além disso, o terapeuta principal deve garantir que todos os envolvidos no tratamento familiar compartilhem todos os gráficos relevantes sobre a paciente.

Visão Geral da Terapia

Na Tabela 2.1., nós incluímos um esboço das intervenções terapêuticas do Primeiro ao Terceiro Estágio. A finalidade da tabela é ajudar os terapeutas a observarem o padrão do tratamento geral, além de servir como uma ferramenta com a qual possam acompanhar o progresso dos seus casos.

Conclusão

Neste livro, apresentamos uma abordagem específica ao tratamento de adolescentes com BN. Este tratamento tem apoio empírico e clínico, a maior parte proveniente do nosso próprio trabalho nas Universidades de Chicago e de Stanford. Ao tornar este tratamento disponível no formato de manual, esperamos que outros médicos e investigadores sigam as técnicas e intervenções apresentadas aqui.

Não existe um tratamento eficaz para todos os pacientes ou para todas as famílias sob todas as condições. Portanto, o julgamento dos profissionais será exigido na implementação do tratamento descrito aqui. Embora tenhamos tentado ser tão precisos e específicos quanto possível em nossa discussão dessa abordagem, percebemos e esperamos que os médicos modifiquem certos aspectos do tratamento, para que se ajustem às necessidades únicas de seus casos e/ou às circunstâncias nas quais o praticam.

No Capítulo 3, apresentamos os estágios que compreendem a avaliação e preparação inicial para o começo do tratamento, antes de avançarmos para um relato detalhado sobre a sessão inicial do tratamento, no Capítulo 4.

TABELA 2.1. Apresentação dos Objetivos e Intervenções Terapêuticas

Primeiro Estágio: Restabelecimento da alimentação saudável (Sessões semanais, 1-10)

1ª Sessão: O primeiro encontro

A primeira sessão tem três objetivos principais:

- Envolver a família na terapia.
- Obter um histórico da BN e saber como afeta a família.
- Obter informações preliminares sobre o funcionamento familiar (isto é, alianças, estrutura da autoridade e conflitos).

Para a conquista desses objetivos principais, o terapeuta deve assumir as seguintes intervenções terapêuticas:

1. Encontrar-se com a paciente, dar início a gráficos de consumo alimentar compulsivo/purgação e pesar a paciente.
2. Reunir-se com o resto da família em um clima sincero e apoiador.
3. Fazer um histórico que revele como cada membro da família é afetado pelo transtorno alimentar.
4. Separar a doença da paciente.
5. Articular uma forma de transmitir à família a gravidade da doença e a dificuldade da recuperação.
6. Concluir a sessão.

2ª Sessão: A refeição em família

Os quatro objetivos principais para esta sessão:

- Dar continuidade à avaliação da estrutura familiar e seu provável impacto sobre a capacidade dos pais para restabelecerem eficientemente a alimentação saudável para a filha.
- Oferecer uma oportunidade para que os pais vivenciem o sucesso no restabelecimento da alimentação saudável e na redução dos comportamentos de consumo alimentar compulsivo/purgação por sua filha.
- Oferecer à adolescente uma oportunidade para transmitir aos pais os conflitos internos com os quais se debate quando consome um alimento "proibido".
- Avaliar o processo familiar, especificamente aquele ligado à alimentação.

Para a conquista desses objetivos, o terapeuta deve assumir as seguintes intervenções durante esta sessão:

1. Examinar o diário de consumo alimentar compulsivo/purgação e pesar a paciente.
2. Fazer um histórico e observar os padrões familiares ligados à preparação do alimento, rotina ao servi-lo e discussões familiares sobre a alimentação, especialmente na medida em que se relacionam com a paciente.
3. Solicitar a cooperação da adolescente para a sua recuperação.
4. Ajudar os pais para que auxiliem a filha a consumir quantidades saudáveis de alimento, incluindo aqueles "proibidos" e/ou ajudá-los a elaborar com a filha como poderão estabelecer a alimentação saudável.
5. Facilitar um alinhamento pleno de apoio entre a paciente e seus irmãos.

TABELA 2.1. Apresentação dos Objetivos e Intervenções Terapêuticas (continuação)

6. Preparar a família para a refeição da sessão seguinte.
7. Conduzir uma revisão final da sessão e encerrá-la.

3ª à 10ª Sessão: Restante do Primeiro Estágio

São quatro os objetivos desse estágio do tratamento:

- Manter o tratamento concentrado no transtorno alimentar e lidar com as comorbidades separadamente.
- Ajudar os pais a assumirem o controle do restabelecimento de hábitos alimentares saudáveis.
- Orientá-los para o emprego de estratégias que reduzam o consumo alimentar compulsivo e a purgação.
- Mobilizar irmãos para que ofereçam apoio à paciente.

Para a conquista desses objetivos, as seguintes intervenções são apropriadas para o restante do Primeiro Estágio do tratamento:

1. Coletar diários de consumo alimentar compulsivo/purgação e pesar a paciente no começo de cada sessão.
2. Dirigir, redirecionar e concentrar a discussão terapêutica sobre alimentos e comportamentos ligados à alimentação e seu manejo, até normalizar comportamentos e preocupações ligadas a alimentos, alimentação e peso.
3. Lidar com um problema agudo (por ex., uma condição comórbida) e retomar o foco sobre a BN.
4. Discutir e apoiar os esforços dos pais para o restabelecimento da alimentação saudável.
5. Discutir, apoiar e ajudar os membros da família para que avaliem os esforços dos irmãos em apoio à irmã com BN.
6. Continuar modificando as críticas dos pais e irmãos.
7. Continuar diferenciando a paciente e seus interesses daqueles da BN.
8. Encerrar todas as sessões com uma repetição dos avanços feitos.

Segundo Estágio: Ajudar a adolescente a alimentar-se independentemente (sessões 11-16, quinzenais)

O Segundo Estágio consiste, basicamente, em duas partes. A primeira lida com a transição do controle sobre a alimentação para a adolescente, e a segunda identifica comportamentos que podem estar associados à BN e a temas gerais da adolescência.

O Terceiro Estágio do tratamento apresenta três objetivos principais:

- Manter o manejo parental sobre os sintomas do transtorno alimentar, até que a paciente demonstre que é capaz de comer de forma saudável e independente.
- Devolver o controle da alimentação e do peso à adolescente.
- Explorar o relacionamento entre as questões do desenvolvimento da adolescente e a BN.

(continua)

A fim de conquistar esses objetivos, o terapeuta deve assumir as seguintes intervenções:
1. Pesar a paciente no começo de cada sessão e coletar diários de consumo alimentar compulsivo/purgação.
2. Continuar apoiando e auxiliando os pais no manejo dos sintomas do transtorno alimentar, até que a adolescente seja capaz de alimentar-se bem e por conta própria, sem consumo alimentar compulsivo e purgação.
3. Auxiliar os pais e a adolescente a negociarem o retorno do controle de sua alimentação.
4. Incentivar os familiares a examinarem a relação entre problemas da adolescência e o desenvolvimento da BN na jovem.
5. Continuar modificando as críticas dos pais e irmãos à paciente, especialmente em relação à tarefa de lhe devolverem o controle da alimentação.
6. Continuar ajudando os irmãos para que apóiem a paciente com o transtorno alimentar.
7. Continuar salientando as diferenças entre as idéias e necessidades da própria adolescente e aquelas associadas à BN.
8. Concluir as sessões com apoio positivo.

Embora os objetivos do tratamento sejam os mesmos para todas as sessões do Segundo Estágio, a ênfase de cada sessão muda à medida que o tratamento avança para o fim desse estágio. Por exemplo, as sessões do Segundo Estágio podem começar muito semelhantes àquelas do Primeiro, com a alimentação saudável sendo objetivo primário, mas a ênfase pode mudar para problemas da adolescência, enquanto a paciente faz a transição do Segundo para o Terceiro Estágio.

Terceiro Estágio: Preocupações Ligadas ao Desenvolvimento da Adolescente
(Sessões 17-20, mensais)

Dependendo do ritmo com que os comportamentos alimentares saudáveis sejam restaurados, o terapeuta pode ter a oportunidade de trabalhar mais conteúdos e passar mais tempo no Terceiro Estágio; isto é, uma transição para questões relacionadas à adolescência pode ocorrer bem antes da 17ª Sessão.

O Terceiro Estágio do tratamento envolve três objetivos principais:

- Estabelecer o fato de que o relacionamento entre a adolescente e os pais não é mais definido pelos sintomas de BN.
- Revisar as tarefas de desenvolvimento da adolescente com a família.
- Terminar o tratamento.

Para que esses objetivos sejam alcançados, o terapeuta deve assumir as seguintes intervenções:
1. Revisar os problemas da adolescência com a família e modelar a solução de problemas para essas questões.
2. Envolver a família na revisão dos problemas da adolescência.
3. Perguntar aos pais em que nível atuam como casal, separados dos filhos.
4. Preparar para os desafios e problemas que podem surgir no futuro.
5. Terminar o tratamento.

DIÁRIO DE CONSUMO ALIMENTAR COMPULSIVO/PURGAÇÃO DA PACIENTE

Dia	Compulsão	Purgação
1.		
2.		
3.		
4.		
5.		
6.		
7.		

Extraído de *Treating Bulimia in Adolescents*, de Daniel Le Grange e James Lock. Copyright 2007 por The Guilford Press. Os compradores deste livro têm permissão para a fotocópia deste formulário apenas para uso pessoal.

GRÁFICOS DE CONSUMO ALIMENTAR COMPULSIVO/PURGAÇÃO PARA O TERAPEUTA (página 1 de 2)

COMPULSÕES

Sessão #

(cont.)

Extraído de *Treating Bulimia in Adolescents*, de Daniel Le Grange e James Lock. Copyright 2007 por The Guilford Press. Os compradores deste livro têm permissão para a fotocópia deste formulário apenas para uso pessoal.

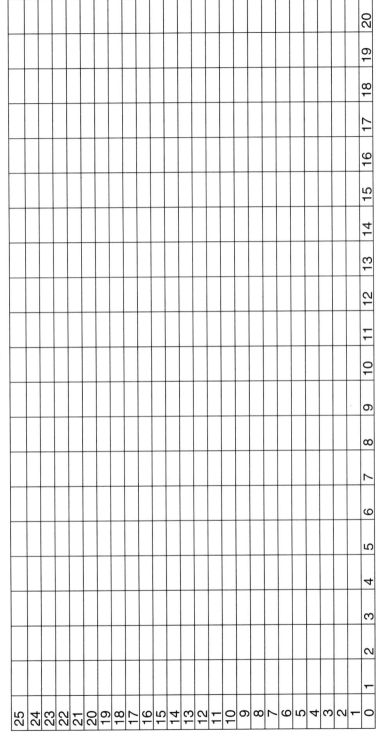

CAPÍTULO 3

Primeiro Estágio
Avaliação Inicial

Neste capítulo, nós revisamos brevemente um processo de avaliação para adolescentes com BN. A melhor maneira de realizar a avaliação inicial, como ocorre com muitos transtornos psiquiátricos neste grupo etário, é por entrevistas separadas com o adolescente e seus pais, seguidas por uma avaliação médica e, talvez, o uso de instrumentos de avaliação padronizados. A seguir, descrevemos o processo que antecede as sessões reais de terapia. Este processo é uma parte crítica do TBF para a BN, porque salienta a necessidade de comunicação imediata da preocupação acerca do dilema enfrentado pela paciente e sua família com a BN. Esse processo envolve a formação da equipe de tratamento e a comunicação (por telefone e/ou por escrito) com a família, para detalhar o alto grau de seriedade e preocupação e a necessidade de ações para ajudar na recuperação do paciente.

Avaliação de Adolescentes com BN

Com freqüência, adolescentes com BN chegam aos profissionais da saúde mental por um encaminhamento de um pediatra, pai/mãe ou conselheiro escolar preocupados. Em casos raros, a própria adolescente pode entrar em contato com um profissional de saúde para obter uma avaliação e tratamento. Ocasionalmente, os parentes podem resistir à idéia de que a filha tem um problema emocional ou subestimar a influência que o transtorno alimentar tem sobre a adolescente; qualquer das situações pode levar à evitação de um encaminhamento para um profissional da saúde mental. Uma vez que preocupações com dieta e peso são partes centrais da cultura ocidental e de mulheres jovens, em particular, é importante distinguir entre essas preocupações típicas e previsíveis e aquelas que se tornam suficientemente intensas para indicarem a intervenção.

Os limiares estabelecidos para o diagnóstico da BN são descritos no DSM-IV (American Psychiatric Association, 1994). Para resumirmos esses critérios, a BN é diagnosticada quando um indivíduo envolve-se em episódios de consumo alimentar compulsivo (por ex., consumindo uma quantidade de alimentos que a maioria das pessoas consideraria maior que o normal, caracterizado por senso de descontrole sobre o consumo que ocorre durante tal episódio), seguido por comportamento compensatório inapropriado/purgação (com maior freqüência por vômitos auto-induzidos). Para indicarem um diagnóstico, esses episódios devem ocorrer com uma freqüência de pelo menos dois consumos compulsivos e purgações por semana, durante três meses consecutivos. Dois subtipos de BN foram identificados: com e sem purgação. O tipo com purgação envolve vômitos auto-induzidos ou uso excessivo de laxantes, diuréticos ou enemas. O tipo sem purgação usa outros comportamentos inapropriados para compensar a compulsão alimentar, como jejuns ou exercícios excessivos.

Embora algumas adolescentes com BN possam minimizar seus sintomas, em nossa experiência, a maioria os sente como ego-distônicos, isto é, sente-se embaraçada por eles. Conseqüentemente, descobrimos que a maioria das pacientes é bastante franca quanto a preocupações sobre o consumo alimentar compulsivo e a purgação. De fato, como um grupo, as adolescentes com BN são mais sinceras sobre seus sintomas de transtorno alimentar que a maioria das adolescentes com AN. Tal franqueza reflete-se nas diferenças em relatos sobre sintomas, pelo uso de medições padronizadas, entre adolescentes com AN e BN. Além disso, como ocorre com qualquer boa prática de saúde mental na adolescência, é crucial que o médico também veja os pais ou outros que tendem a ter informações importantes sobre o que está acontecendo com a adolescente, no que se refere aos sintomas do transtorno alimentar. Os pais devem ser entrevistados separadamente da filha, porque muitas informações que relutariam em transmitir na presença da adolescente podem ser obtidas dessa forma.

Entrevista com a Adolescente

Em uma entrevista de avaliação com uma adolescente com BN, é importante transmitir apoio e calor humano, embora uma intimidade indevida precise ser evitada. Embora uma adolescente com AN possa negar a existência de um transtorno alimentar, sua aparência emagrecida geralmente é bastante evidente. Na

BN, porém, a maioria das adolescentes apresenta peso saudável e não necessariamente aparenta qualquer problema.

Essa apresentação menos preocupante, juntamente com a culpa e a vergonha pelos sintomas, bem como a natureza secreta da BN, podem apresentar um desafio significativo ao terapeuta em seus esforços para trazer ao primeiro plano toda a extensão do transtorno alimentar da adolescente. Para conquistar sua confiança, o terapeuta pode começar com questões não diretivas, generalizadas, sobre sua família, desempenho acadêmico, interesses e atividades. Gradualmente, a entrevista deve mudar seu foco para os comportamentos e problemas alimentares. O terapeuta deve buscar os gatilhos iniciais das dificuldades com a alimentação, que podem ter natureza variada. Em geral, esses gatilhos incluem, entre outros, comentários sobre o peso (críticas por estar gorda ou cumprimentos por parecer magra), início da menstruação, namoro, conflitos familiares, maior pressão pelo desempenho escolar, uma variedade de interesses atléticos e/ou aumento na competição com colegas. Além disso, o terapeuta deve tentar descobrir, com cuidado, como as preocupações e comportamentos de consumo alimentar compulsivo e purgação concomitantes iniciaram-se. Muitas vezes, a tomada cuidadosa da história da paciente revelará a ocorrência de uma cascata de atividades restritivas, começando com dietas sem gordura e açúcar, chegando à restrição de proteínas e carnes e, finalmente, à restrição rígida da quantidade de alimentos consumidos. O terapeuta deve investigar como este regime de restrição pode ter causado os surtos de consumo alimentar excessivo e diferenciar atentamente entre uma verdadeira compulsão alimentar (comer significativamente mais do que a pessoa média comeria em determinado período) e uma alimentação excessiva subjetiva (na qual a paciente sente que perdeu o controle, embora consuma apenas o que a maioria das pessoas consideraria normal). Além disso, o terapeuta deve indagar como a adolescente responde a esses episódios de consumo alimentar excessivo, isto é, por comportamentos compensatórios inapropriados como vômitos auto-induzidos, exercícios rigorosos, uso de laxantes, diuréticos ou restrição extrema. Embora a ausência de menstruação não seja uma ocorrência regular na BN, como é na AN, ainda assim o terapeuta deverá indagar sobre a situação menstrual da adolescente. Em nossa prática, até 50% de todas as adolescentes com BN em nosso programa têm anormalidades menstruais. Uma vez que a BN é freqüentemente complicada por depressão, transtorno de personalidade limítrofe, transtorno obsessivo-compulsivo e transtornos de ansiedade, o entrevistador deve também investigar a presença dessas condições. Ao longo de toda a entrevista, o terapeuta deve ter um estilo de questionamento direto e ser claro acerca de seu interesse e preocupação.

Entrevista com os Pais

O ideal é a presença dos dois pais durante a entrevista de avaliação, especialmente quando ambos estão envolvidos nos cuidados da adolescente. Essa etapa não apenas começa a envolver os pais desde cedo no tratamento da filha, mas também oferece informações importantes sobre a paciente e a família que, de outro modo, não estariam disponíveis. Às vezes, um dos pais está mais envolvido com a paciente e pode não ver as coisas com tanta clareza quanto aquele mais distante. Se um dos pais é demasiadamente distante, a entrevista pode servir como um modo de "puxá-lo" para ajudar no problema. O terapeuta também deve perguntar aos pais como acham que a BN desenvolveu-se. Quando perceberam algum problema pela primeira vez? O que tentaram fazer, para ajudar a filha? Eles percebem outros tipos de problemas, como depressão ou ansiedade, ou outras alterações de comportamento? É importante obter a percepção dos pais sobre o padrão de alimentação da filha, não apenas para fins de avaliação, mas também para iniciar um processo de psicoeducação para os pais (e para a paciente); é bem possível que os pais não tenham consciência da gravidade da doença da filha, dada a natureza secreta da BN. Os pais também devem oferecer um quadro geral do desenvolvimento emocional e físico da filha, como indicadores sobre variáveis de temperamento, problemas familiares e preocupações com peso e forma corporal, na família.

Outros Aspectos de uma Avaliação Inicial

AVALIAÇÃO E TRATAMENTO MÉDICO E NUTRICIONAL

Além da avaliação da paciente e da família, é importante conduzir uma avaliação médica e nutricional para confirmação adicional do diagnóstico, porque o terapeuta precisa conhecer o estado médico da adolescente (por ex., hipocalemia) e qual tende a ser sua situação médica, caso os sintomas continuem. O terapeuta deve ter o cuidado de garantir que qualquer paciente com BN tenha um acompanhamento médico adequado. Como regra, o terapeuta não deve assumir a responsabilidade por este aspecto de uma avaliação ou tratamento; entretanto, eles devem ter consciência dos tipos de avaliações que um pediatra ou outro especialista em medicina adolescente poderia conduzir. Uma investigação médica completa para uma adolescente com BN incluiria o seguinte: exame físico completo, para conferir sinais de desnutrição (por exemplo, desidratação e erosão dentária), bem como testes para funcionamento hepático, renal e da tireóide. Esses exames ajudam a determinar o grau e a cronicidade da doença e a descartar outras razões orgânicas possíveis para a perda de peso, incluindo condições como diabetes, doença da tireóide ou câncer (ver Tabela 3.1). É útil entender o impacto que os sintomas bulímicos podem ter sobre o estado nutricional da paciente, e a consulta com um médico especializado em transtornos alimentares pode ser útil para tal fim. Esses profissionais experientes também podem ajudar o médico a determinar o percentual do peso corporal ideal da paciente, embora esta questão raramente seja tão pertinente para a BN quanto é para a AN.

Ocasionalmente, o médico que conduz uma avaliação pode preocupar-se com a saúde física imediata da adolescente. De fato, a necessidade de hospitalização médica aguda pode surgir a qualquer momento. A publicação de diretrizes de tratamento médico pela Sociedade de Medicina Adolescente (Estados Unidos) pode levar a padrões mais consistentes de hospitalização aguda para adolescentes com transtornos alimentares (Society for Adolescent Medicine, 1995). Embora poucas adolescentes com BN necessitem de hospitalização aguda para seu transtorno alimentar, as diretrizes médicas sugeridas para garantir a segurança da paciente usadas neste manual baseiam-se nessas orientações, como apresentado na Tabela 3.2.

INSTRUMENTOS PADRONIZADOS

Além das entrevistas clínicas habituais, várias entrevistas e questionários padronizados podem ser usados na avaliação de crianças com transtornos alimentares.

TABELA 3.1. Avaliação Médica

Exame Físico Completo

Verificar evidências de:
- Desidratação
- Ortostase
- Hipocalemia
- Taquicardia
- Hipotermia
- Sinais físicos de purgação (por ex., erosão cutânea no lado dorsal das mãos – sinal de Russell)
- Lacerações do esôfago
- Erosão dentária
- Peso e altura

Testes Laboratoriais
- Contagem sangüínea completa
- Eletrocardiograma (ECG)
- Eletrólitos
- Nitrogênio uréico sérico
- Creatinina
- Estudos da tireóide
- Gravidade específica da urina

TABELA 3.2. Critérios de Admissão para Hospitalização Médica Aguda para BN entre Adolescentes

- Gravidade específica da urina > 1.030 ou < 1.010 g/mL
- Freqüência cardíaca < 50 batimentos por minuto
- Alteração pressão ortostática: sistólica > 10 mmHg ou alteração da freqüência cardíaca > 35 batimentos/minuto
- Pulso irregular, QTC > 0,43 segundos
- Síncope
- Temperatura < 36,3ºC
- Eletrólitos anormais
- Exame físico consistente com desidratação
- Incapacidade para reduzir episódios graves de consumo alimentar e purgação excessivos

Fonte: Lock, Le Grange, Agras e Dare (2001).

A *Eating Disorder Examination* (EDE), uma entrevista estruturada, está disponível em versões adulta (Cooper e Fairburn, 1987) e pediátrica (Lask e Bryant-Waugh, 1992). O formulário padronizado da EDE parece útil para a maioria das adolescentes com BN, enquanto para aquelas com menos de 12 anos de idade, a versão pediátrica tende a ser a melhor entrevista estruturada (Bryant-Waugh, Cooper, Taylor e Lask, 1996).

Auto-relatos clínicos também estão disponíveis. O *Eating Disorder Inventory* (EDI), por exemplo, apresenta dados normativos até os 14 anos de idade (Shore e Porter, 1990). Manoley, Mcguire e Daniels (1988) desenvolveram uma versão pediátrica do *Eating Attitudes Test* (Ch-EAT), e Childress, Brewerton, Hodges e Jarrell (1993) implementaram o *Kids Eating Disorders Survey* (KEDS) para crianças das últimas séries do Ensino Fundamental e das primeiras do Ensino Médio (Childress *et al.*, 1993). Os médicos podem usar essas entrevistas estruturadas para ilustrar o progresso do tratamento e salientar áreas para um trabalho adicional. A maior parte dessas entrevistas consomem entre 15 minutos e uma hora para serem completadas. Ao mesmo tempo, essas entrevistas estruturadas podem ser muito úteis para que o terapeuta entenda a honestidade, a motivação e os sintomas particulares de cada paciente. Em nossa experiência – e para nossa surpresa –, algumas adolescentes com BN parecem ser bastante francas sobre os comportamentos de consumo alimentar compulsivo e purgação. Como observado, esta disposição para se abrir provavelmente deve-se, em parte, à natureza mais egodistônica dos sintomas de BN. Diversas das nossas pacientes nos contaram que sentem vergonha pelo engajamento nesses comportamentos doentios e gostariam que houvesse um modo de reduzir ou cessar o anseio por comer exageradamente e purgar. No Capítulo 4, discutiremos em mais detalhes o papel da natureza secreta da BN, apesar da franqueza relativa em alguns casos, e apresentamos os gráficos de consumo alimentar compulsivo/purgação, para que o terapeuta acompanhe esses comportamentos ao longo do tratamento.

Conceituando o Caso

Ao término da avaliação, o terapeuta deve se certificar de que a paciente tem um diagnóstico de BN e deve ter identificado quaisquer questões familiares pertinentes que possam influenciar a forma como a BN é estruturada.

Como ocorre com a AN na adolescência, as famílias podem reforçar os sintomas de BN inadvertidamente. Não pretendemos, com isso, sugerir que a família causou o desenvolvimento do transtorno, mas sim que certos processos familiares podem interferir na resolução desses sintomas. Por exemplo, algumas famílias consistem apenas na filha e em seus pais. No TBF para a BN, é útil usar irmãos para oferecerem apoio à adolescente com BN quando os pais fazem esforços decididos para perturbar os episódios de alimentação descontrolada e purgação. Quando o TBF é aplicado em uma família com uma filha única, a paciente pode carecer de apoio. Nesses casos, o terapeuta tem um dever duplo, no sentido de que precisa incentivar os pais a assumirem o controle dos sintomas da filha, enquanto permanece sensível e oferece incentivo à adolescente. Este dever duplo é especialmente difícil no começo do tratamento, quando há pouca conformidade terapêutica entre a adolescente e o profissional. Por outro lado, nessas famílias pequenas, há maior oportunidade de concentrar-se na adolescente, porque não existem irmãos cujas necessidades, às vezes, distraiam os pais e o terapeuta do objetivo do tratamento. Nessas famílias pequenas, o terapeuta deve manter um equilíbrio apropriado entre os pais e a filha, que garanta a oferta de apoio a todos.

Um equilíbrio semelhante deve ser conquistado em famílias nas quais há apenas um dos pais. Nessas, o recurso parental é metade daquele habitual, de modo que o pai ou a mãe pode ver o terapeuta como um recurso especialmente importante. Naturalmente, o terapeuta deve ter cuidado para não assumir o papel de parceiro. Com freqüência, é possível sugerir que o pai ou mãe encontre mais um aliado adulto (por ex., um dos avós, tio ou tia), se houver um apropriado e disponível. Ainda assim, o terapeuta deve estar preparado para enfrentar a realidade da tendência a ser mais requisitado em famílias com apenas um dos membros do casal. Os desafios para um pai ou mãe sem parceiro que confronta os comportamentos problemáticos de uma filha com BN são consideráveis. Nesta situação, o terapeuta pode esperar uma demora maior para a aceitação da tarefa de controlar e manejar os comportamentos problemáticos por esse membro único do casal do que em famílias com pai e mãe. Ao mesmo tempo, porém, deve haver o cuidado para não recrutar irmãos para papéis semelhantes aos dos pais, porque isso interferiria em sua capacidade de apoiar a irmã com BN. Uma vantagem de uma família com apenas um dos pais é que não há diferenças de opinião entre o casal acerca de como proceder.

Nem todos os pais realmente dividem as responsabilidades pelos cuidados dos filhos; de fato, muitas famílias com os dois pais assemelham-se a famílias com pais solteiros, pelo menos no início. Neste caso, o terapeuta precisa desafiar ou descobrir um modo de envolver o pai ou a mãe mais distanciado. Pais e mães podem deixar de participar dos cuidados com os filhos por várias razões.

Um dos pais pode sentir-se ressentido ou frustrado com a paciente ou envolvido demais com sua carreira profissional. Às vezes, a criação dos filhos é delegada a um dos membros do casal, em geral à mãe, por razões práticas ou culturais. Além disso, alguns pais que se distanciaram da criação dos filhos sentem-se simplesmente inadequados ou incertos sobre como ajudar a filha. Este é o caso, eventualmente, de pais que percebem incorretamente a BN como uma doença que afeta apenas meninas e mulheres. Para envolver o pai ou mãe menos comprometido ou mais distante como um recurso no tratamento da filha, é claramente importante que o terapeuta compreenda a razão para tal distanciamento. Manobras terapêuticas visando incentivar os pais a trabalharem juntos são as mesmas, mas estratégias específicas serão necessárias para abordar aquilo que afasta o pai ou mãe da família. Essas estratégias podem ser simples, como informar os pais sobre a doença, ou completas, como recomendar terapia individual ou conjugal, quando uma psicopatologia individual ou discórdia conjugal estão no âmago do problema. Casos envolvendo pais divorciados ou guarda compartilhada, nos quais os pais não se dão bem, mas a adolescente divide seu tempo entre dois lares, também apresentam deságios terapêuticos singulares. O terapeuta precisará avaliar as necessidades particulares e desafios caso a caso e ajudar o membro mais capaz de apoiar a adolescente em suas tentativas de restabelecer a alimentação saudável. O Capítulo 4 apresenta uma discussão completa desta situação.

Deve-se notar que, às vezes, um irmão ou irmã pode assumir para si um papel semelhante ao de pai ou mãe, especialmente quando um dos pais afastou-se dos cuidados da filha com BN. Isto é problemático no TBF, porque os *pais* deveriam fazer seu papel. Além disso, como observado acima, isso também impossibilita ao irmão agir de modo apoiador para com a irmã afetada. Nessas situações, o terapeuta identifica e confronta diretamente este problema e incentiva o irmão ou irmã a assumir um papel mais apropriado à sua idade.

Talvez a situação mais problemática, embora nada rara, seja quando a própria adolescente com BN "comanda" a família – por exemplo, em famílias com duas fontes de renda, quando a adolescente assume a responsabilidade de cuidar de irmãos mais novos, e/ou quando um dos pais tem um problema como abuso de substâncias, que cria uma inversão dos papéis de pais e filhos. Com freqüência, quando esta última dinâmica ocorre, os pais tentaram evitar a confrontação da adolescente em relação a seus comportamentos, por medo de piorarem a situação, mas esta relutância vem em seu prejuízo e geralmente aumenta o impacto da doença sobre a família, tirando o poder dos pais. Nesses caso, poderíamos dizer que a BN, em vez da própria adolescente, "manda na família".

O TBF visa abordar o padrão de desafeto, evitação e inação por parte dos pais, mas quando esses comportamentos estão entrincheirados, o terapeuta precisa exercer um esforço maior para incitar os pais a assumirem a ação.

Estilos de cuidados com os filhos variam, podendo cobrir o espectro do mais relaxado ao mais autoritário. Em famílias com uma estrutura excepcionalmente sem hierarquia, às vezes, parece que até mesmo em momentos de crise ninguém se dispõe ou é capaz de assumir um papel de pai ou mãe. Sem experiência prévia com o exercício da autoridade, os pais podem ver-se perplexos pelos comportamentos problemáticos da BN. Com freqüência, os pais dessas famílias funcionavam mais como "amigos" ou "colaboradores" do que como figuras representativas de autoridade. Às vezes, a criança com BN é aquela que lidou com a maior parte das decisões pessoais desde os primeiros anos da infância. A tarefa do TBF é imensamente difícil para essas famílias, porque exige, em face da adversidade, que os pais desenvolvam um novo estilo de funcionamento que vai contra seus modelos do passado – e em situações dessa espécie, o profissional pode esperar mais conflitos e dificuldades que o habitual.

Sentimentos do Terapeuta em Relação à Família

Com todos esses diferentes tipos de famílias, devemos esperar que os próprios terapeutas tenham diferentes respostas para cada uma. Pelo bem da simplicidade, nos concentramos aqui em duas respostas básicas que podem ser problemáticas: gostar demais da família ou não gostar o suficiente. Nas primeiras sessões do Primeiro Estágio, gostar demais de uma família pode levar o terapeuta a tentar reduzir a ansiedade necessária para gerar motivação. A simpatia excessiva também pode tornar mais difícil para o terapeuta declarar os problemas que a BN tem causado à família em termos diretos e graves. Neste sentido, ao gostar demais da família, o profissional ingressa no sistema e tende a ignorar a doença e permitir que esta continue sem confrontação. Por outro lado, antipatizar com uma família também causa problemas. Nesses casos, a antipatia do terapeuta interfere no estabelecimento de confiança e pode impedir o desenvolvimento do relacionamento cooperativo entre o profissional e a família, fundamental no TBF. Com antipatia intensa, o terapeuta pode tentar evitar a família e transmitir distância, o que, por sua vez, leva a família a sentir-se abandonada e sem apoio. Além disso, quando um terapeuta antipatiza com uma família, é mais provável que as intervenções pareçam duras e críticas. Quando as famílias sentem-se julgadas e criticadas por especialistas, sua capacidade para assumir os esforços contra a BN é seriamente comprometida pelas sensações resultantes de inadequação.

Embora alguns possam usar o termo *contratransferência* para descrever as fortes sensações de simpatia e antipatia que os terapeutas têm em relação a certas famílias (e este pode ser correto, em alguns casos), desejamos salientar a importância dos sentimentos do terapeuta em relação à paciente e sua família. Esta postura é empática, unificadora e acrítica, enquanto reconhece, simultaneamente, que existe uma necessidade clara de que as famílias mudem, em resposta à BN. Ao observar problemas para manter esta postura, o terapeuta precisa fazer uma autoavaliação cuidadosa e assumir uma ação corretiva. Como observado acima, pode ser útil localizar e entender a origem dessas atitudes contraproducentes para com as famílias, trabalhando em uma equipe e consultando outros profissionais.

Transtornos Comórbidos

Além da dinâmica familiar, existem também fatores intrínsecos à adolescente com BN que podem complicar o uso do TBF. Muitas adolescentes com BN apresentam também outros problemas psiquiátricos, particularmente, transtorno de ansiedade, transtornos de humor e transtornos incipientes de personalidade que aumentam os problemas da BN e dificultam a execução do TBF. Deve ser notado que sintomas mais ansiosos, deprimidos e obsessivos ocorrem completamente dentro do contexto da BN. A ansiedade sobre o peso e sobre a alimentação excessiva e sensações de depressão por fracassar na dieta ou não emagrecer o suficiente são comuns em pacientes com BN, assim como ruminações obsessivas sobre essas questões. É importante que o terapeuta diferencie claramente entre sintomas consistentes em BN e aqueles que sugerem uma doença comórbida separada. A tarefa não é fácil, porque existe uma sobreposição considerável, mesmo quando existem doenças comórbidas identificáveis. Sintomas relacionados à ansiedade e não relacionados a preocupações com a forma física e o peso, precedendo o início dos sintomas bulímicos, sugerem um transtorno subjacente de ansiedade. Similarmente, a depressão com intensidade e duração significativas que não está associada ao peso, forma física ou alimentação, sugere um diagnóstico de transtorno de humor independente do afeto depressivo geralmente associado à BN. Quando esses transtornos concomitantes são identificados, o terapeuta deve abordá-los, além da BN. Em casos graves, como a depressão intensa com pensamentos suicidas, o outro transtorno pode assumir uma precedência temporária sobre a BN. Por outro lado, muitos dos sintomas ansiosos e deprimidos que ocorrem como conseqüência da BN, geralmente são tratados com eficácia no contexto do TBF e não exigem um regime de tratamento independente.

Portanto, o terapeuta pode esperar que, ao ajudar os pais a dominarem a tarefa de restabelecer a alimentação saudável em sua filha adolescente, também lhes dê a autoridade e capacidade para abordarem ou conterem parte da psicopatologia concomitante da paciente (por exemplo, os efeitos colaterais do transtorno alimentar). Ainda assim, quando sintomas significativos de depressão ou ansiedade persistem após a resolução da BN, o terapeuta deve considerar o tratamento adicional para esses sintomas, incluindo intervenções farmacológicas.

Transtornos de personalidade não são tecnicamente diagnosticados em crianças e adolescentes, mas nos últimos anos da adolescência, padrões consistentes de interações interpessoais podem estar presentes. Em adultos, variáveis de personalidade podem ter um papel na previsão da recuperação e, portanto, podem complicar o tratamento, incluindo o TBF (Casper, Hedecker e McClough, 1992). Embora o manejo de transtornos de personalidade esteja além do âmbito desse manual, o terapeuta precisará considerar uma variedade de tipos de personalidade entre as pacientes adolescentes tratadas para a BN. Algumas podem ser evitativas e ansiosas, outras mais histriônicas e limítrofes, e outras podem apresentar características anti-sociais. O terapeuta precisará ajustar o TBF em resposta a essas variações de personalidade.

Traços histriônicos e limítrofes de personalidade são relativamente comuns em pacientes adolescentes com BN. Essas jovens podem testar constantemente os limites e exibir ansiedade, comportamentos autodestrutivos e instabilidade afetiva. Obviamente, esses tipos de comportamento são sempre um desafio, mas em combinação com os problemas médicos e preocupações psicológicas da BN, existe o risco adicional de um desvio na terapia. Na verdade, ocasionalmente pode ser necessário abordar brevemente esses problemas de personalidade, para permanecer no rumo certo do TBF. Infelizmente, com muita freqüência essas pacientes têm famílias menos organizadas ou disponíveis, o que pode dificultar a terapia familiar.

Além desses problemas de personalidade, algumas pacientes podem ser evitativas ou excessivamente ansiosas. Embora não sejam tão comuns quanto traços histriônicos e limítrofes de personalidade, esses dois grupos podem ocorrer com freqüência suficiente para compreenderem um subgrupo previsível de adolescentes com BN. Alguns problemas de ansiedade social merecem menção especial. Nesses casos, o desenvolvimento da BN parece ser, em parte, uma resposta às sensações de inadequação sobre a adoção de papéis sociais. A ênfase excessiva sobre indicadores externos de atração pessoal e a avaliação demasiadamente alta do valor próprio, nesses termos, sugerem uma insegurança subjacente e fraca auto-estima. A ansiedade social resulta do desejo de evitar a experiência de possível rejeição e humilhação. O TBF usa a família para apoiar o teste de papéis sociais e capacidade de aceitação, durante as fases mais tardias do tratamento, mas ocasionalmente essas intervenções são insuficientes. Nessas situações, pode ser necessário oferecer cuidados adicionais, além do alcance do TBF, para abordar ansiedades sociais não relacionadas à aparência.

Conclusão

Uma avaliação abrangente, que inclua entrevistas separadas com a adolescente e seus pais, é necessária para a determinação do diagnóstico de BN com confiança, bem como a identificação de fatores familiares que moldarão a configuração final do TBF. Além disso, tal avaliação identifica outros problemas psiquiátricos, particularmente ansiedade e transtornos depressivos, e determina o grau de sua relativa independência da BN. Nos casos em que existem transtornos psiquiátricos separados com gravidade suficiente para indicarem o tratamento fora dos parâmetros do TBF, o terapeuta precisa providenciá-lo. Em geral, muitos sintomas de ansiedade e depressão aparecem concomitantemente com a BN e devem responder às intervenções usadas no TBF. No próximo capítulo, oferecemos um relato detalhado dos procedimentos envolvidos no estabelecimento e na condução do primeiro encontro com a família.

CAPÍTULO 4

Primeira Sessão
O Primeiro Encontro com a Família

Esse primeiro encontro com a família é crucial, porque geralmente estabelece o tom para o tratamento. Ao marcar a primeira consulta, o terapeuta esforça-se para transmitir aos pais a importância de ver todos aqueles que residem no mesmo local da paciente e que todos têm um papel a exercer no entendimento da doença e na ajuda para a recuperação. Esta mensagem é seguida por um relato detalhado dos objetivos e manobras terapêuticas cruciais para a condução bem-sucedida desta primeira consulta com toda a família. Após a apresentação das etapas de tratamento, o terapeuta esclarece dúvidas freqüentes e aborda problemas comuns. O Capítulo 4 cobre a primeira sessão, com a transcrição de um caso real de terapia.

Marcação da Primeira Sessão

Antes de se encontrar pessoalmente com a família, o terapeuta deve começar o processo de incentivo para que todos os parentes vejam a si mesmos como recursos no combate à BN. Um trabalho preliminar é necessário para o sucesso dessa tarefa inicial. Pode parecer estranho fazermos uma menção especial aos contatos telefônicos iniciais. Entretanto, uma vez que este modelo é para um tratamento com tempo limitado e o sucesso depende, em grande parte, da capacidade do terapeuta para formar um vínculo poderoso com a família, e dada a tarefa formidável em mãos, esses contatos iniciais por telefone assumem um papel crucial na facilitação do bom resultado deste processo. Portanto, é essencial que o terapeuta (e não um assistente) estabeleça o primeiro encontro pessoal com a família, entrando pessoalmente em contato após receber o encaminhamento da paciente.

A partir do primeiro momento do tratamento, que se inicia com os contatos telefônicos, o terapeuta adota um tom sério e preocupado, para transmitir a gravidade da doença à família. O tom e qualidade das comunicações do terapeuta nesta terapia são importantes, por razões específicas (Haley, 1973; Madanes, 1981). O terapeuta transmite a seriedade da doença da adolescente à família em tom envolvido e sério, no intuito de aumentar a ansiedade e a preocupação e permitir que a família assuma a difícil tarefa que está por receber. Pode ser útil, mesmo em um ponto tão precoce da terapia, reconhecer se os pais estão desmoralizados e, portanto, cépticos quanto à sua capacidade para fazer qualquer coisa. Garantir que toda a família esteja presente é um primeiro passo para mudar essa percepção. Ao marcar a primeira consulta com a família, o terapeuta deve atingir dois objetivos, por telefone:

1. Estabelecer que existe uma crise na família e iniciar o processo de definir e aumentar a autoridade dos pais no que se refere ao manejo da crise.
2. Explicar o contexto do tratamento (isto é, a equipe de tratamento e o monitoramento médico).

O primeiro objetivo do terapeuta é fazer com que cada membro da família compareça pelo menos às primeiras sessões de tratamento. É importante notar a diferença desta abordagem para a BN, comparada com a AN. Enquanto na AN é quase sempre útil fazer com que toda a família compareça a todas as consultas, a estratégia para a BN é mais flexível neste aspecto. Reunir-se com todos os familiares, pelo menos inicialmente, é essencial, mas parece bastante possível ter sucesso com o TBF para a BN, trabalhando principalmente com a adolescente e seus pais, em estágios mais adiantados do tratamento. A lógica teórica para a presença de todos os familiares desde o início tem a ver com a ajuda para que o terapeuta avalie a família, além de maximizar a oportunidade de ajudá-la – a família exerce um papel crucial, tanto na manutenção quanto na resolução do transtorno alimentar (Minuchin *et al.*, 1975; Selvini Palazzoli, 1974; Eisler *et al.*, 1997; Le Grange, Eisler, Dare e Russell, 1992; Locke *et al.*, 2005; Robin *et al.*, 1999; Russell *et al.*, 1987). Se a presença de todos os familiares não ocorre, o terapeuta arrisca-se a perder muitas informações relativas à família.

O segundo objetivo do terapeuta é aumentar a autoridade dos pais, mesmo neste estágio inicial do tratamento, para reforçar a resolução desses em relação a garantir que todos os familiares compareçam às sessões e para começar a prepará-los para a tarefa de restabelecer hábitos saudáveis de alimentação dos filhos. O processo de melhora da autoridade dos pais está em sintonia com as sugestões de Minuchin acerca de definir e esclarecer as estruturas hierárquicas. Sob a perspectiva de terapeutas estruturais, o reforço da autoridade dos pais e o alinhamento da paciente com seu subsistema de irmãos melhoram a definição hierárquica e estabelecem limites saudáveis entre as gerações. Esta definição mais clara deve permitir que os pais ingressem em sua tarefa de restabelecer a alimentação saudável para a filha. Essas noções derivam-se do trabalho da Philadephia Child Guidance Clinic (Minuchin *et al.*, 1975; Selvini Palazzoli, 1974).

O terapeuta deve tomar uma decisão prévia sobre quem deverá comparecer à primeira sessão, levando em consideração o contexto do tratamento. Com maior freqüência, o terapeuta usará os contatos iniciais pelo telefone para salientar que há uma crise (mas que esta não é culpa da família, isto é, (1) a adolescente é tomada pelo forte anseio de comer em excesso e depois purga, como resultado desses episódios de alimentação descontrolada; (2) os parentes devem responder a esta crise como uma família; e (3) o terapeuta deseja ajudar todos os membros da família que dividem a casa com a paciente. Embora esta solicitação de que todos os que residem na mesma casa compareçam seja bastante direta na maioria dos casos, ela também pode exigir alguma firmeza e tato. O terapeuta pode dizer algo como: "Vocês são as pessoas com o maior investimento de amor e envolvimento com sua filha, de modo que provavelmente são as mais capazes de ajudá-la com seu problema." Em resposta a sugestões alternativas por membros da família, o terapeuta deve insistir, dizendo que uma consulta com toda a família é o único modo de abordar o grave dilema que enfrentam. Este encontro deve incluir os pais e seus filhos, até mesmo filhos adultos, que podem ter empregos de turno integral. Além disso, quaisquer outros parentes que residam na mesma casa (por ex., um avô ou avó, tio ou tia) devem ser incluídos. Se os avós não vivem com a paciente e sua família, mas a paciente passa um tempo significativo com eles (por ex., a paciente passa algumas horas por dia com os avós após a escola e antes de os pais voltarem do trabalho), então o terapeuta pode desejar incluí-los no tratamento.

Em muitos casos, os pais são separados ou divorciados, o que exige arranjos especiais. Inicialmente, o membro do casal que tem a custódia e aqueles que residem com ele precisarão ser vistos (o lar primário).

Entretanto, se a paciente passa um tempo significativo com o outro membro do casal, seu pai ou mãe biológico, então esse pai ou mãe e aqueles que residem em sua casa (o lar secundário) precisarão ser incorporados ao tratamento em algum estágio posterior. Os padrastos/madrastas e pais não biológicos não devem ver tais encontros como uma reencenação dos antigos casamentos, mas como uma tentativa de desenvolvimento de habilidades de cooperação nos cuidados dos filhos. Esses arranjos podem parecer confusos, mas uma opção é o terapeuta determinar quem é o responsável pela tarefa de restabelecer hábitos de alimentação saudável na família/lar primário. Tal decisão deve ser tomada com extrema sensibilidade, e o terapeuta deve se esforçar muito para comunicar às famílias que a decisão baseia-se em seu tempo e recursos, não devendo ser vista como um julgamento de capacidade.

Várias dificuldades comuns podem ocorrer na fase de estabelecimento do tratamento. Se os pais ainda insistirem na impossibilidade da presença de todos, o terapeuta deverá reforçar a autoridade parental apropriada, a fim de apoiar os pais para que convençam a todos sobre a importância do comparecimento. Ele pode começar dizendo "Em minha experiência com este problema difícil, sempre considerei melhor ver todos os membros da família, para saber como vêem as dificuldades, e é importante que você insista para que todos compareçam." Isto é, o terapeuta deve transmitir claramente aos pais que eles vivem uma crise, e que reunir todos os que convivem com a paciente e conhecer suas idéias sobre a doença da filha/parente é crucial e tem extremo valor. Saliente que os pais têm a capacidade e a necessidade de convencer seus filhos e outros parentes que vivem na mesma casa de que sua irmã/parente está enferma, e que suas opiniões são preciosas e muito úteis para a elaboração de um plano de tratamento. O terapeuta pode dizer algo como: "Embora outros parentes possam julgar inconveniente o comparecimento às sessões, seus outros filhos têm interesse em verem a irmã recuperada da BN. Além disso, vale pena faltar à escola para virem aqui, não acha?"

Uma questão comum sobre o TBF, apresentada por muitos pais, é: "Por que esse tratamento não se concentra primeiro na causa (ou causas) da BN?" Em resposta, saliente que quando os sintomas da BN são muito graves, a adolescente com a doença não está em posição de explorar ou abordar os problemas subjacentes. A paciente e sua família devem esperar até uma remissão razoável dos sintomas bulímicos. Portanto, essas questões são abordadas nos Segundo e Terceiro Estágios do tratamento.

Levantar a Ansiedade dos Pais com Solidariedade e Apoio

Como mencionado, a primeira consulta com a família é crítica, porque dá o tom para o estágio inicial do tratamento. O terapeuta já aludiu à importância do primeiro encontro, pelo telefonema inicial (ou por uma série de telefonemas) à família. Esses contatos visão comunicar a importância da presença de todos e a gravidade da terapia na qual a família está prestes a se engajar.

A primeira sessão tem como principais objetivos:

- Envolver a família na terapia.
- Obter uma história da bulimia e de como ela afeta a família.
- Obter informações preliminares sobre o funcionamento familiar (por exemplo, alianças, estrutura da autoridade e conflitos).

Para a conquista desses objetivos principais, o terapeuta adota as seguintes intervenções terapêuticas (os "porquês" e os "comos" de cada uma dessas etapas são discutidos abaixo).

1. Reunir-se com a paciente, iniciar um diário de consumo alimentar compulsivo/purgação e pesar a paciente.
2. Reunir-se com o resto da família em um clima sincero e amistoso.
3. Tomar uma história que revele como cada membro da família vivencia o impacto do transtorno alimentar.
4. Separar a doença da paciente.
5. Salientar a gravidade da doença e a dificuldade da recuperação.
6. Concluir a sessão.

A finalidade das primeiras sessões é levantar a ansiedade e preocupação dos pais sobre o impacto da BN no desenvolvimento adolescente e adulto e, ao mesmo tempo, oferecer solidariedade e apoio. Outro objetivo é concentrar essa ansiedade na construção de um relacionamento colaborativo entre a adolescente e seus pais, para que possam ser assumidas intervenções eficazes no combate aos sintomas da BN. Todos os esforços são feitos para reduzir a culpa dos pais e a vergonha da adolescente pela crise que a doença cria para toda a família. É especialmente importante envolver a paciente de um modo pleno de empatia e salientar que o restabelecimento de hábitos alimentares saudáveis depende da colaboração dela própria e dos pais. A mensagem que o terapeuta tenta transmitir, portanto, é bastante complexa e combina um chamado por mudanças imediatas na forma como a família responde à BN, em razão da seriedade da doença, e uma ênfase à empatia, com uma postura isenta de atribuição de culpa em relação à paciente e à família.

Nesse contexto, o terapeuta deve desafiar explicitamente quaisquer impressões de que os pais ou a adolescente causaram a doença. Esta comunicação, pelo terapeuta, também é chamada de vínculo terapêutico (*ver* Haley, 1973), em que a paciente e a família são desafiadas imediatamente a alterar seus comportamentos, mas ao mesmo tempo o terapeuta oferece apoio amistoso e apreciativo.

Devido à natureza secreta da BN, é crucial que o terapeuta descreva claramente os sintomas da BN *e* suas conseqüências médicas e psicológicas. Na AN, a adolescente está obviamente desnutrida; na BN, entretanto, o terapeuta precisa aumentar a ansiedade dos pais sobre uma série de sintomas (consumo alimentar compulsivo e purgação) que podem não ter testemunhado e que estão presentes em uma adolescente de aparência e peso normais e que dá a impressão de ser bem-ajustada. Transmitir a gravidade da situação pode ser uma tarefa extremamente difícil, e muito importante para convencer os pais a exercerem um papel ativo, para que a filha supere a doença. A ansiedade precisa ser aumentada, para que os pais sintam-se desesperados por algo que cesse os comportamentos de alimentação excessiva e purgação da filha, e para que se sintam, *eles mesmos* (em colaboração com a adolescente), responsáveis por fazer isso. Embora possam demonstrar apreensão por assumirem a tarefa, a gentileza e o conhecimento do terapeuta sobre como sair desse dilema os incentiva a permanecerem envolvidos e a avançarem nessa missão. O que ajuda a família a envolver-se com o terapeuta no tratamento é exatamente essa dicotomia em estilo – o vínculo terapêutico. Em outras palavras, o terapeuta visa desorientar os parentes, elevando sua ansiedade e demonstrando gentileza, ao mesmo tempo. Tal desorientação os liberta dos padrões habituais e permite que aceitem ver o terapeuta como um líder e experimentem novos padrões de comportamento.

Conhecer a Paciente, iniciar Gráficos de Compulsão Alimentar/Purgação e pesá-la

Por Que

Receber a paciente para consulta pela primeira vez, como em qualquer outro tratamento, é obviamente a primeira etapa para a formação de um relacionamento terapêutico significativo. A tarefa terapêutica inicial e essencial, realmente árdua, é principiar o tratamento indagando sobre a freqüência do consumo alimentar compulsivo e purgação na última semana e pesar a paciente. Entretanto, essas primeiras tarefas não servem apenas a um objetivo instrumental; elas também reforçam o relacionamento entre o terapeuta e a paciente, ajudando-a a passar por um processo potencialmente estressante, enquanto o terapeuta lhe comunica a sua visão sobre esse difícil processo. Portanto, o profissional pode usar os sintomas do transtorno alimentar (o relato real sobre a compulsão alimentar e purgação), e os aspectos do relacionamento que emergem desse processo, nas sessões de terapia familiar.

Como

Antes do início da sessão de terapia familiar, o terapeuta deve reunir-se, a sós, com a paciente por cinco minutos ou mais, para cumprimentá-la, estabelecer sua freqüência de consumo alimentar compulsivo e purgação nos últimos sete dias e pesá-la. Especificamente, ele cumprimenta a paciente e sua família na área de espera e pede que a paciente o acompanhe ao consultório, enquanto o resto da família aguarda na sala de espera. Enquanto a leva para a sala de pesagem, o terapeuta indaga se a paciente gostaria de lhe transmitir alguma dúvida ou esclarecer qualquer problema, durante a sessão.

A freqüência com que a paciente alimentou-se compulsivamente nos últimos sete dias é obtida e o terapeuta também a alerta para o fato de que ela deverá manter seu próprio registro sobre essas freqüências, já que precisará informar essas contagens específicas no início de cada sessão, no futuro. Depois, o terapeuta fará um gráfico do relato verbal da paciente nos diários de consumo alimentar compulsivo/purgação, que serão mantidos no arquivo de dados da paciente. Esse tempo a sós com a adolescente, sem os outros parentes, permite o monitoramento da resposta a qualquer mudança nos sintomas bulímicos ou no peso da paciente.

Este processo é repetido nas futuras sessões e deve se tornar a oportunidade esperada e rotineira para que a paciente e o terapeuta tenham alguns minutos a sós, para a comunicação e apoio em relação a problemas que a paciente possa ter e que lhe causem constrangimento se discutidos na presença de toda a família. À medida que o tratamento avança, esse período previsível de cinco minutos pode ser estendido para dez minutos ou mais.

Na conclusão desse breve encontro com a adolescente, o terapeuta retorna à sala de espera e convida o restante da família para entrar. Ele, então, compartilha o relato verbal da paciente sobre seus sintomas bulímicos nos últimos sete dias, no começo de cada sessão com os pais, e tal relato dá o tom para o restante da sessão.

O terapeuta pede que os pais confirmem se o relato da adolescente reflete, em termos gerais, o que eles próprios estimariam. Se há concordância entre o relato da paciente e a estimativa dos pais, e a adolescente está se saindo bem, o tom da sessão tende a ser otimista. Se a jovem e seus pais não concordam, o terapeuta deve reservar algum tempo para auxiliar na conciliação desses números. Se não há progresso em termos do consumo alimentar compulsivo e purgação, e/ou se o peso é instável, então o tom precisa mudar e se tornar mais grave. Se os sintomas da paciente permanecem inalterados ou pioram, o terapeuta deve usar esta informação para renovar os esforços dos pais para ajudarem a filha a restabelecer comportamentos de alimentação saudável. Além disso, os pais devem receber uma cópia dos gráficos de consumo alimentar compulsivo/purgação em cada sessão, que servirão de lembrete sobre o progresso (ou falta de progresso) da paciente e de seu esforço combinado para o restabelecimento de hábitos alimentares saudáveis. Diferentemente do que ocorre com a AN, na qual o peso da paciente tem importância crucial, o peso de uma paciente com BN deve ser compartilhado com a família apenas se ela emagrece rapidamente ou se o terapeuta observa flutuações amplas e freqüentes no peso, que freqüentemente são um sinal de comportamentos excessivos de consumo alimentar compulsivo e purgação.

Reunir-se com o Resto da Família em Clima Sincero e Receptivo

Por Que

A primeira oportunidade para dar início ao processo de formar um relacionamento com os pais, paciente e outros familiares ocorre já quando o terapeuta cumprimenta a todos. O cumprimento deve transmitir preocupação, receptividade e compreensão, além de sugerir, também, parte dos conhecimentos e experiência do profissional e sua prontidão para unir-se à família com seus dilemas específicos sobre o transtorno alimentar da adolescente. Envolver pacientes com transtornos alimentares e suas famílias no tratamento pode ser difícil, ocasionalmente, e o resultado do tratamento freqüentemente é afetado pelo nível de sucesso do profissional nessa tarefa. Quando realizado com sucesso, o cumprimento tem o potencial para estabelecer o tom que, ao final, permite o desenvolvimento da confiança, apesar das demandas inerentes por mudança comportamental que virão nas sessões seguintes. Se o terapeuta fracassar nesta tarefa, deixando de demonstrar suficiente preocupação empática pelas dificuldades da família, esta pode se distanciar rapidamente de sua influência.

Como

O aspecto físico dos cumprimentos geralmente é moldado pelo estilo individual do terapeuta. Alguns são naturalmente mais calorosos e usam o toque ou apertos de mãos ao cumprimentarem pacientes e seus familiares. Outros podem preferir um contato visual firme ou acenos de cabeça na direção dos familiares, como alternativa. Ao falar com cada familiar, o terapeuta deve concentrar-se claramente naquele que está falando, para garantir que o falante perceba claramente seu genuíno interesse sobre o que diz. O processo de saudação não precisa ser demorado; a qualidade é o que importa realmente. Embora o objetivo seja deixar todos à vontade, deve ficar claro, desde o início, que além de conforto o terapeuta exigirá atenção e contribuição nas tarefas que virão. Esta mensagem geralmente é transmitida com gentileza, inicialmente, com uma saudação que demonstre interesse. Ao cumprimentar cada membro da família, o terapeuta pode dizer algo tão simples quanto: *"Conte-me algo sobre você, seus interesses ou atividades"*, e então indagar uma ou duas questões de esclarecimento, como *"O que o deixa confuso sobre X?", "Há quanto tempo você faz isso?"* O importante é não entrevistar cada familiar tão demoradamente que dê a impressão do desejo de conhecer igualmente cada membro da família.

Tomar uma História que revele o Impacto do Transtorno Alimentar sobre cada Familiar

Por Que

Para fazer um uso mais eficiente da primeira sessão, o terapeuta avança rapidamente para a tomada da história, a fim de descobrir como a BN é vista pelos parentes. A finalidade é atualizar cada familiar, assim como a paciente, sobre os comportamentos problemáticos da BN. Cada membro da família geralmente tem algo a contribuir para essa revisão, que cede ao terapeuta muitas informações relevantes, mas também traz para a sessão toda a história da BN como algo comum a todos os familiares. Com freqüência, essa será a primeira vez que a família discute sobre a BN tão abertamente. Dependendo do caso, é de grande valia escutar a experiência e as preocupações de cada familiar sobre a BN ao longo de vários meses ou anos. As informações coletadas aqui também dão ao terapeuta a "munição" necessária para impelir a família à ação, quando montar uma cena mais intensa posteriormente, nessa mesma sessão.

Como

A história tomada da paciente e sua família tem um foco, no intuito de levantar a preocupação parental sobre a BN. O terapeuta deve transmitir à família que certamente sabe que existem outras dificuldades (por exemplo, depressão ou ansiedade), mas que, por enquanto, o foco deve permanecer na BN. O terapeuta usa uma técnica específica de entrevista, chamada de questionamento circular, para engajar e envolver toda a família neste processo. Ele pede que um membro da família comece com suas observações acerca de como a BN começou. Depois que esta pessoa termina, o terapeuta volta-se para outros familiares e pergunta se alguém concorda, discorda ou deseja acrescentar algo ao que foi dito. Ao fim da entrevista, geralmente há uma história sobre a qual a maioria concorda. O questionamento circular também previne o monopólio da sessão por um único familiar ou por apenas alguns deles.

Separar a Doença da Paciente

Por Que

Separar a doença do paciente é uma técnica de externalização extraída da terapia familiar narrativa. Sua finalidade é permitir que os pais vejam que a adolescente está doente e precisa de ajuda, em vez de ser alguém opositiva, desafiadora ou que busca propositalmente a autodestruição pela BN. Por meio da externalização, as famílias reduzem a culpa da adolescente, enquanto reconhecem a necessidade de assumirem uma ação contra os sintomas da doença, opostamente a se envolverem em conflitos com a filha afetada. Ao salientar que a paciente tem pouco controle sobre sua doença, o terapeuta tenta permitir que os pais assumam uma ação drástica contra a *doença,* não contra a filha. Ao mesmo tempo, esta manobra permite que a adolescente sinta menos embaraço por ter desenvolvido a BN. Além disso, separar a doença da paciente é uma importante maneira de comunicar apoio à jovem, que agora é vista como alguém tomada por esta doença. Ao salientar repetidamente que a BN não é a paciente, o terapeuta pode transmitir apoio à adolescente em desenvolvimento e, ao mesmo tempo, transmitir a forte convicção de que a BN é um problema para ela. Estudos sobre a expressão de emoções demonstram que as críticas dos pais contribuem para a desistência precoce do tratamento por essas jovens e para resultados mais insatisfatórios do tratamento (Le Grange, Eisler, Dare e Russell, 1992; Szmukler, Eisler, Russell e Dare, 1985). Além disso, altos níveis de críticas e hostilidade por parte dos pais exacerbam os sintomas de transtorno alimentar e podem ter um impacto negativo sobre o resultado do tratamento.

Portanto, ao modelar a aceitação sem críticas da paciente e de seus sintomas (isto é, demonstrando aos pais que a maior parte dos comportamentos ligados à doença não estão sob o controle da paciente), o terapeuta apóia um novo entendimento sobre o comportamento da paciente e reduz quaisquer críticas dos pais (ou irmãos) a ela. Vale a pena especificar que uma atitude isenta de críticas não é "normal" na maioria das famílias, mas em termos terapêuticos, é essencial.

> "Às vezes, os pais precisam fazer coisas incomuns, para melhorarem a saúde de seus filhos."

Pode ser útil oferecer uma analogia com pais que têm de fazer "coisas incomuns", como oferecer seus órgãos para transplante ou providenciar cuidados excepcionalmente intensivos para seus filhos (em casos de fibrose cística, por exemplo).

No processo de separar a doença da paciente, freqüentemente existe uma oportunidade para abordar a culpa incorreta que os pais sentem por terem causado o transtorno alimentar. Às vezes, eles leram sobre a BN e concluíram que as famílias causam a doença. Em outros casos, eles podem ter tentado convencer a filha a comer ou a parar com episódios de alimentação exagerada e purgação, o que os levou a uma sensação de ineficácia e frustração. Eles podem, também, ter expressado raiva e hostilidade em relação à filha. Como ocorre com a AN, a perspectiva do TBF para a BN é de que as famílias não causam a doença; as causas da BN são, a princípio, desconhecidas. Entretanto, o mais importante é que quaisquer impedimentos ao envolvimento ativo da família, como culpa parental, precisam ser abordados, já que a família é o maior recurso para a recuperação da paciente. Diferentemente da ansiedade, que, em geral impele os pais à ação, a culpa tende a causar hesitação, dúvidas sobre si mesmos, e ineficácia. Portanto, passamos algum tempo na primeira sessão (e nas sessões posteriores, quando o tema reaparecer) abordando diretamente a questão da culpa, para reduzirmos seu impacto sobre a ação dos pais de assumirem o restabelecimento da alimentação saudável da filha. Separar a doença da adolescente, portanto, é uma estratégia útil para tal fim.

Como

O terapeuta deve pedir que a paciente relacione tudo o que a doença lhe deu e tudo o que lhe tirou. Enquanto escuta o relato dessa lista, o profissional deve demonstrar o máximo de empatia pela paciente e o máximo de aflição e temor pelos sintomas, talvez dizendo:

> "É lamentável que essa doença horrível tenha perturbado tanto a sua vida, tirado sua liberdade e roubado tanto do controle que você poderia ter sobre o que faz."

É crucial que o terapeuta demonstre não apenas empatia pela família, mas também compreensão em relação à paciente. O terapeuta poderia continuar com algo como:

> "Sei que, às vezes, você tem mais medo da comida e de comer do que do pensamento de viver com a doença pelo resto da vida. As conseqüências da doença, no longo prazo, podem parecer algo muito longínquo, enquanto a comida está bem ali, na sua frente."

É essencial que o terapeuta atente e modifique quaisquer críticas apresentadas pelos pais e irmãos em relação à paciente. Nesses casos, ele pode comentar:

> "Os sintomas não pertencem à sua filha; em vez disso, fazem parte desta doença que a dominou e está prejudicando quase todas as suas atividades. É a BN, por exemplo, que a faz armazenar alimentos ou consumi-los em excesso, e a faz comportar-se de um modo tão sorrateiro. Em outras palavras, é a doença que a leva a fazer tudo o que vocês consideram tão deprimente. A filha que vocês conheciam antes que a doença a dominasse não tem controle sobre seu comportamento, e é sua a tarefa de devolver o poder de decisão a ela."

Assim, o terapeuta delineia empatia e compreensão pela paciente, para os pais, especialmente ao exibir uma atitude totalmente isenta de críticas para com os sintomas da paciente e compreensão de que a doença paralisou temporariamente seu desenvolvimento. Para apoiar esta perspectiva, ele pode dizer:

> "Eu não quero que você desanime. Quero ajudar seus pais a lhe devolverem sua saúde, mas não ceder-lhes o controle sobre tudo o mais."

Também é importante transmitir a compreensão de que talvez existam partes da doença, como a incapacidade da paciente de restringir o consumo de alimentos, das quais ela sente orgulho, enquanto o consumo compulsivo e a purgação geram vergonha. Esta estratégia é fundamental para manter o envolvimento com a adolescente, enquanto a BN é atacada. O fracasso em conquistar esta separação pode aumentar a resistência da paciente ao tratamento.

Durante o processo de separar a doença da paciente, o terapeuta pode descobrir que os familiares respondem a parte dos comportamentos da paciente ligados à comida e a comentários sobre o peso com críticas. Ocasionalmente, um familiar pode dizer à paciente:

"O que você faz é nojento! Não entendo como você consegue comer desse jeito!"

ou

"Não entendo esse negócio de separar as coisas. Você está tentando livrá-la da responsabilidade. Ela pode parar com isso, se quiser, mas continua mentindo para nós. Sempre que nos diz que está tudo bem, sabemos que é mentira. Ela ainda come muito e usa laxantes todos os dias, e não consigo mais confiar no que diz!"

Montar uma Cena Intensa para Transmitir a Gravidade da Doença e a Dificuldade da Recuperação

Por Que

Para aumentar a motivação para uma ação capaz de perturbar o controle da BN sobre a adolescente, o terapeuta deve começar a concentrar a ansiedade dos pais sobre o problema. Em geral, a ansiedade parental está presente, mas sem um foco e, talvez, com intensidade insuficiente. Usando os dados coletados durante o processo de tomada da história da família e outras informações clinicamente pertinentes, o terapeuta resume a história, salientando os efeitos negativos sobre a adolescente, suas interações com a família e colegas, seu trabalho escolar e seu estado emocional. Observe que esta primeira "orquestração" ou montagem do cenário é o começo de um processo que deve continuar na segunda sessão de tratamento. A ansiedade é um motivador útil, enquanto a culpa e a vergonha são ineficazes.

Como

Pela primeira vez na sessão, o terapeuta inicia um monólogo relativamente longo; antes, a paciente e os familiares descreveram sua experiência com a BN (veja o Capítulo 5 para um exemplo completo). O terapeuta deve ver este monólogo como um discurso motivacional que visa incitar a preocupação dos pais e alertar a família para a realidade de que a BN precisa ser enfrentada. O discurso não deve impor culpa sobre a paciente ou sua família. Entretanto, ele deve usar, literalmente, tanto quanto possível, os exemplos dos problemas observados pelos membros da família durante a entrevista anterior.

O terapeuta geralmente obtém o máximo efeito desse discurso quando incorpora esses exemplos específicos. O tom emocional da intervenção é, ao mesmo tempo, sério e suave, preocupado e envolvido, com o objetivo de inspirar a família a ver a necessidade de superar a BN. O foco específico do discurso deve estar sobre os comportamentos bulímicos da paciente, sobre as tentativas – fracassadas – anteriores de se abster do consumo alimentar compulsivo e da purgação, sobre os problemas médicos e emocionais que tendem a ocorrer se a BN persistir, e na ênfase de que a família é o último recurso para a paciente. Por exemplo, se a paciente já foi hospitalizada devido ao transtorno, o terapeuta deve alarmar a família sobre o potencial para um rápido retorno à compulsão alimentar e purgação. A ineficácia dos esforços de outros profissionais da saúde deve ser tratada com respeito, mas destacada como evidência da posição difícil em que os familiares se encontram. Não importando os detalhes de cada paciente e sua família, o terapeuta deve insistir:

> "Embora existam muitas oportunidades para diferenças de opinião entre os membros de um casal e entre filhos e pais, no que se refere a esboçar um plano para ajudar sua filha a derrotar a BN, vocês [falando para os pais] não podem discordar um do outro. Até mesmo uma pequena discordância entre vocês dois facilitará a presença central do transtorno alimentar na vida de sua filha e a derrotará."

Ao coletar informações dos membros da família sobre como vivenciam a doença, o terapeuta reflete e amplia o que esses lhe contaram sobre os efeitos da BN, de modo a salientar a gravidade da doença. Para ter sucesso, o terapeuta deve ser genuíno e vigoroso, ao expressar o horror, a falta de esperanças, o pânico e a impotência da família até esse ponto. Com freqüência, o terapeuta pode considerar útil integrar os problemas médicos e psicológicos muito comuns à BN nessa recitação. Além disso, o terapeuta deve se esforçar para não aceitar a "fachada de BN" que esconde com tanta facilidade o transtorno alimentar. Isto é, a natureza sorrateira da doença, juntamente com uma adolescente de aparência saudável, pode convencer até mesmo o terapeuta mais experiente de que os sintomas foram imensamente reduzidos e que a adolescente está feliz e bem-ajustada em sua família e com seus colegas. O terapeuta deve tentar levantar os níveis de energia da família, porque os arranjos normais relacionados a hábitos, estrutura da família e resistência da paciente podem inibir a capacidade dos pais de assumirem o controle do processo de restabelecimento da alimentação saudável da filha.

Conclusão da Sessão

O terapeuta conclui a sessão demonstrando muita solidariedade e pesar, assim como algum otimismo na convicção de que os pais poderão descobrir um modo de salvar a vida de sua filha. Portanto, o terapeuta despede-se da família deixando nesta um senso de responsabilidade por assumir essa tarefa assombrosa de restabelecer hábitos alimentares saudáveis na paciente.

Revisão de Fim de Sessão

Como ocorre ao fim de cada sessão de tratamento, o terapeuta principal deve comunicar-se com os membros da equipe de terapia e de consultoria e revisar as questões seguintes.

Sessão 1 – Solução de Problemas

- *E se alguns familiares não comparecem à primeira sessão?* A resposta do terapeuta dependerá, em parte, do grau em que adere a uma visão purista da terapia familiar – isto é, se adere apenas à terapia familiar conjunta ou à visão de que uma família consiste em diversos subsistemas que podem ser atendidos separadamente no tratamento. Alguns terapeutas deixam muito claro para a família, desde o início, que apenas trabalham com a família quando todos os membros comparecem e podem até mesmo se recusarem a entrevistar uma família "incompleta". Nós, entretanto, defendemos uma visão mais flexível. A vantagem de seguir em frente com a consulta, apesar da ausência de alguns parentes, é que o terapeuta indica a urgência de atentar para a doença sem demora. Dada a natureza grave da doença, pode não ser apropriado deixar que a família volte para casa "de mãos vazias", de modo que o terapeuta pode optar por entrevistar a paciente e todos os membros da família presentes à primeira sessão. Ele, então, pode usar essa primeira sessão para salientar a importância de ver cada membro da família da paciente e incentivar os familiares presentes a convencerem os ausentes sobre o comparecimento à próxima reunião com a família.

O risco de ir em frente com a família incompleta é duplo. Em primeiro lugar, o terapeuta se vê um pouco limitado em seus esforços para envolver todos os membros da família na abordagem aos sintomas do transtorno alimentar da paciente, no sentido de não ter a oportunidade de ver a família como um todo e, assim, apenas fazer inferências com relação aos padrões de interação entre os membros presentes e ausentes.

Em segundo lugar, iniciar a terapia sem que todos estejam presentes pode reforçar, para aqueles que compareceram, bem como para os que não vieram, que o tratamento pode continuar sem os familiares ausentes.

Apesar disso, é necessário dizer que, na prática, o terapeuta precisa ter uma flexibilidade considerável para permitir acomodações, no que se refere àqueles que formam a família nuclear e a quem é mais capaz de ajudar a adolescente a abordar seus sintomas bulímicos.

- *E se a paciente não quer que a família saiba sobre o consumo alimentar compulsivo, purgação e peso?* Muitas pacientes resistem à idéia de permitirem que suas famílias saibam a extensão de seu consumo alimentar compulsivo e purgação ou sobre seu peso, principalmente por embaraço e vergonha, mas também para evitar sua intervenção. Conseqüentemente, o terapeuta pode se sentir preso entre demonstrar respeito pela autonomia da adolescente em desenvolvimento, por um lado, e prosseguir com o tratamento, por outro lado. Um modo de lidar com este dilema é abordar os pais e a paciente. Dirigindo-se aos pais, o terapeuta pode dizer:

> "Embora a paciente seja uma adulta jovem, sob muitos aspectos, no que se refere a comer e ao peso, precisamos esclarecer os fatos sobre o transtorno alimentar. É muito importante que vocês, como pais, descubram uma forma de ajudá-la com isso, até que ela possa manter um peso saudável e permanecer livre do consumo alimentar compulsivo e purgação. Para termos sucesso nessa tarefa, será crucial monitorarmos o peso de sua filha de tempos em tempos, mas precisamos monitorar especialmente os comportamentos bulímicos, juntos, em cada sessão."

Voltando-se para a paciente, o terapeuta pode dizer:

> "Sei que isso lhe parece terrível, e você deve estar chateada com todos nós por lhe dizermos o que fazer. Desculpe-me, mas enquanto você estiver tão dominada pelo transtorno alimentar, será perigoso, para mim, escutar a voz da sua bulimia, porque esta doença não lhe permitirá ter saúde, e não podemos admitir que isso aconteça."

Esta personificação da BN é um método de externalização da doença, isto é, de separar a paciente da doença, como observado, e é demonstrado com mais clareza no caso transcrito no próximo capítulo.

- *E se a paciente expressa o desejo de não ser pesada?* Diferentemente da AN, a paciente com BN raramente recusa-se a ser pesada. Quando isso chega a ocorrer, o terapeuta deve demonstrar compreensão por sua relutância.

Entretanto, uma vez que a estabilidade do peso (para a maioria das pacientes) e a abstinência do consumo alimentar compulsivo e purgação estão na essência do tratamento, especialmente no Primeiro Estágio, o terapeuta assume uma postura firme, mas gentil, de que não há como progredir, a menos que o peso seja conferido rotineiramente, mas especialmente no início do tratamento. Quando essa afirmação é feita com convicção e simpatia e sem pedidos de desculpas, muito poucas pacientes resistem a serem pesadas. Se o peso está alto demais, o terapeuta garante à paciente que a alimentação saudável regular provavelmente resultará em alguma perda de peso e em uma mudança para um nível mais saudável de acordo com sua idade e altura. Se o peso está baixo demais, então obviamente o terapeuta desejará comentar sobre a necessidade de ganhar alguns quilos e manterá uma conferência atenta sobre o progresso da paciente.

- *E se outros problemas, além da BN, vierem à luz?* Diferentemente da AN, em que nada pode impedir a auto-inanição (com a exceção da tendência aguda para o suicídio), o foco sobre a BN pode ser desviado com relativa facilidade por uma variedade de condições psiquiátricas comórbidas. O terapeuta deve tentar reter o foco primário sobre a BN, enquanto atenta para a depressão, abuso de substâncias ou ansiedade subjacentes. Embora passe a maior parte do tempo abordando o transtorno alimentar, o terapeuta deve avaliar a gravidade da condição comórbida para determinar se também pode ser manejada no contexto do TBF, ou se requer tratamento fora do âmbito deste manual (por exemplo, por outra equipe médica, como um psiquiatra de crianças e adolescentes). Preferivelmente, um membro da equipe poderá trabalhar com esta condição comórbida enquanto o médico primário permanece concentrado na resolução do transtorno alimentar.

- *E se a paciente não adere à solicitação para manter um diário semanal de consumo alimentar compulsivo/purgação?* Tal recusa é bastante provável e representará problemas consideráveis para o terapeuta. Devido à natureza secreta da BN e também por causa da vergonha da paciente sobre seus sintomas, uma grande relutância para dividir detalhes desses comportamentos com o terapeuta é altamente provável. O terapeuta deve fazer todo o esforço para ajudar a paciente a perceber que o comportamento está fora do seu controle. Entretanto, apenas com o conhecimento da gravidade ou intensidade dos sintomas o terapeuta poderá entender totalmente a doença e ajudar a paciente e seus pais a encontrarem um modo de superar a BN.

- *O que fazer se a paciente recusa o apoio dos pais?* Tal recusa não é uma opção, embora a natureza cooperativa da abordagem dos pais ao tratamento deva, na prática, combater a maior parte dos esforços da adolescente para impedir este apoio.

Os pais precisam determinar um regime de refeições durante o qual ocorra o consumo imediato de uma refeição saudável – a expectativa de que isso ocorra é constante e poderosa. Em outras palavras, a cultura criada pelos pais é a de que não existirá alternativa para comer/obedecer e de que haverá supervisão após o consumo, para impedir a purgação. Isso é semelhante ao regime de cultura/refeição, que ocorre em um serviço para transtornos alimentares especializado e com bom funcionamento. Se os pais conseguirem fechar todas as brechas existentes para a ocorrência de comportamentos bulímicos, a adolescente não poderá recusar o apoio. Estabelecer tal regime requer tempo e paciência, e o terapeuta deve revisar exatamente como os pais e sua filha procederam ao montar o regime, a cada semana. Para ajudar a paciente a entender por que seus pais estão planejando esse regime, o terapeuta pode dizer:

"Seus pais desejam garantir a você e a eles mesmos que, se você adoecer ainda mais por causa da bulimia, eles fizeram o que podiam para ajudá-la na luta contra esta doença."

• *O que fazer se os irmãos resistirem a ajudar a irmã?* Muitos irmãos não mostram sinais óbvios de preocupação pela doença em uma irmã, em parte porque talvez desconheçam a sua presença ou porque não apreciam plenamente as conseqüências médicas e psiquiátricas do transtorno alimentar. Além disso, eles também podem se sentir desanimados por tentativas anteriores que não ajudaram na recuperação da irmã, ou podem até sentir inveja de toda a atenção concentrada na paciente por causa de sua doença. Em casos muito raros, podemos descobrir que um irmão desenvolve um problema e começa a chamar a atenção. Alguns irmãos podem dar a impressão de ter abandonado a irmã doente e se mostram um pouco resistentes a continuar ajudando. Como ocorre com os pais, é crucial que o terapeuta aumente o nível de preocupação dos irmãos por sua irmã e lhes diga o quanto é importante continuarem ajudando em sua recuperação. O terapeuta pode dizer:

"Irmãos e irmãs se tornam ainda mais importantes, à medida que crescemos. Não podemos nos dar o luxo de perder um deles."

Insistir que seu comparecimento em cada sessão do tratamento é útil, garantindo ao mesmo tempo a coleta de informações de cada um dos membros da família durante a sessão, ajudará a convencer os irmãos de que sua presença na sessão e o auxílio em casa realmente fazem diferença para o bem-estar da irmã. Essa é a principal tarefa dos irmãos para a oferta de apoio à irmã doente durante esse período, e não dirigir esforços diretamente para regular a sua alimentação, já que tal tarefa é dos pais, em colaboração com a paciente.

- *E se o terapeuta se envolver emocionalmente com a família?* A avaliação adequada da família, às vezes, pode ser complicada pelo modo como o terapeuta se vê por ela absorvido. Tal absorção pode ocorrer em virtude do nosso treinamento social, que freqüentemente nos leva a nos acomodar ao padrão da família, a ajustar nosso papel e estilo para que se adaptem ao da família. Uma vez que essa absorção tem a possibilidade de ser potencialmente perigosa – por exemplo, o risco de se encaixar inconscientemente nos padrões familiares de um modo que torne a família ineficaz para a superação do transtorno alimentar da paciente –, um co-terapeuta, supervisor ou uma equipe de observação são importantes. O papel do supervisor é o de modificar e desenvolver a resposta direta do terapeuta à família da paciente.

- *O que fazer se a paciente adoece demais para ser tratada fora de um hospital?* Se o terapeuta sente dificuldade para fazer com que os pais restabeleçam padrões de alimentação saudável para a filha e impeçam o consumo alimentar compulsivo e a purgação (embora isso seja relativamente raro na BN), a paciente pode adoecer demais para ser tratada fora de um hospital. O terapeuta terá de exercer seu juízo para determinar em que ponto precisará recomendar a hospitalização (por ex., se após exames, a paciente torna-se hipocalêmica ou se apresenta um transtorno psiquiátrico, embora estável em termos médicos, mas incapaz de interromper o ciclo de consumo alimentar compulsivo/purgação). A hospitalização, obviamente, é um acontecimento infeliz e pode complicar o tratamento em diversos níveis. Em primeiro lugar, a obtenção de um leito em um hospital especializado em transtornos alimentares pode ser bastante difícil. Em segundo lugar, os pais podem ver a hospitalização como mais um fracasso de sua responsabilidade, e a paciente pode se tornar ainda mais entrincheirada em seu transtorno alimentar. Em terceiro lugar, após a alta hospitalar o terapeuta pode não ter sucesso ao tentar envolver novamente a família em um esforço para mobilizá-los a outra tentativa nessa difícil tarefa. Claramente, o terapeuta deve fazer todo o possível para evitar esse cenário. O profissional poderá considerar úteis os critérios para o tratamento com hospitalização contidos no Capítulo 2.

Após a hospitalização da paciente, ainda é possível continuar com a abordagem baseada na família usada neste manual. Entretanto, o TBF no hospital terá um âmbito limitado. Uma vez que a família tende a não poder participar no tratamento diário da filha, durante a hospitalização, o trabalho familiar deverá salientar a gravidade dos problemas médicos da paciente e a necessidade de ação por parte dos pais, para reverter essa situação após a alta da paciente.

A ocasião da hospitalização pode servir como a prova necessária de que o problema com a alimentação é grave e requer a dedicação dos pais no esforço de superar o transtorno. Em resumo, a hospitalização pode servir como uma nova crise para incentivar a ação agressiva pelos pais. Por outro lado, como observado, uma internação hospitalar pode ser vista como um fracasso por parte da família e do terapeuta. Tal perspectiva não é útil e deve ser evitada. Em vez disso, mantenha o foco sobre a necessidade de que os pais reiniciem o processo de restabelecer a alimentação após a alta da paciente. Pode ser difícil continuar apoiando o senso de capacidade dos pais nesse arranjo, mas é preciso tentar.

Este capítulo oferece um relato detalhado das etapas terapêuticas que o terapeuta deve assumir para chegar a uma resolução bem-sucedida da Primeira Sessão. No Capítulo 5, nós oferecemos um exemplo de um caso real e os desafios enfrentados pelo terapeuta enquanto seguia as etapas apresentadas.

CAPÍTULO 5

Primeira Sessão, na Prática

Este capítulo oferece um exemplo de Primeira Sessão da vida real, começando com uma breve visão geral sobre a paciente e sua família (detalhes de identificação foram alterados, para a proteção da família). A sessão é dividida em partes principais, de acordo com a intervenção. Além disso, notas explicativas são adicionadas enquanto a sessão desenvolve-se, para salientar os objetivos específicos do terapeuta.

Como revisão, esses devem ser os principais objetivos da primeira sessão:

- Envolver a família na terapia.
- Obter uma história da BN e de como ela afeta a família.
- Obter informações preliminares sobre o funcionamento da família (isto é, alianças, estrutura da autoridade e conflitos).

Para a conquista desses objetivos principais, o terapeuta adota as seguintes intervenções terapêuticas:

1. Encontrar-se com a paciente, iniciar gráficos de consumo alimentar compulsivo/purgação e pesá-la.
2. Reunir-se com o restante da família em um clima sincero e receptivo.
3. Tomar uma história que revele como cada membro da família vivencia o impacto do transtorno alimentar.
4. Separar a doença da paciente.
5. Orquestrar uma cena intensa para transmitir a gravidade da doença e a dificuldade da recuperação.
6. Preparar os pais e a adolescente para a refeição da semana seguinte e concluir a sessão.

Antecedentes Clínicos

Jenny é uma jovem caucasiana de 17 anos com diagnóstico de BN. Ela mede 1,60 m e pesa 50,25 kg, com índice de massa corporal (IMC) de 19,8. Jenny reside atualmente com seus pais e o irmão mais jovem (Peter). Ela também tem uma irmã mais velha (Mandy) que reside na universidade onde estuda. Seus sintomas bulímicos começaram 12 meses atrás, e seu consumo alimentar compulsivo ocorreu 10 vezes nas últimas quatro semanas, com purgações dia sim, dia não, nesse mesmo período. Jenny não relata o uso de laxantes, diuréticos ou redutores de apetite, mas executou exercícios compensatórios aproximadamente uma vez por dia, no último mês. Esses exercícios incluem corridas e outras atividades aeróbicas. Nos últimos três meses, sua menstruação falhou uma vez, e ela não usa contraceptivos orais. Segundo seu relato, não há qualquer prejuízo funcional devido ao seu transtorno alimentar.

Encontrar-se com a Paciente, Iniciar Gráficos de Consumo Alimentar Compulsivo/Purgação e Pesá-la

Antes do início da sessão, a terapeuta acompanhou Jenny até o consultório, pesou-a (vestida em roupas leves) e perguntou-lhe sobre a freqüência do consumo alimentar compulsivo e purgação na semana anterior. A resposta foi cuidadosamente anotada nos *gráficos de consumo alimentar compulsivo/purgação* da terapeuta (ver capítulo anterior, para detalhes). Durante este processo, a terapeuta conversou brevemente com a paciente, indagando sobre suas impressões por iniciar a terapia.

Encontrar-se com o Resto da Família de um Modo Sincero e Receptivo

Embora esta família tenha três outros membros residindo na mesma casa, apenas a mãe acompanhou a filha a esta sessão. O pai viajava a negócios e a mãe mostrava-se relutante em trazer o irmão menor de Jenny para a sessão. Ela manteve sua opinião, apesar dos esforços iniciais da terapeuta para convencer ambos os pais de que seria essencial o comparecimento de todos os membros da família a essa consulta. Ainda assim, a primeira sessão avançou e, ao cumprimentar a mãe, a terapeuta expressou preocupação porque o pai da paciente não pudera comparecer. Depois, expressou a expectativa de que a mãe transmitisse a essência dessa consulta ao marido e ao filho, assim que pudesse. Apesar da ausência do pai e do irmão da paciente, a terapeuta certificou-se de explorar suas prováveis opiniões sobre a doença da adolescente, nesta sessão. Além disso, ela fez questão de ressaltar para mãe e filha o quanto era importante que todos comparecessem à Segunda Sessão.

Tomar uma História que Revele o Impacto do Transtorno Alimentar sobre cada Membro da Família

TERAPEUTA: Jenny, sei um pouco a seu respeito pelo que nossa equipe anotou no processo de avaliação a que você foi submetida, mas gostaria de conhecê-la melhor e saber como sua vida mudou, desde que esse transtorno alimentar começou. Também gostaria de saber como a vida de sua família mudou, porque é por essa razão que consideramos realmente importante envolver os pais e sua irmã e irmão. Eu gostaria que eles pudessem se juntar a nós no tratamento porque o transtorno alimentar não afeta apenas você, mas todos em sua casa.

MÃE: Posso interrompê-la?

TERAPEUTA: Certamente.

MÃE: O irmão não sabe nada sobre a doença. Ele não tem a mínima idéia sobre a razão da terapia ou qualquer coisa sobre esse assunto, e eu não sei se quero lhe contar.

TERAPEUTA: Ok.

MÃE: Sabe, com a irmã é diferente. Acho que não importa se Peter souber que Jenny tem problemas com a alimentação, com o modo como se relaciona com a comida e coisas assim, porque ele a vê comendo toneladas de frutas. Mas não vejo vantagem em lhe contar outros detalhes, assim como não vejo por que contar ao resto da família. Acho que não importa. Eu não quero que Peter saiba.

TERAPEUTA: Jenny, o que você pensa disso?

JENNY: Hum.

TERAPEUTA: Acho que você conhece muito bem seu irmão.

JENNY: Sim, acho que seria desconfortável.

TERAPEUTA: Se ele viesse à consulta?

JENNY: Sim. Bom, não sei como ele reagiria, se lidaria bem com isso ou não – Acho que ele não falaria muito.

TERAPEUTA: Entendo.

JENNY: Então, acho que seria melhor...
TERAPEUTA: Bem, por que não suspendemos a decisão até o fim da sessão de hoje? É óbvio que desejo respeitar sua necessidade de fazer o melhor para a sua família e o que a deixe mais confortável. Deixe-me lhe contar como é o tratamento, e poderemos falar um pouco mais sobre isso no fim da sessão.
MÃE: Tudo bem.
JENNY: Está certo.
TERAPEUTA: Ótimo. Bem, eu acho que eu deveria recomeçar e lhes dizer que sou especialista em transtornos alimentares. Nos últimos anos, particularmente, tenho trabalhado quase que exclusivamente com adolescentes que sofrem desses transtornos. Assim, espero realmente poder ajudá-la, enquanto você ajuda sua filha a recuperar-se dessa doença. Entretanto, o que estou realmente curiosa por saber, Jenny, é como a bulimia tem afetado a sua vida. Conte-me um pouco sobre quando isso começou e como progrediu.
JENNY: Está bem.
TERAPEUTA: (*voltando-se para a mãe*) Sinta-se livre para opinar, também. Não precisam falar uma de cada vez. Você pode interrompê-la.
MÃE: Ok.
JENNY: É, eu acho que é difícil dizer como isso afetou a minha vida, porque simplesmente aconteceu, mais ou menos em um dia. Então, não há muita diferença entre um e outro dia.
TERAPEUTA: Entendo. O que veio primeiro? Conte-me sobre o dia em que você sentiu que algo diferente estava acontecendo, algo além de simplesmente preocupar-se com a comida.
JENNY: Bem, eu meio que tive um problema... acho que estava na sétima série.
TERAPEUTA: Estou ouvindo.
MÃE: Você praticamente não comia.
JENNY: Foi isso mesmo.
MÃE: Ela se tornou pele e osso. Não sai de minha mente a lembrança do dia em que fomos à praia na Carolina do Sul e ela parecia um palito. Não falava com ninguém e nem parecia a mesma.
TERAPEUTA: Sim.
MÃE: Não sei se percebemos seu problema na época, ou se foi depois que voltamos, mas foi mais ou menos naquele período.
JENNY: Foi sim.
MÃE: Ela estava diferente, e quando recomeçou a comer nós fomos consultar o médico.
JENNY: É.

MÃE: Ela levou muito a sério o que o médico lhe disse e recomeçou a comer, mas então voltou à estaca zero – quero dizer, a mudança de personalidade foi radical.

TERAPEUTA: Ok. Quando Jenny estava muito magra, parecia-lhe muito diferente de quando estava obviamente saudável?

MÃE: Sim.

JENNY: Sim.

MÃE: Ela pareceu responder bem ao que o médico lhe disse e começou a beber vitaminas com proteína.

JENNY: Eu fazia vitaminas com proteína e coisas assim. Depois, fui para a oitava série e quando estava no início do ensino médio... Bem, eu sempre me preocupei muito. Não sei exatamente quando tudo começou – isso é assustador –, porque conheço muitas meninas que vomitam o que comem às vezes, apenas para experimentar, por qualquer razão. Comecei no verão, após o segundo ano, eu acho, e então nesse ano foi ficando cada vez pior e talvez, desde fevereiro, tornou-se realmente ruim. Eu não participo de acampamentos, porque não consigo controlar...

TERAPEUTA: Entendo.

JENNY: Então, não consigo explicar como isso afetou minha vida. Ficou muito ruim no começo do verão. A cada dois anos eu participava daquele acampamento no verão, porque não há muito mais o que fazer. Então eu acho que isso mudou minha vida. Não posso ir ao acampamento, e talvez esse seja um dos efeitos em minha vida.

TERAPEUTA: Entendo. Então, ter muito tempo livre realmente piorou a doença?

JENNY: Acho que sim.

MÃE: Então o que aconteceu é que ela ficou deprimida por ter essa "coisa", e se tornou mais inativa ainda. Parece um círculo vicioso.

TERAPEUTA: Tenho a impressão que sim. Acho que muitos pacientes deprimidos diriam o mesmo. Entende? O que você faz quando seus pais demonstram preocupação? Ou se a sua mãe fica preocupada com você e sua saúde, o que sente ou faz?

Observe que a terapeuta inclui o pai nas discussões sobre o impacto do transtorno alimentar na família. Embora, é claro, o pai possa ter uma opinião diferente daquela da mãe, ainda assim a terapeuta garante que ele esteja "presente" na sessão, de alguma forma. A resposta da mãe é fazer um esforço para transmitir à terapeuta os pensamentos ou decisões que toma com o marido acerca da doença de Jenny.

JENNY: Não há nada a dizer, não é que ela fique preocupada demais. Eu contei à minha mãe porque comecei a sentir medo e...

TERAPEUTA: Sobre comer demais e depois vomitar?

JENNY: Sim.

MÃE: Sim. É, a irmã dela contou ao meu marido e a mim, deve ter sido no verão passado...

TERAPEUTA: *(para Jenny)* Ela ouviu você vomitando?

MÃE: Sim.

JENNY: Sim.

MÃE: Acho que não levamos muito a sério. Então, quando contei à Mandy este ano, ela me disse: "Mãe, eu não lhes disse?" É difícil monitorarmos Jenny. Eu sabia que essa coisa com a comida estava saindo do seu controle, com o verão...

TERAPEUTA: Sim.

MÃE: Ou nessa primavera, quase no verão, mas eu não sabia a razão, até que ela me contou. E acho que deveria ter feito mais. Eu deveria saber melhor sobre as coisas que ela faz e marcar mais minha presença, cuidar melhor dela. Acho que meu marido e eu tentamos, ainda que, nas últimas semanas, Jenny tenha dormido na casa de uma amiga.

TERAPEUTA: Ok. Bem, eu acho que um dos indicadores muito positivos é que, Jenny, você conseguiu se sentir confiante e confortável, por falta de uma palavra melhor, ao contar para a sua mãe, e acho que isso também demonstra muita coragem e também motivação para melhorar ainda mais. Esse é um indicador bastante positivo, e estou contente por você se sentir assim, porque, obviamente, só posso concordar.

MÃE: E foi aí que consultamos o médico e ela contou sobre o remédio, sobre a depressão e tudo isso, e, como você disse, Jenny conseguiu confrontar a doença e deseja ajuda para descobrir uma cura. Assim, eu nem consigo entender que Jenny esteja, sabe... deprimida.

TERAPEUTA: Sim.

MÃE: Ela poderia se sentir diferente, bem no fundo, sabe. Mas acho que esses sinais externos são realmente bons. Ela é uma lutadora e quer superar esse problema.

Embora o elogio da mãe ao espírito de luta da filha seja bem-vindo, a terapeuta, astuta, garantirá o nível em que a bulimia é sentida como egodistônica pela adolescente. Se a paciente expressa o desejo de "curar-se", é importante avançar com grande cautela, quando os pais recebem a tarefa de ajudá-la a combater a doença, sem presumir que a jovem pode fazer isso sozinha. Vale a pena notar que a mãe também observa que a filha pode estar deprimida. A tarefa da terapeuta é não permitir que o tema de uma potencial comorbidade desvie a atenção do transtorno alimentar, mas, ao mesmo tempo, também não deve ignorar o sofrimento, que, se não abordado, desviará o rumo do tratamento. Se houver realmente uma depressão comórbida, a terapeuta tentará saber mais sobre ela, encaminhando a paciente a um psiquiatra de crianças e adolescentes da equipe.

TERAPEUTA: Bem, isso é realmente ótimo. Às vezes, os transtornos alimentares são doenças muito, muito complicadas, e outros problemas podem coexistir com eles, como depressão e ansiedade. Assim, se todos nós percebermos algo preocupante e pudermos lidar com isso na clínica, precisaremos garantir...
MÃE: Ansiedade (*risada nervosa*).
TERAPEUTA: Certo, certo, mas nosso alvo é a bulimia, e as outras coisas geralmente melhoram. Já vi isso em algumas pacientes. Elas podem ter depressão ou ansiedade, mas quando trabalhamos para resolver o transtorno alimentar, esses outros problemas também melhoram. Assim, é melhor tratarmos de uma questão por vez. É muito útil eu saber que vocês duas não têm segredos e ter mais informações sobre o desenvolvimento do transtorno alimentar.
MÃE: Meu marido também sabe, e ele me disse que está contente porque Jenny está se tratando, porque ele mesmo não sabe o que fazer. Sente-se meio impotente quanto a isso.

Separar a Doença da Paciente

Aqui, a terapeuta tenta salientar que a adolescente e o transtorno alimentar são duas entidades separadas (mesmo quando a jovem afirma que ela *É* o transtorno alimentar, e vice-versa). A terapeuta tem dois objetivos: ao fazê-lo, ela alivia a culpa que os pais podem sentir por terem causado a doença; a bulimia não é diferente de qualquer outra doença, médica ou psiquiátrica.

A segunda razão para separar a doença da adolescente é para permitir que todos (pais e paciente) possam voltar seus esforços para *a doença,* e não para a adolescente, quando o terapeuta recrutar a energia de todos para o combate ao comportamento sintomático. Existem várias maneiras de separar a doença da adolescente: o terapeuta pode aludir à bulimia como algo semelhante a um tumor maligno. É algo que se desenvolveu, que não está sob o controle da paciente e, se não tratado, pode causar um dano incrível. Cada terapeuta, porém, deve descobrir a metáfora que lhe pareça mais confortável, e que seja compreendida e aceita pela família.

TERAPEUTA: Por trabalhar com muitas famílias, já vi pais chegarem aqui com diferentes emoções ou sentimentos sobre suas filhas ou filhos diagnosticados com um transtorno alimentar. Uma das coisas que mais escuto dos pais é: "O que fiz para causar isso?" Eles sentem muita culpa. Você falou algo sobre não levar muito a sério quando Mandy contou...
MÃE: É, falei isso.
TERAPEUTA: Mandy, sua outra filha, veio lhe contar que estava preocupada com a irmã. Acho que o mais importante para todos nesta sala é saber que *ninguém causou este transtorno alimentar.* Não sabemos como os transtornos alimentares se desenvolvem. Felizmente, daqui a 5 ou 10 anos talvez possamos dizer com mais certeza por que isso acontece com meninas como a sua filha. Provavelmente é muito complicado e existem diversos determinantes, e no momento não temos uma solução. As causas, provavelmente, são muito individuais. Assim, o que pode causar um transtorno alimentar em sua filha pode não ser a causa do transtorno alimentar na próxima paciente que eu atender desta clínica. O que realmente sabemos é que os pais não são responsáveis pela doença. Só pelo que eu já sei sobre vocês, posso dizer que são pais muito carinhosos, desejam ter certeza de que Jenny vai melhorar e querem ajudá-la. Em vez de vermos os pais como causadores da doença, nós os consideramos como a melhor fonte de ajuda, porque ninguém é tão especialista sobre os próprios filhos quanto os seus pais. Portanto, queremos usá-los como uma recuperação e envolvê-los em cada etapa do tratamento de Jenny. Por isso estou contente por você ter trazido sua filha para o tratamento hoje e por Jenny ter tido a coragem de lhe contar o que estava acontecendo. Como já lhe disse, vejo seu ato como uma boa indicação de que ela irá melhorar. O outro ponto é que é realmente importante abordar os transtornos alimentares desde cedo, porque sabemos que quanto mais tempo ele persiste sem ser tratado, mais difícil será o tratamento. Essa é mais uma razão para eu me sentir feliz por trabalhar em uma clínica para crianças e adolescentes, e por ver muitas adolescentes que estão no estágio mais inicial da doença. Acho que é mais fácil tratar qualquer tipo de doença quando a pegamos em seu início. Uso as palavras *doença* e *bulimia* o tempo todo, e talvez isso pareça um pouco estranho ou esquisito para quem vem de fora. A razão para eu fazer isso é que sei que não é sua filha que tem consumo alimentar compulsivo ou se livra da comida após as refeições; ela nunca faria isso. Por tudo

o que percebo, Jenny é alguém responsável e confiável; ela merece crédito e não é sorrateira, não lhe esconde coisas. Você concorda com o que estou lhe dizendo sobre sua filha?

MÃE: Concordo, sim.

TERAPEUTA: Por tudo isso eu sei que ela sabe que não é saudável engajar-se nesses comportamentos. Parece que você disse antes que eles lhe são estranhos, que você não os controla. Desculpe, mas quais foram exatamente as suas palavras?

JENNY: Ah, sim, eu falei que estava perdendo o controle.

TERAPEUTA: Portanto, Jenny não tem controle sobre os sintomas. A doença é o que a leva a fazer coisas que reconhece não serem saudáveis. É a compulsão por comida e a purgação que prejudicam a sua saúde. É á razão pela qual me refiro a isso como a *doença* e a *bulimia,* porque essa doença a dominou e agora todos nós precisamos descobrir como podemos eliminá-la.

MÃE: Tem razão.

TERAPEUTA: Acho que também é útil ver a doença como algo separado da sua filha, algo que é a própria doença. É como se ela tivesse câncer, um tumor que afete seus sentimentos. Esse tumor se chama bulimia nervosa.

MÃE: Ok.

TERAPEUTA: Assim, com os esforços contínuos e realmente vigorosos, seus e de seu marido, vocês poderão trabalhar para livrar Jenny do seu transtorno alimentar. Não sei se vocês têm alguma dúvida até agora, sobre a distinção entre o quanto desse comportamento é responsabilidade de Jenny e quanto dele é causado pela doença. Sob o meu ponto de vista e minha experiência no trabalho com famílias, as ações de Jenny, esses comportamentos às escondidas, o consumo de alimentos em segredo e a purgação, têm 100% a ver com a doença.

A terapeuta visa garantir que os pais realmente *entendam* a distinção entre sua filha e a doença. Além dos objetivos dessa distinção, mencionados anteriormente, ao tornar claro que esses sintomas estão fora do controle da adolescente, a terapeuta também ajuda os pais a verem as dificuldades da filha sem críticas. Embora ela (a adolescente) possa ajudar em sua própria recuperação, ela não tem culpa da compulsão alimentar e da purgação.

MÃE: (*assentindo*)

TERAPEUTA: (*voltando-se para Jenny*) Você me parece alguém muito racional, e sabe que essas coisas que está fazendo não são saudáveis.

MÃE: É verdade e eu sei disso. Sabe, ela acabou de dizer que não consegue se controlar. Talvez isso seja o que mais me assusta. Mas, sim, quando você diz que a doença é que a leva a isso, é difícil entender, porque esse problema não tem o componente físico de um câncer.

TERAPEUTA: Você se refere ao fato de podermos identificar um tumor?

MÃE: Sim.

TERAPEUTA: Talvez, daqui a cinco ou dez anos, tenhamos mais dados biológicos para dizermos por que sua filha tem um transtorno alimentar, e possamos descobrir que tipo de mecanismo cerebral complexo está envolvido e leva uma pessoa a apresentar o transtorno. Este é um problema único, de modo que tratamos essa doença como trataríamos um câncer.

MÃE: Tenho uma dúvida. Quando é que esses transtornos alimentares começaram a chamar a atenção?

TERAPEUTA: Essa é uma ótima pergunta. Na verdade, começamos recentemente a investigá-los, compreendê-los e tratá-los. Gerald Russell criou o conceito de bulimia nervosa em 1979, de modo que o trabalho com a bulimia é bem recente. Temos registros históricos de que esses comportamentos já ocorriam na Idade Média, ou antes, mas ninguém realmente havia diagnosticado como bulimia nervosa, em si mesma, ou como um problema médico, uma doença – o diagnóstico era o de depressão maior, nesses casos. Oficialmente, a bulimia existe desde 1979, em manuais de diagnóstico e na literatura. Desde então, muitas pesquisas têm sido feitas para descobrir o melhor tratamento para o transtorno. A maior parte desses estudos concentra-se em pacientes adultos, e é por isso que consideramos muito positiva a oportunidade de estudarmos como tratar melhor os pacientes adolescentes com bulimia. Adolescentes são muito diferentes de adultos, de modo que, talvez, precisemos de um tratamento diferente daquele que usamos com os adultos.

MÃE: Estou entendendo.

TERAPEUTA: Sua dúvida é muito válida. Acho que também devo lhe dizer que ainda tentamos descobrir o que causa essas doenças e qual seria o melhor tratamento para elas. Como eu já lhes disse, sabemos que envolver os pais no processo de tratamento é incrivelmente benéfico, na anorexia. É por isso que temos todos os motivos para pensar que incluir você e seu marido ativamente no tratamento pode ajudar Jenny. Não sei até que ponto vocês já leram sobre isso, a quantas consultas médicas já compareceram ou se os médicos já lhes contaram sobre todos os danos causados pela bulimia nervosa. Sabe, já falei sobre isso antes, sobre você ser uma pessoa muito racional e saber que esses comportamentos nos quais se engaja são muito nocivos.

MÃE: Consultamos uma médica que nos contou algo sobre o transtorno. (*Virando-se para Jenny*) Não sei se você pesquisou sobre bulimia na Internet. Eu não pesquisei.
JENNY: Não, só o que sei é o que a médica nos contou.

Montar uma Cena Intensa

Nas passagens a seguir, a terapeuta se esforçará para que Jenny e sua mãe registrem a extensão plena do impacto atual da doença sobre a saúde física e psicológica da adolescente. Similarmente, ela também as alertará sobre como a doença pode causar ainda mais sofrimento nessas áreas. Ao fazê-lo, a terapeuta tenta levantar as preocupações da mãe sobre a gravidade da doença, de modo a permitir-lhe assumir uma ação mais concreta no sentido de ajudar a filha a combater a bulimia. Para todos os casos, é crucial que a terapeuta faça uma avaliação cuidadosa do nível atual de ansiedade dos pais (e da adolescente) no que se refere a essas questões, e levante a ansiedade dos pais apenas na medida em que isso lhes permita dar o próximo passo para ajudarem a filha. Aumentar demais a ansiedade dos pais sobre as conseqüências da doença poderia contribuir para que se sintam culpados e/ou imobilizá-los em seus esforços.

TERAPEUTA: Creio que terei de reiterar muitas vezes o que a médica provavelmente já lhes disse. Acredito muito que quanto mais vezes vocês ouvirem algo, mais fácil será assimilar a gravidade do problema. Ele afeta muitos mecanismos diferentes;afeta Jenny fisicamente. Sempre que ela executa a purgação, os ácidos do estômago existentes no vômito que sai não apenas causam erosão no esôfago, mas podem chegar a lacerá-lo.
Algumas pacientes já relataram a presença de sangue em seu vômito, e isso é algo muito sério. Elas precisaram ir até um pronto-socorro às pressas, porque o sangue poderia indicar uma laceração real no esôfago. Além disso, outra coisa que o vômito destrói, além do esôfago, é o esmalte dos seus dentes. Isso pode ser irreversível, causando muitos problemas dentários como cáries, porque o verniz foi consumido pelo ácido do vômito.
O vômito com freqüência desequilibra imensamente o sistema de eletrólitos, principalmente o potássio orgânico. Os eletrólitos são muito importantes, porque, em termos simples, eles comandam seus batimentos cardíacos. Assim, a bulimia pode causar problemas cardíacos. Uma pessoa pode se queixar

de tonturas e de desmaios porque não tem potássio suficiente circulando no sistema, e isso só piora com a purgação. Sempre que você purga, os níveis naturais de eletrólitos em seu corpo são perturbados. Isso é muito, muito grave, e acho que o mais assustador é que não sabemos quantas vezes alguém tem de vomitar ou purgar para ter uma laceração ou corrosão esofágica, ou quantas vezes precisa vomitar antes de desgastar todo o esmalte dos dentes. O que sabemos é que sempre que alguém faz isso, coloca o corpo em risco em relação a esses problemas. Já falei sobre os problemas cardíacos que resultam dos desequilíbrios eletrolíticos. Você pode ter baixos batimentos cardíacos ou batimentos irregulares – problemas cardíacos substanciais – associados a consumo alimentar compulsivo e purgação. Os comportamentos alimentares são inerentemente muito humilhantes e secretos, e podem afetá-la psicologicamente. Por isso eu fico contente por você ter um bom relacionamento com sua mãe e seu pai e por sentir-se confortável ao contar a eles sobre o problema. Sei que você não deseja se comportar assim e nem sente orgulho disso. Sei que você sabe que há algo errado com o envolvimento nesses comportamentos, que eles também podem levar a uma preocupação realmente intensa com sua forma corporal e peso, com pensamentos como: "Quando conseguirei novamente comer um monte de coisas?", "Quando conseguirei me livrar de todas essas calorias?". Sua mente volta constantemente ao tema da comida, comer ou manter seu peso. Você é a pessoa mais afetada pelo problema. Essas coisas que acabei de mencionar – as preocupações – são psicológicas. Será que faz sentido para você?
MÃE: Sim, é claro.
JENNY: Sim.
TERAPEUTA: E sua mãe também pode falar sobre isso.
JENNY: Sim. Bom, eu não sei. É difícil dizer o que veio antes. Acho que é difícil identificar em relação a mim mesma, porque eu não percebo os pensamentos. Para mim, eu sou normal, porque parece que me preocupo com as coisas, mas não é nada em especial ou não me parece que eu poderia comer de outra forma. Assim, eu não sei.
TERAPEUTA: Entendo (*Voltando-se para a mãe*) Como você se sente ouvindo Jenny falar sobre a sua doença? Você já ouviu essas coisas antes, do pediatra?
MÃE: Aquilo sobre o que você estava falando?
TERAPEUTA: Sim, a forma negativa como o transtorno alimentar pode...
MÃE: Sim.
TERAPEUTA: Esse assunto é muito sério.
MÃE: Sim, é.
TERAPEUTA: É um risco à vida.

MÃE: Eu achei que isso assustaria Jenny...
TERAPEUTA: (*Para Jenny*) Parece assustador escutar que existem riscos médicos e psicológicos associados ao consumo alimentar compulsivo e à purgação?
JENNY: Ouvi sobre os riscos nas aulas de saúde, na escola, e com o outro médico. Acho que é esquisito conseguir identificar em mim mesma, e talvez eu não leve suficientemente a sério, mas entendo.
TERAPEUTA: Ok. Bem, eu acho que de cerca forma há quase um senso de invencibilidade na idéia de "Ah, talvez isso aconteça com outras pessoas, mas não acontecerá comigo". Muitas pacientes já me disseram isso. Eu acho que isso é o que assusta mais na bulimia. Eu trabalho com pacientes que não demoraram muito a apresentar os sintomas – talvez apenas 5 ou 6 meses, e elas tiveram sangue no vômito. Trabalhei com uma menina que desmaiou na quadra de basquete. Ela era uma excelente atleta, mas comia em excesso e vomitava, o que baixou incrivelmente seus níveis de potássio, e então ela sentiu tontura e desmaiou.
MÃE: E você também, às vezes...
JENNY: Eu não... Bem, eu acho... É difícil tentar responder.
TERAPEUTA: Está bem.
JENNY: Além disso, o médico falou que muitos dos danos ocorrem no longo prazo.
MÃE: Certo.
JENNY: Sim, ele falou.
TERAPEUTA: Eu concordo com o médico. Acho que existem certos efeitos que demoram mais para aparecer. Já realizamos estudos e descobrimos que podem ocorrer irregularidades menstruais. Eu não sei se algum estudo já investigou a fertilidade ou como a bulimia a afeta. Sabe, a anorexia é tema de muitos estudos. Acho que o ponto positivo sobre a anorexia e a bulimia é que, se as atacamos suficientemente cedo e as tratamos com muita agressividade, então, se você melhora e está na fase de recuperação, não há motivos para grandes preocupações. As conseqüências não a incomodarão, em um futuro mais distante. Se você consegue parar com o consumo alimentar excessivo, então, não está mais colocando seu corpo em risco. Eu digo às minhas pacientes, com freqüência, que é basicamente como jogar roleta russa com seu corpo. Sempre que você purga, há a possibilidade de uma conseqüência negativa.
MÃE: Mas eu acho que quando você falou em longo prazo, ela pensou em todo esse efeito corrosivo, e você está dizendo...
TERAPEUTA: O esôfago e os dentes de cada pessoa são diferentes, e não há uma fórmula que diga que alguém precisa ter esses sintomas por 1 ano ou por 5 anos, para que os danos ocorram.

MÃE: Entendo.
TERAPEUTA: Algumas pessoas apresentam muitos danos após 6 meses de consumo alimentar compulsivo e purgação. Parece muito inócuo ou muito sedutor dizer "Acho que será a última vez que faço isso; nunca mais me comportarei assim". Como eu já lhes disse, quando começamos nossa conversa: você mencionou que é um círculo vicioso e que no fim acaba por controlar seu comportamento, em vez de você exercer controle sobre o transtorno. Sei que descarreguei uma bomba em cima de você, mas parte da razão para fazê-lo é que sabemos contra o que estamos lutando, e você sabe como essa doença pode ser poderosa e como pode, também, ser grave. Sei que é bem assustador ouvir essas coisas, para Jenny e para vocês, como pais. Mas o que temos em nosso favor é que você e seu marido preocupam-se muito com ela, são especialistas em termos da sua própria família e desejam se envolver mais para ajudarem-na a se recuperar. Seu marido me disse, no corredor [a terapeuta conheceu o pai na época da avaliação], "Eu realmente acredito neste tratamento e quero fazer todo o possível para garantir que ela se recuperará."
MÃE: Sim.

A terapeuta revisou as conseqüências do transtorno alimentar com muito cuidado e incumbiu os pais (embora o pai estivesse ausente) de, em colaboração com os filhos, trabalharem juntos para derrotarem a doença.

Durante a sessão, a terapeuta demonstrou respeito pelas preocupações da adolescente em relação à sua autonomia, mas fez questão de transmitir sua mensagem de que talvez não exista outro modo de avançar, exceto por aquele que está sugerindo. Nas passagens a seguir, a terapeuta se tornará um pouco mais específica, em termos do que precisa ocorrer nos horários de refeições para trazer o alívio sintomático.

Encarregar os Pais e a Adolescente da Tarefa de alimentar-se Regularmente, sem Consumo Alimentar Excessivo e sem Purgação

TERAPEUTA: Então, é nesse ponto que os pais entram e exercem um papel importante no tratamento. Como eu já mencionei, nós aprendemos que os pais são incrivelmente bem-sucedidos para levarem os filhos de volta ao peso saudável na anorexia, e também acreditamos que os pais podem ser muito eficientes para ajudarem na cessação da purgação e consumo alimentar compulsivo da bulimia. Essa é, realmente, a tarefa desse tratamento, e eu percebo que não é nada fácil. Sei que provavelmente parece um pouco com "Não me aparenta algo que eu deveria fazer por minha filha, que já é praticamente uma mulher e deveria ter controle sobre o momento em que come, quando come e quando deseja ir ao banheiro."

MÃE: Tem razão.

TERAPEUTA: Você e seu marido lutam contra uma doença realmente difícil, de modo que precisam ser mais fortes e terem um tratamento dez vezes mais poderoso que ela. Em essência, eu estou colocando o sucesso deste tratamento em suas mãos. Seu papel é realmente ajudar Jenny, *com* a ajuda dela, para que se recupere. Alguma dúvida?

MÃE: Bem, quando você se refere aos tipos de mudanças ocorridas em Jenny, e então você fala sobre assumirmos um papel muito mais ativo em seu funcionamento quotidiano...

TERAPEUTA: Certo.

MÃE: Mas me parece...

TERAPEUTA: Eu gostaria de acrescentar algo para que Jenny não tenha um ataque de raiva, porque sei que todas as adolescentes que atendo ouvem o que estou dizendo e pensam: "Essa gente quer que meus pais fiquem na minha cola! Querem que eles controlem cada coisinha que eu faço!" (*voltando-se para a mãe*) Não é bem isso. Você e seu marido estão no controle apenas no que se refere à alimentação. Assim, vocês estarão disponíveis para ajudá-la com qualquer coisa em relação ao que ela comer ou se quiser se livrar do que comeu indo ao banheiro.

MÃE: Ser úteis, Ok. Eu queria comentar é que este ano eu senti que Jenny não dava atenção ao trabalho escolar, como fazia no passado. Somos pais tranqüilos. Temos uma filha mais velha que não nos dá trabalho e é uma boa moça, porque tem juízo. Mas no ano passado Jenny preocupou-se demais com correr, exercitar-se, essa coisa toda, e não se concentrou no trabalho escolar. Assim, eu não sei quanto disso tem a ver com a doença, mas quando você diz que estaremos no comando de sua alimentação, eu também sinto como se houvesse esse outro componente, de que as coisas que ela faz no tempo livre são meio excessivas. Quando não consegue se exercitar, Jenny fica furiosa!

TERAPEUTA: Bem, deixe-me lhe dizer que sim, é parte do transtorno. Este tratamento é diferente daquele para a anorexia, em que o objetivo imediato é restaurar o peso em um nível saudável. Alguém com bulimia tem peso dentro da faixa normal, de modo que tentaremos ajudá-la a tomar decisões saudáveis em relação à alimentação, garantir que se alimente regularmente e que não purgue depois de comer. Uma forma de purgar pode ser realmente pelo excesso de exercícios físicos. Eu trabalho com outra família na qual a adolescente não vomita, mas envolve-se em exercícios intensos. Assim, os pais dela ajudam a monitorar suas atividades físicas e certificam-se de que os exercícios não excedam aquilo que se considera saudável para alguém da idade de Jenny. Não estamos absolutamente dizendo: "Eu a proíbo de se exercitar, Jenny". É só que vocês precisam inverter o pensamento, isto é, Jenny deve se exercitar porque é saudável, não exagerar e sentir prazer com isso – em oposição a exercitar-se porque deseja queimar x calorias, preocupar-se com quantas calorias está queimando ou ter de se exercitar por 45 minutos ou uma hora, não apenas meia hora. Há uma qualidade meio compulsiva nesse tipo de preocupação.

(Falando para a mãe) Acho que além de ajudarem Jenny na hora da refeição, vocês também podem garantir que ela não se sinta tentada a ouvir o que a bulimia deseja que ela faça, como "Vá ao banheiro, livre-se disso porque já comeu demais" ou "Vá correr para eliminar essas calorias". Você e seu marido podem exercer um papel incrivelmente importante, ao ajudarem-na a não fazer essas coisas. O maravilhoso é que você, Jenny, deseja fazer isso e deseja a ajuda que seus pais estão dispostos a dar-lhe. E, embora todos sejam diferentes e algumas pessoas possam fazer isso sozinhas, eu também sei que ninguém conhece mais seus filhos que os pais. Ninguém tem tanto interesse por seu bem-estar quanto seus pais. Se Jenny tivesse câncer e vocês soubessem que precisariam cuidar dela e ajudá-la com a quimioterapia ou a radioterapia, ou garantir que ela tomasse seus medicamentos todos os dias, fariam isso, porque são seus pais. O mesmo ocorre com a bulimia. O problema é diferente, mas não menos grave. Ela come demais e vomita, e está colocando o corpo em risco excessivo por causa de tudo que já mencionamos. Assim, você e seu marido podem ajudá-la carinhosamente nesse aspecto, em particular, enquanto eu funciono como consultora, ajudando-os nesse processo. Entretanto, eu acho que, na maior parte, vocês já sabem o que precisam fazer como seus pais.

Nas passagens anteriores, a terapeuta salientou o papel dos pais em relação à ajuda com o transtorno alimentar da filha. Ela também garantiu que a mãe e a filha saibam que o papel é temporário e limitado aos comportamentos de alimentação e purgação, sempre com respeito às preocupações de Jenny sobre essa tarefa proposta aos seus pais. De fato, a terapeuta fez questão de dizer à jovem que esta também é parte de sua própria recuperação (com a ajuda dos pais), enquanto o papel da terapeuta é servir de consultora para a família. Nas passagens a seguir, a terapeuta continua nessa mesma linha e deixa claros os cumprimentos à mãe pelo conhecimento que ela e o marido têm não apenas sobre a filha, mas sobre o que precisa ocorrer para que Jenny se recupere do transtorno alimentar (isto é, capacitando os pais).

TERAPEUTA: Estou aqui para isso, para ajudá-los a planejar o que julgarem necessário fazer. Infelizmente, o transtorno alimentar engana os pais, em particular, e os adolescentes afetados por ele, e os leva a pensar "Eu não posso ajudar minha filha/eu mesma a dar um fim nisso". Sou a profissional neste consultório, mas no fim das contas, você e seu marido serão os responsáveis por montar um plano de ajuda. Vocês a conhecem mais do que qualquer pessoa, e não precisam que alguém lhes diga qual é a quantidade saudável de comida para alguém da idade de Jenny. E vocês não precisam que alguém lhes diga que não é saudável livrar-se de toda a comida no banheiro. Vocês sabem quando ela faz exercícios demais, sabem de tudo isso. Acho que parte da minha tarefa é lembrar-lhes de que vocês sabem de tudo isso e ajudá-los nessa missão, apoiando-os para garantir que continuarão lutando para que sua intervenção seja dez vezes mais poderosa do que este tumor chamado bulimia nervosa. Falei demais, hoje. Na primeira sessão sou eu quem fala mais, mas à medida que avançarmos, vocês falarão mais que eu.
MÃE: Sim, é assustador. Eu já prevejo as discussões, porque não é nada fácil.
TERAPEUTA: Certamente. Jenny, eu dou muito valor à sua opinião sobre esse assunto, porque é a pessoa afetada pelo transtorno. É claro que todos são afetados, mas ninguém passa pelo que você está passando. Seu papel é permitir que seus pais saibam como podem ajudá-la, imaginar um modo que lhe pareça mais confortável e não a leve a sentir que sua vida está sendo invadida. Entretanto, eu entendo que você é uma adolescente, de maneira que parte de sua identidade como adolescente é ser rebelde com seus pais e não querer que a ajudem, fazendo o oposto do que eles dizem. Não quero que isso mude *(depois, em tom de brincadeira, virando-se para a mãe)*... Talvez seus pais até desejem que eu retire sua rebeldia.
MÃE: Não... *(rindo)*.
TERAPEUTA: Eu não quero alterar a sua adolescência. Tudo o que desejo tirar de você é a sua bulimia. Trabalho com muitas famílias e elas conseguiram eliminar a bulimia, com ajuda da filha adolescente. A sua ajuda é realmente importante para a educação dos seus pais sobre o que funciona. Assim, diga-lhes se houver um modo mais fácil de ajudá-la, para que não precisem tirar

todas as dobradiças e parafusos da porta do banheiro na sua casa. Sabe, há maneiras de controlar seu comportamento que podem lhe causar muito embaraço, e modos que a farão sentir-se apoiada, sabendo que seus pais estão do seu lado e que tudo o que eles desejam é lutar contra a bulimia. (*Voltando-se para a mãe*). Vocês lutam contra a bulimia, não contra Jenny. Vocês a ajudam quando oferecem seu auxílio para que ela tome decisões. Nesse momento, infelizmente, no que se refere à alimentação, é a bulimia que dá as ordens. E quando você disse que prevê algumas discussões, é bom saber que está em guerra com a bulimia, sua discussão é com a bulimia e é por isso que acho realmente útil separar os dois: sua filha e a bulimia.

MÃE: Quando você diz que até onde pode ver Jenny deseja se curar – acho que uma das coisas mais difíceis é controlar o quanto ela se exercita.

TERAPEUTA: Entendo.

MÃE: Acho que ela está determinada a fazer essas coisas. Então, será bem desgastante, psicologicamente.

TERAPEUTA: Podemos fazer o que lhes parecer mais confortável. Esse pode ser um processo gradual, no qual vocês trabalharão especificamente com a purgação e depois trabalharão um pouco com os exercícios. Mas é melhor abordar um problema por vez. É claro que os altos e baixos fazem parte; a bulimia é uma doença muito egoísta, e só fica feliz quando consegue impor sua vontade. Infelizmente, às vezes, a doença retira da pessoa afetada a capacidade para ver que há um problema, e que este é grave. Estou muito contente porque sua filha tem a capacidade para ver o quanto a bulimia é perigosa e como esses comportamentos são desagradáveis. Sinto muita confiança que todos conseguiremos ajudá-la. E quanto a encaixar seu filho no tratamento, quero voltar a esse assunto. Jenny, sua irmã e seu irmão servem a papéis muito diferentes daqueles que seus pais exercerão. Enquanto seus pais estarão unidos para ajudá-la a melhorar, para que você não coma demais, não faça purgação e não se exercite excessivamente...

JENNY: Sim?

Desejando lembrar à família (neste caso, a paciente e sua mãe) que todos têm um papel na recuperação, a terapeuta lembra-se de trazer todos os que residem na mesma casa para o tratamento e determina a função de cada familiar, enquanto prossegue. Isto é especialmente importante, porque o pai e o irmão não compareceram à Primeira Sessão. Embora a terapeuta já tenha falado à mãe sobre os papéis desta e do marido, ela também reserva um tempo para ajudar a mãe a entender que o filho tem uma posição importante no tratamento da irmã. Para que ele seja um aliado nessa luta, é proveitoso conhecê-lo um pouco e garantir que entenda como poderá ser útil. A terapeuta voltará a esse tema antes do fim da sessão, para frisar que espera ver todos os quatro membros da família na Segunda Sessão. Os terapeutas sempre devem estabelecer tal expectativa, mas demonstrar respeito se eles (os pais) não trouxerem os irmãos.

TERAPEUTA: Seus irmãos estão lá para lhe dar apoio, e mesmo que sua irmã more longe, existe o telefone e o e-mail. Será difícil, e em alguns momentos você ficará furiosa com seus pais, porque eles não a deixarão ir ao banheiro depois de comer. É importante poder ir até o seu irmão ou ligar para a sua irmã e dizer: "Não agüento mais mamãe e papai! Por que estão fazendo isso comigo? Parece que estão controlando a minha vida!" O papel dos irmãos *não* é dizer: "Jenny, eu a vi indo ao banheiro", ou "Jenny, eu a vi comendo um montão de frutas". Eles podem ser úteis para apoio, mas repito, eu deixarei à sua escolha trazer ou não seu filho. Quero respeitar seu desejo, se não quiser trazê-lo.

MÃE: Bem, é interessante pensar em meu filho como alguém capaz de dar apoio, porque, quer dizer, ele é o caçula e tem seus próprios problemas. Ele até pode oferecer muito apoio, mas não conhecemos esse lado, nele. Então eu não sei, talvez tenhamos de falar sobre isso.

TERAPEUTA: Bem, você também pode deixar o convite em aberto. Se no começo você não desejar que ele participe, ele pode participar depois, quando o transtorno alimentar estiver sob controle maior. Eu só quero garantir que Jenny tenha alguém para lhe oferecer apoio. Assim, se esse apoio não estiver disponível em seu irmão, você vê algum problema?

JENNY: Não.

TERAPEUTA: Você pode recorrer a algumas amigas ou a alguém com que se sinta à vontade para conversar. Talvez nem precise chamá-los ou sentar-se com eles para conversar e dizer: "Estou muito preocupada, porque acho que estou prestes a comer demais" ou "Vou vomitar depois de comer". Às vezes, já ajuda muito ter alguém, além dos seus pais, a quem possa desabafar sobre um dia ruim.

JENNY: Está certo.

TERAPEUTA: Podemos falar sobre isso?

JENNY: Quando eu como demais e depois vou dormir, eu não quero engordar.

TERAPEUTA: Essa é a parte mais difícil para você, e eu sei que você tem medo de engordar demais com este programa. Acho que o mais importante é que esse não é o nosso objetivo, aqui. O que desejamos é que você mantenha um peso saudável, que sua alimentação fique sob controle e não haja essa necessidade de ir ao banheiro após comer. Por minha própria experiência com as famílias com que trabalhei, nenhuma das meninas engordou muito. Na verdade, algumas mantêm o mesmo peso e outras podem ganhar cerca de dois quilos e meio, no máximo. Acredite, eu repensaria a minha escolha profissional se o tratamento causasse um grande ganho de peso. Nós definitivamente não queremos isso. O que realmente desejamos é imaginar um modo de você poder se sentar e consumir uma quantidade normal de frutas que não leve a um consumo alimentar compulsivo. É nesse ponto que precisaremos contar com a ajuda dos seus pais, porque eles a amam tanto que não deixarão suas refeições transformarem-se em algo compulsivo.

Na passagem anterior, a terapeuta esforça-se para garantir à adolescente que o objetivo principal deste tratamento é ajudá-la a ser saudável novamente e a prosseguir com seu desenvolvimento normal. Este tema provavelmente terá de ser repetido muitas vezes, porque é altamente improvável e irrealista esperar que os temores da adolescente sobre o ganho de peso e forma corporal se dissipem tão cedo no tratamento. A terapeuta demonstra grande respeito e solidariedade pelos problemas da adolescente, o que provavelmente trará a recompensa, à medida que o tratamento avançar e o relacionamento entre paciente e terapeuta for colocado em teste.

MÃE: Bem, a verdade é que ela não come muitas frutas durante esses episódios.
TERAPEUTA: Ah!
MÃE: Essa é a sua comida segura.
JENNY: Eu nem sei. Mas eu não quero fazer isso, não quero vomitar, já que isso me deixa mais ansiosa ainda.
TERAPEUTA: Sim. Bem, acho que parte disso é que você tem muito medo da doença, porque a faz vomitar. Sei que parece maluquice, mas talvez no fim você diga: "Ok, agora entendo o que ela dizia quando chamava isso de doença, bulimia ou qualquer coisa parecida." Nós podemos dar qualquer outro nome, se você quiser. Não precisamos chamá-la de *bulimia* ou *doença,* mas isso, essa bulimia, a deixa aterrorizada com a possibilidade de engordar, como se você pensasse: "Ai, meu Deus, não consigo controlar, tem comida demais aqui e eu vou engordar sem parar." Não é verdade. Todos têm períodos de um consumo alimentar maior, mas nem todos têm o impulso irresistível para vomitar tudo. Então, o que temos de fazer é garantir que você não sinta que está comendo demais. Em primeiro lugar, queremos que você consiga fazer

uma refeição normal ou que coma um volume normal de alimentos, e seus pais não precisam que eu haja como nutricionista e lhes diga exatamente o que você deveria comer. Sei disso porque Mandy, a sua irmã, pareceu muito saudável, e seu irmão também [A terapeuta conheceu todos os familiares na sessão de avaliação]. Eu sei que eles já sabem qual seria a quantidade ideal de comida para você, durante o jantar, lanche, café da manhã ou almoço.

Acredite, ninguém aqui deseja vê-la sofrer, de modo que precisamos descobrir como você pode nos ajudar, para que nós também a ajudemos. Você precisa nos dizer o que vale a pena tentar e o que não a ajuda, porque você está trabalhando conosco – não pretendo falar apenas com sua mãe ou seu pai e excluí-la das conversas. Nada disso.

Você tem um papel muito importante a cumprir, nos dizendo como foi sua semana, o que gostaria que seus pais fizessem para ajudá-la, e sobre quais orientações você precisa. Você pode nos dizer em que momentos sente mais aflição, em que sente mais medo de comer demais ou vomitar e se seus pais podem lhe oferecer alimentos específicos que a façam alimentar-se novamente. Talvez seja mais fácil não tê-los à sua volta por algum tempo. Podemos imaginar o que seria mais útil, mas seria melhor você nos contar quando é o pior momento e que alimentos você não quer, para podermos facilitar o consumo de uma quantidade normal de alimentos, e para que você possa se levantar da mesa e nem sequer pensar em se livrar do que acabou de consumir.

JENNY: Acho que sinto medo de comer muito novamente, então simplesmente deixo de comer, por muito tempo. Depois é mais fácil... Como se eu estivesse realmente faminta. E, às vezes, eu simplesmente passo muito tempo sem comer e então começo, e...

TERAPEUTA: Entendo.

JENNY: E as frutas enchem a barriga, mas não diminuem muito o apetite, então eu perco o controle.

TERAPEUTA: Muito bem, acho que entendo, agora.

JENNY: Acho que as frutas desencadeiam a compulsão por comer.

TERAPEUTA: Tenho a impressão de que, já na Primeira Sessão, você descobriu como a compulsão alimentar inicia. Isso é algo que a maioria das famílias só descobre bem depois. É incrivelmente útil sabermos disso. O melhor é que você se sinta à vontade para falar sobre isso e que você não perca o controle. Você quer que a bulimia afrouxe o controle sobre a sua alimentação, e o controle que tem sobre você, e eu quero que você se sinta mais no controle sobre a alimentação. Sei que nesse momento é muito assustador sentar-se na cozinha, temendo comer demais ou pensando: "Eu vou acabar com toda essa comida" ou "Preciso me livrar disso, já comi demais". Ninguém precisa enfrentar sozinho essa guerra.

JENNY: Ok.

TERAPEUTA: Está bem. Eu sei que já falei demais e, acredite, enquanto prosseguirmos com o tratamento, poderemos falar com mais clareza sobre o papel de cada um. Em termos práticos, você e seu marido terão de garantir que Jenny está comendo normalmente outra vez, para que ela não tenha de comer demais e compulsivamente e não precise vomitar. Na próxima vez em que nos encontrarmos, eu gostaria imensamente que todos pudessem vir. Você decide se o seu filho deve vir também. Se o seu marido puder, será ótimo.

MÃE: Faremos isso.

Preparar a Família para a Refeição da Próxima Sessão e Concluir Esta Sessão

É fundamental que todos os familiares que moram com a paciente estejam presentes nas sessões futuras. Nos momentos finais da sessão, a terapeuta deixa isso bem claro, para salientar que espera a presença de todos na próxima vez. Nem a mãe, nem Jenny, expressaram qualquer oposição.

TERAPEUTA: Deixem-me dizer algo sobre a nossa próxima consulta. Geralmente, pedimos que as famílias tragam à sessão o que seria um jantar típico, se estivermos nos encontrando no começo da noite. Uma das razões para fazermos isso é que não podemos ir à sua casa e ver como é o jantar.

MÃE: Então você quer que eu traga *comida*?

TERAPEUTA: Eu quero que você e seu marido tragam uma refeição que possa colocar sua filha na trilha da recuperação, de modo que vocês dois possam estabelecer padrões alimentares saudáveis. Há mais uma expectativa – eu quero que vocês tragam algo que Jenny teria dificuldade em comer sozinha, algo que possa ser um alimento proibido e que tipicamente a levaria a um consumo alimentar compulsivo, se ela comesse ao menos um pedaço. Para algumas jovens, isso pode ser a sobremesa, por exemplo. Portanto, tragam algo que você e o pai de Jenny poderiam ajudá-la a comer, na sessão. Não precisa ser muito, mas algo que seria difícil comer, para que vocês possam ter a experiência de ajudá-la a sentir-se confortável comendo coisas difíceis. Faz sentido para vocês? Antes, você disse que poderíamos nos ver novamente dia 16. Será que todos poderiam comparecer?

MÃE: Sim.

TERAPEUTA: Está bem. Vamos revisar, rapidamente. Falamos sobre a imensa gravidade dessa doença e sobre a importância de todos da família trabalharem juntos para ajudar Jenny a combater essa "coisa". Também falamos sobre o fato de essa doença, essa coisa, ser algo separado de Jenny, e que nossa luta é com a doença, não com ela. Finalmente, eu lhes disse que nós, como uma equipe, podemos começar a fazer mudanças úteis para Jenny, e que descobriremos mais algumas mudanças quando nos encontrarmos semana que vem para a refeição em família no meu consultório. Vocês têm alguma dúvida antes de encerrarmos por hoje? Se não, muito obrigada, e espero ver vocês quatro na próxima semana.

A terapeuta encerra a sessão, tendo coberto todas as intervenções terapêuticas apresentadas para a Primeira Sessão. Ela resumiu os assuntos tratados e salientou esses objetivos para a família – algo que fará sempre que encerrar a sessão. No Capítulo 6, discutiremos os objetivos e as intervenções da refeição em família em mais detalhes, antes de avançarmos para o Capítulo 7, para a Segunda Sessão, na prática.

CAPÍTULO 6

Segunda Sessão
A Refeição em Família

A segunda sessão envolve uma refeição em família. No fim da primeira sessão, os pais receberam a instrução de trazer uma refeição para a filha, que considerassem adequada, em termos nutricionais, para ajudá-la a comer quantidades normais e saudáveis de comida. Além disso, deveriam trazer uma sobremesa, um doce ou algum outro alimento que geralmente está na lista de alimentos proibidos da paciente. Embora a nossa expectativa seja a de que a maioria das adolescentes com BN faça uma refeição mais ou menos normal durante esta sessão, é importante garantir que um alimento que geralmente ativaria um consumo alimentar compulsivo e/ou aumentaria a vontade de vomitar seja incluído na refeição que os pais trazem a essa sessão.

Na segunda sessão, a terapeuta espera (1) aumentar seu conhecimento sobre a paciente e sua família, e (2) oferecer esperança de que a família tenha sucesso no estabelecimento de hábitos alimentares saudáveis para a filha. Isto é, *o objetivo dessa sessão é aliar-se à família.* Esta é uma oportunidade para aprender como a família "organiza-se", em relação ao transtorno alimentar – quer dizer, como a doença afeta a família, como os familiares respondem aos sintomas da filha, quem prepara as refeições, se comem juntos etc. É importante salientar que o objetivo dessa sessão ajuda a terapeuta a permanecer *concentrada no transtorno alimentar.* Como já observamos, fazê-lo é um desafio considerável na BN, uma vez que a maioria das pacientes não parece enferma, como é o caso na AN, e muitas adolescentes com BN também apresentam outras queixas psiquiátricas, como depressão, impulsividade e uso de substâncias, que podem desviar o foco do terapeuta do tratamento do transtorno alimentar.

A avaliação do transtorno alimentar e da família não é uma ocorrência isolada, mas um processo que começou na Primeira Sessão e continua ao longo do tratamento, com um entendimento mais profundo sobre o desenvolvimento do transtorno alimentar e dos recursos da família para ajudarem a adolescente a superar a doença, geralmente desenvolvidos ao longo das sessões. Com a refeição em família, a terapeuta inicia a avaliação dos padrões de transação da família com relação à alimentação e continua insistindo em que os pais assumam o controle desta área, para que a filha consuma quantidades saudáveis de alimentos. Mais importante que convencer a jovem a consumir quantidades saudáveis de comida "normal" é o desafio de persuadi-la a comer parte dos alimentos proibidos que vêm após a refeição. Aqui, os objetivos são (1) ajudá-la a resolver quaisquer anseios por comer demais e purgar; (2) garantir que os pais presenciem o dilema da paciente; e (3) garantir que a paciente sinta-se apoiada por seus irmãos e pais, depois que a provação da refeição terminar.

A Segunda Sessão envolve quatro objetivos principais:

- Continuar a avaliação da estrutura familiar e seu provável impacto sobre a capacidade dos pais de restabelecerem com sucesso a alimentação saudável para a filha.
- Oferecer uma oportunidade para que os pais sintam o sucesso no restabelecimento da alimentação saudável e redução dos comportamentos de consumo alimentar compulsivo e purgação da filha.
- Dar à adolescente uma oportunidade para transmitir a seus pais os tipos de conflitos internos com os quais se debate, quando consome um alimento "proibido".
- Avaliar o processo familiar, especificamente, em relação à comida.

A fim de conquistar esses objetivos, a terapeuta realiza as seguintes intervenções durante esta sessão:

1. Exame do diário de consumo alimentar compulsivo/purgação e pesagem da paciente.
2. Tomada da história e observação dos padrões familiares em relação a preparar e servir as refeições, além das discussões familiares envolvendo a comida, especialmente na medida em que se relacionam à paciente.
3. Solicitação da cooperação da paciente para sua recuperação.
4. Ajuda para que os pais auxiliem a filha a consumir quantidades saudáveis de alimentos, incluindo aqueles "proibidos" e/ou ajuda para que os

pais planejem com a filha como proceder, de maneira de restabelecer a alimentação saudável.
5. Facilitação do alinhamento produtivo entre a paciente e irmãos.
6. Preparação da família para a refeição da próxima sessão e conclusão da sessão.
7. Condução da revisão e conclusão da sessão.

Este capítulo oferece uma revisão detalhada das etapas envolvidas nessas sete intervenções. O capítulo seguinte apresenta o andamento da sessão, de modo que os terapeutas possam ver com maior clareza a execução das intervenções.

Examinar o Diário de Consumo Alimentar Excessivo/Purgação e Pesar a Paciente

No começo da sessão, como ocorre em todas as sessões nas duas primeiras fases do tratamento, o terapeuta examina um relato de consumo alimentar compulsivo/purgação da paciente, relativo aos sete dias anteriores. Além disso, o terapeuta também pesa a paciente. Ele transmite essas informações à família e concilia o relato de consumo alimentar compulsivo/purgação com as impressões dos pais sobre os eventos da semana, antes de finalizar a descrição sobre o comportamento bulímico. O que dá o tom da sessão é, principalmente, o diário da freqüência do consumo alimentar compulsivo/purgação. Se a paciente estiver se saindo bem, o tom será mais otimista; entretanto, se há falta de progresso em termos de consumo alimentar compulsivo e purgação, então o tom será mais grave. Se o peso da paciente é instável ou flutuou excessivamente, isso também será compartilhado com a família.

Para uma explicação mais detalhada sobre *por que* e *como* começar a sessão com a coleta do registro de consumo alimentar compulsivo/purgação e pesagem da paciente, consulte o Capítulo 4, páginas 63-64.

Tomar uma História e Observar os Padrões Familiares no que se Refere a Preparar e Servir as Refeições, bem como as Discussões Familiares sobre Comida, Especialmente na Medida em que se Relacionam com a Paciente

Por que

O conhecimento sobre a estrutura familiar – isto é, sobre os padrões repetidos de comunicação, controle, amparo, socialização, formação de vínculos, formação de alianças e conluios e solução de problemas – é obtido pelos encontros com a família, mas pode se tornar mais óbvio durante a refeição da família.

A refeição em família proporciona uma forte exposição à organização característica da família. Similarmente, um entendimento sobre a importância dos padrões familiares e sintomas da paciente deve contribuir para a eficácia do terapeuta na produção de uma alteração na forma como a família responde ao transtorno alimentar. Embora exista o consenso de que os sintomas não resultam de uma estrutura familiar específica, isso não exclui o fato de que pode haver padrões de interação familiar que tornam uma família impotente na presença dos sintomas. Portanto, uma paciente com um transtorno alimentar não pode melhorar, até que haja uma mudança na forma como se relaciona com a comida. Em outras palavras, adolescentes com BN devem readquirir o controle sobre o consumo alimentar compulsivo e purgação, para melhorar. O TBF não é eficaz por corrigir interações familiares impróprias, mas por alterar a forma como os familiares respondem e manejam o transtorno alimentar da filha.

A avaliação da família, portanto, é um processo contínuo que traz um entendimento gradativamente maior, à medida que o tratamento avança. Fazer generalizações sobre os padrões de interação em famílias com um paciente de BN – por exemplo, problemas entre as gerações, fracas alianças entre os pais, importância da separação da identidade – servem, no máximo, para confundir e, no pior dos casos, provavelmente é errado. Por exemplo, as tentativas de descrever famílias psicossomáticas de Minuchin como fundidas, superprotetoras, rígidas e com evitação de conflitos (Minuchin et al., 1975; Minuchin, Rosman e Baker, 1978), usadas para AN e BN, a fim de se produzirem medições, têm sido amplamente malsucedidas (Dare, Eisler, Russell e Szmukler, 1990; Dare et al., 1994; Le Grange, 2005). Tais generalizações, porém, podem ser úteis, no sentido de, com freqüência, gerarem alvos para a terapia familiar. A refeição terapêutica oferece ao terapeuta uma oportunidade de observar *in vivo* processos familiares específicos, especialmente na medida em que são trazidos ao primeiro plano durante a refeição em seu consultório. As observações colhidas durante essa refeição familiar ajudam o terapeuta a identificar padrões não saudáveis de interação, que possam estar contribuindo para a manutenção dos comportamentos alimentares patológicos. O terapeuta usará essas observações para planejar estratégias para a intervenção subseqüente. Em última análise, durante as sessões posteriores, o terapeuta visará perturbar "alianças improdutivas" – por exemplo, entre a paciente e um dos pais – para levar os pais a agirem juntos, de um modo incisivo. Alianças entre as gerações (entre um dos pais e um filho), em vez de alianças entre os pais, são contraproducentes; por exemplo, quando um dos pais assume uma postura firme e insistente, não dando quaisquer opções à adolescente sobre sua alimentação, ou tenta manejar a ânsia da paciente por alimentar-se demais ou purgar sem ouvir a sua opinião, enquanto o outro membro do casal torna-se um aliado dos sintomas da paciente, ao argumentar que as estratégias são demasiadamente inalcançáveis e invasivas para a adolescente.

O objetivo é ajudar a adolescente a montar um regime de refeições que normalize a sua alimentação. Este regime não deve ser diferente demais daquele existente em um arranjo de internação eficaz para transtornos alimentares. Os pais devem ser incentivados a buscar a cooperação da paciente para o estabelecimento de uma cultura tal que as ações de comer e completar uma refeição ocorram dentro de um determinado período de tempo. A expectativa para esta estrutura deve ser consistente e persistente. Em outras palavras, não há alternativa outra para a paciente, além de cooperar com o plano dos pais para ajudarem em sua recuperação. Este plano deve garantir que a paciente não coma demais, durante uma refeição normal ou em outros momentos, e que a purgação após as refeições se torne impossível.

Como

Em primeiro lugar, o terapeuta tenta colocar a família à vontade. A refeição em família provoca ansiedade em todos os envolvidos, incluindo o terapeuta. Portanto, quando o profissional reconhece que a refeição provavelmente é uma experiência estressante, ou que pode ser desajeitado comer no consultório, ou que é estranho comer como uma família, com uma pessoa estranha que não participa da refeição, mas fala sobre o fato de estarem comendo, a família consegue relaxar um pouco. Em segundo lugar, em linha com a recomendação anterior, o terapeuta instruirá a família a servir a refeição. Como mencionado antes, o terapeuta não participará da refeição; em vez disso, ele aprende mais sobre o estilo familiar na hora da refeição, observando o ritual da família e indagando sobre as refeições. Por exemplo, enquanto a família está montando a mesa para a refeição, o terapeuta pode perguntar à pessoa que está pondo a mesa se a forma como a família está procedendo é típica do padrão de casa, ou se os alimentos que decidiram trazer representam aquilo que geralmente preparam em casa para o almoço ou jantar. Ou, ainda, o terapeuta indaga quem geralmente prepara as refeições em casa, quem vai ao supermercado etc. Embora isso possa parecer uma conversa superficial, sobre coisas mundanas, a razão para tais perguntas é bastante específica: o terapeuta tenta fazer um "inventário" dos comportamentos ou atividades que possam ser úteis para reforçar a tentativa da família de ajudar a filha, ou para identificar atividades que seriam menos aconselháveis.

Durante o encontro com a família na sessão anterior, o terapeuta provavelmente fez diversas avaliações mais generalizadas, determinando o estado mental da paciente e as características de todos os parentes presentes.

Ao longo da refeição, o terapeuta observará diretamente como a família interage em relação à comida, em geral, e em relação ao transtorno alimentar, em particular. Aqui, o terapeuta deve incentivar constantemente a descoberta de novos padrões de interações familiares, por instruções diretas e pela forma como aborda a família e interpreta esse encontro. Por exemplo, o terapeuta pode impedir que os familiares falem uns pelos outros ou que digam que sabem o que outro familiar está pensando ou sentindo. Em vez disso, ele oferece uma oportunidade para que cada familiar fale por si mesmo ou questione o outro a respeito de como ele pode saber o que o outro está pensando.

Ajudar os Pais para que Auxiliem a Filha a Consumir Quantidades Saudáveis de Comida, Incluindo Alimentos "Proibidos", e Ajudar Os Pais a Planejarem com a Filha a Melhor Maneira de Restabelecer a Alimentação Saudável

Por que

O terceiro objetivo da refeição em família é que o terapeuta apóie os pais para que ajudem a filha a consumir uma refeição saudável que *inclua* pelo menos um item que ative o consumo alimentar compulsivo. Este ato simbólico é importante, e para a conquista desse objetivo, o terapeuta deve permitir um tempo adicional (aproximadamente 30 minutos) para essa parte da sessão. O que torna essa sessão única não é tanto o fato de a maioria das adolescentes com BN consumirem uma refeição mais ou menos saudável nessa situação, mas que o consumo de um alimento que ativa o consumo alimentar compulsivo dá aos pais, talvez pela primeira vez, a oportunidade de apreciar os conflitos da paciente no que se refere ao consumo excessivo de alimentos e à purgação. Ela também dá à paciente e a sua família a oportunidade de descobrirem estratégias para a prevenção do consumo alimentar compulsivo e purgação. Na segunda parte da refeição familiar, o terapeuta raramente precisa conquistar mais que esses objetivos específicos, porque o efeito do sucesso pode ser incrível, e a paciente e seus pais podem começar a perceber que têm um novo recurso para ajudá-la. Daí por diante, os pais sentem-se mais capacitados com o conhecimento de que podem considerar mais fácil ajudar a filha a comer de modo saudável e, embora esses esforços possam continuar por vários meses, o poder dos pais de colocarem em prática a alimentação saudável altera o relacionamento entre a paciente, seus pais e os alimentos. Permitindo que os pais assumam um papel mais ativo na recuperação da filha, perturbando, assim, antigos padrões familiares e tirando vantagem da desorientação da família no arranjo relativamente estranho do tratamento baseado na família, o terapeuta espera causar mudanças na família.

Ajudar os pais e a paciente para que abordem as dificuldades alimentares da adolescente *antes* de explorarem as questões emocionais e psicológicas que possam fazer parte deste transtorno pode parecer "colocar o carro na frente dos bois". Entretanto, o terapeuta precisa apontar que, embora uma abordagem concentrada principalmente nos aspectos emocionais associados a esse transtorno possa parecer o modo mais gentil de proceder, e talvez, também, o melhor modo de minimizar o conflito, ela pode não abordar os problemas de saúde da família de forma oportuna. O terapeuta deve sugerir consistentemente aos pais certas etapas que podem cumprir para ajudarem a filha a comer de forma saudável, incluindo o consumo de quantidades moderadas dos alimentos proibidos. Similarmente, os pais e a adolescente terão de imaginar maneiras de lidar com sua forte ânsia por purgar. Ao ajudar os pais na conquista dessas metas, a estrutura familiar é abordada indiretamente: o terapeuta reforça a ação conjunta do casal, reforçando, assim, o subsistema parental, e começa a "remover" a paciente do subsistema parental, alinhando-a com seus irmãos e/ou colegas. O terapeuta serve como consultor para a família, e esse estilo de comando e autoridade ajuda os pais a seguirem suas orientações.

O primeiro êxito dos pais em ajudarem sua filha a comer de forma saudável marca um ponto de virada importante para quase todas as famílias; em geral, os pais sentem-se mais capacitados, no sentido de perceberem que realmente têm o poder de derrotar o transtorno alimentar. Tal capacitação também revigora os pais com energia para continuarem essa tarefa, e a paciente pode sentir alívio por seus pais terem demonstrado capacidade e energia para ajudá-la a superar as demandas do transtorno alimentar. Embora as atitudes e convicções da paciente, assim como seu relacionamento com sua família, sejam explorados indiretamente durante o primeiro estágio do tratamento, essas questões receberão mais atenção direta no segundo estágio, uma vez que a alimentação consistente e saudável tenha sido estabelecida. Finalmente, é importante apontar que o processo de restabelecimento da alimentação saudável é um esforço conjunto entre os pais e sua filha adolescente. Entretanto, os pais são os responsáveis primários pelas decisões neste processo e, conseqüentemente, o terapeuta deve dirigir a maior parte dos comentários sobre essa área ao subgrupo dos pais. Os irmãos exercem um papel diferente nesse processo, que descrevemos mais tarde.

Como

A refeição em família varia imensamente, porque cada família traz seus rituais únicos à sessão. Em nossa experiência, a maior parte delas traz uma refeição apropriada para a sessão. Entretanto, sempre existem exceções; algumas famílias podem trazer uma refeição frugal para a filha com BN, por medo de superalimentá-la, enquanto alimentam-se com uma refeição apropriada. Se isso ocorrer, o terapeuta pode lembrar aos pais:

> "Vocês precisam ajudar sua filha a comer o tipo e quantidade de comida que a levem de volta a hábitos normais de alimentação. Esse tipo e quantidade de comida [em referência à porção que trouxeram para a sessão] não corrigirá as dificuldades com a alimentação."

A tarefa do terapeuta é ajudar os pais a trazerem à luz seu conhecimento sobre a alimentação adequada para uma adolescente em crescimento, talvez dizendo:

> "Em geral, o melhor remédio para um transtorno alimentar é três refeições balanceadas e lanches, em conjunção com os esforços que vocês e sua filha farão para superar o anseio por comer demais e purgar."

Como ocorre com a AN, a evitação de confronto ou um rápido aumento no conflito em face dos comportamentos ligados ao transtorno alimentar, com freqüência, é aparente desde o início. Entretanto, diferentemente da AN, a maioria das adolescentes com BN, pelo menos neste arranjo, parece comer bem. Portanto, raramente é preciso que o terapeuta faça mais que pedir aos pais para sentarem-se um de cada lado da paciente e aconselhá-la sobre como proceder. O desafio para o terapeuta é ajudar os pais a convencerem a adolescente a comer mais do que ela havia planejado, especialmente quando tal consumo sinalizará à adolescente que ela já comeu demais, ou que o alimento em questão geralmente ativa o consumo alimentar compulsivo ou está em sua lista de alimentos proibidos. Aqui, o terapeuta treina consistentemente os pais, fazendo sugestões repetitivas e insistentes para que ajam em uníssono e mantenham pressão sobre a filha para que coma a porção do alimento que ativa o consumo alimentar compulsivo. Com freqüência, é útil lembrar aos pais sobre uma época em que a filha era mais jovem e esteve acamada com gripe, e eles precisavam garantir que ela se alimentava bem e tomava seu remédio. Em uma tentativa de ampliar a confiança dos pais nessa tarefa, o terapeuta pode dizer:

"Recordem um período em que sua filha esteve de cama, com alguma enfermidade, e vocês descobriram como ajudá-la a comer, apesar dos seus protestos."

Ou

"Vocês sabem o que esperar de sua filha, no que se refere a comer bem, e não precisam de conselhos de um nutricionista."

Ao incentivar os pais, sempre é preciso reconhecer que para a adolescente deve ser difícil aceitar um envolvimento tão intenso dos pais em relação às suas decisões sobre o que comer.

Uma vez que a adolescente tenha conseguido comer mais do que previa, ou parte do alimento que ativa o consumo alimentar compulsivo, a tarefa do terapeuta é ajudá-la a verbalizar seus pensamentos e sentimentos em torno de superar suas regras alimentares auto-induzidas. É importante que o terapeuta a ajude a descrever aos pais como esta "transgressão" a faz sofrer e que ela se sente como se "cedesse à tentação" comendo mais (isto é, entrando em sua compulsão por comer). Além disso, o terapeuta deve ajudá-la a verbalizar sua culpa ou sensações ruins por ultrapassar suas próprias regras em relação à comida, e que o único modo de poder lidar com esses sentimentos poderosos de culpa é purgando. Talvez essa seja a primeira oportunidade que a adolescente tem de revelar seus pensamentos e sentimentos que lhe causam embaraço nessa área. Também pode ser a primeira vez que os pais comecem a avaliar como a doença afetou a sua filha. Essa nova compreensão da doença virá a calhar quando os pais forem incentivados a permanecer com a filha, para que ela não ceda ao impulso de deixar a sala e induzir o vômito. Este procedimento pode ser humilhante e até mesmo inapropriado às vezes, devido à idade da filha. Entretanto, a tarefa do terapeuta é ajudar os pais a apoiarem sua filha de um modo gentil e compreensivo, e expressar solidariedade pelo dilema no qual a paciente se encontra.

Facilitar o Alinhamento Entre a Paciente e Seus Irmãos para a Oferta de Apoio

Por que

Enquanto os pais têm a tarefa de ajudar a adolescente com o transtorno alimentar, o papel dos irmãos é diferente e não interfere na tarefa dos pais. Os irmãos são incentivados a oferecer apoio, sem críticas, e ajuda emocional à irmã afetada; ao fazê-lo, o terapeuta tenta estabelecer limites saudáveis entre as gerações, alinhando a paciente com seus irmãos.

Isto é, ao alinhá-la com seus irmãos, o limite entre irmãos, por um lado, e os pais, por outro, torna-se menos permeável e, conseqüentemente, mais saudável. Esta manobra é necessária, se o terapeuta observa ou supõe que a paciente formou uma aliança com um dos pais (mantendo um relacionamento estreito com um dos pais, que, ao fim, restringe ou exclui o acesso do outro membro do casal ao seu cônjuge). Em um caso assim, podemos conjecturar que o transtorno alimentar seria mantido por essa aliança da paciente com o pai ou com a mãe. A razão para o terapeuta alinhar a paciente com o subsistema de irmãos é descrita com clareza no trabalho da Philadelphia Child Guidance Clinic, e também vem ao encontro do que o terapeuta tipicamente faria no tratamento de uma adolescente com AN.

A noção é de que a paciente não poderá superar seu transtorno alimentar, a menos que o terapeuta consiga retirá-la da sua aliança com um dos pais e "a rebaixe" ao seu subsistema de irmãos. Esta manobra assume uma nuance levemente diferente na BN, dado o *status* do desenvolvimento da adolescente, comparado com aquele da adolescente "típica" com AN. Isto é, na BN é mais comum a paciente alinhar-se com os irmãos, ainda que tal alinhamento seja bastante tênue, e o terapeuta pode não ter de trabalhar tanto para reforçar os limites saudáveis entre os irmãos e os pais (isto é, limites claros entre as gerações). O objetivo do terapeuta é claro: fazer com que os pais trabalhem juntos, reforçar os limites saudáveis entre as gerações, isto é, entre o subsistema dos pais e o subsistema dos irmãos e, ao mesmo tempo, reforçar o desenvolvimento de um sistema apropriado de suporte à adolescente. Em famílias com uma única filha, o terapeuta segue esses mesmos princípios, mas a paciente talvez precise encontrar uma amiga ou prima em quem possa confiar.

Como

Enquanto apóia os esforços conjuntos dos pais para restabelecerem a alimentação saudável para a filha, o terapeuta precisa demonstrar simultaneamente que entende a situação da paciente – isto é, a paciente está dominada pelo transtorno alimentar, sentindo que o terapeuta permitiu injustamente que seus pais se envolvam em seus assuntos pessoais, retirou seu único senso de idade e poder, e a tornou desamparada, enquanto tudo isso ocorre à sua volta. O terapeuta pode dizer à paciente (e, indiretamente, aos seus irmãos):

"Embora seus pais se disponham a fazer todos os esforços para apoiá-la na luta contra a sua doença e a ajudá-la a recuperar a saúde, você pode considerar o envolvimento deles indesejável e desnecessário. Na verdade, talvez até pense que eles estão sendo horríveis com você. Se pensar assim, talvez você deseje compartilhar sua infelicidade com um dos seus irmãos ou uma amiga. Você precisará ser capaz de contar a alguém como as coisas estão ruins – isto é, precisará de alguém como seu irmão [irmã ou colega de escola] que possa escutar as suas queixas."

Similarmente, o terapeuta conversará com os irmãos da paciente e os incentivará a apoiarem a irmã, não em seus esforços por ser bulímica, mas para confortá-la quando se sentir assustada com todas as mudanças.

Revisar e Concluir a Sessão

A maioria das sessões deve terminar em um tom positivo, embora lembretes mais cautelosos possam ser feitos quando há pouco progresso no controle do consumo alimentar compulsivo e da purgação, para que a família permaneça vigilante sobre a importância dos seus esforços. Talvez em nenhum ponto seja tão importante terminar a sessão em tom positivo quanto no momento da refeição em família. Essa sessão geralmente é estressante e, não importando o resultado real, o terapeuta deverá parabenizar os pais e a família por seus esforços. Os pais devem deixar a sessão com a esperança e incentivo de que podem ajudar a filha, e a adolescente deve se sentir engajada em sua própria recuperação.

No fim de cada consulta, o terapeuta comunicará os achados e expectativas aos outros membros da equipe. Além das impressões do terapeuta sobre a refeição em família, abaixo estão algumas questões típicas que podem ser revistas com a equipe de tratamento e consultoria.

Sessão 2 – Solução de Problemas

- *E se a família não trouxer uma refeição para a sessão?* Raramente isso ocorre, mas quando a família não traz a refeição, o terapeuta deve expressar a preocupação de que isso possa atrasar o esforço da família para abordar o transtorno alimentar. O terapeuta provavelmente tem duas opções, nesta situação. Em primeiro lugar, ele pode pedir que a família explore suas opções alimentares no restaurante do hospital e traga a refeição para o consultório, ou, se isso não for possível, optar por explorar, sem críticas, o que impediu a família de seguir as sugestões oferecidas na conclusão da Primeira Sessão. Se o terapeuta optar pela segunda alternativa, ele pode ter de passar o restante da sessão incentivando novamente os pais a assumirem essa tarefa, e deixar a refeição em família para a Terceira Sessão.

- *E se a família serve, para todos, porções saudáveis de alimento, enquanto serve uma porção muito pequena ou inadequada para a filha?* Isso pode ocorrer quando os pais atendem as demandas do transtorno alimentar. O terapeuta pode usar esta oportunidade para orientar os pais, para que reavaliem o valor calórico das porções que desejam oferecer à filha, e terá como objetivo fazer com que percebam que porções não saudáveis ou muito pequenas não são suficientes para restaurar a saúde da filha. Isto é, uma boa nutrição não apenas ajudará a adolescente a manter um peso saudável, mas também fará com que resista com mais facilidade à ânsia de comer demais e de vomitar. Idealmente, o terapeuta ajudará os pais e a filha, pela orientação persistente, a decidirem juntos sobre o tamanho da porção, para que a adolescente mantenha um peso normal, sem engajar-se em consumo alimentar compulsivo e purgação. Se os pais ainda tiverem dificuldade para entender ou concordar sobre o que é uma refeição saudável ou como devem ser as porções normais, o terapeuta pode sugerir que sirvam duas refeições – uma que reflete o que os pais acreditam que a filha *deveria* comer, e outra que reflete o que acreditam que ela *irá* consumir. Esta estratégia ilustra concretamente a discrepância entre o ponto de partida e o que precisam fazer para restabelecer a alimentação saudável de sua filha.

- *O que fazer se os pais não conseguirem convencer a filha a consumir uma refeição apropriada?* Novamente, isso não ocorre com muita freqüência. Entretanto, quando chega a ocorrer, o terapeuta deve usar a oportunidade para revigorar os esforços dos pais em assumir uma ação pronta e persistente, para incentivar a filha a comer quando voltarem para casa (por ex., fazer esforços semelhantes para alimentar a filha quando se sentarem para a próxima refeição e impedir que ela purgue depois; consulte as prescrições oferecidas na Terceira Sessão). O terapeuta também usará a ocasião para demonstrar aos pais, novamente, quanto controle a doença exerce sobre os comportamentos ligados à alimentação da filha, e que um esforço conjunto de ambos os pais poderá alterar esta situação. É provável que os pais terminem se sentindo desanimados; o terapeuta pode prevenir tal resposta sendo positivo neste aspecto e insistindo em que os pais não desanimem. Ele pode, por exemplo, dizer o seguinte:

> "Vocês são ótimos pais e fizeram um trabalho muito bom ao criar seus filhos, até que essa doença apareceu. Olhem para os seus outros filhos e poderão recordar seus próprios sucessos. Assim, não há razão para não poderem reconquistar a sua eficácia ao ajudarem sua filha."

- *E se os pais não conseguirem fazer com que a filha consuma qualquer porção dos alimentos-gatilho?* Isso seria péssimo, porque um dos objetivos importantes desta refeição em família é que os pais consigam convencer a adolescente a comer os tipos de alimentos que ela tipicamente evita, por medo de serem engordativos ou de ativarem o consumo alimentar compulsivo. Além disso, o sucesso nessa tarefa também permite que o terapeuta explore, com a paciente, suas idéias e sentimentos, no que se refere à questão de ter passado por cima de algumas regras alimentares auto-induzidas. Os itens alimentares que servem de gatilho podem abrir uma janela muito útil para a dificuldade da adolescente em lidar com essas emoções de desapontamento, culpa, repulsa etc., e para a sua dificuldade em refrear o consumo do resto de comida e/ou a necessidade urgente de livrar-se do alimento com purgação. Os pais também não têm a oportunidade de receber a orientação do terapeuta para (1) entenderem parte dos problemas com os quais a filha se debate e (2) passarem um tempo produtivo e sem punições com a filha, impedindo-a de deixar a sala logo após a refeição, a fim de evitar a purgação. O terapeuta, em tal situação, terá de encontrar exemplos de prevenção do consumo alimentar compulsivo e purgação nas semanas que virão, para conquistar esses objetivos de um modo menos direto ou *in vivo*.

Na maior parte das modalidades de tratamento, veríamos o argumento de que as sessões iniciais são cruciais, a fim de se estabelecer concordância e um relacionamento terapêutico sadio. Este tratamento não é diferente, embora uma sessão potencialmente tensa, como a da refeição em família, represente um desafio para a maior parte dos terapeutas. O Capítulo 7 oferece um relato claro da Segunda Sessão, na prática, demonstrando os problemas reais enfrentados pela terapeuta e sua solução.

CAPÍTULO 7

Segunda Sessão, na Prática

Este capítulo oferece um exemplo de andamento da Segunda Sessão. Ele inicia com breves informações sobre a paciente e sua família. A sessão divide-se em partes, de acordo com a intervenção específica indicada para essa fase do tratamento. Além disso, nós adicionamos observações à medida que a sessão se desdobra, para salientar os objetivos que a terapeuta tem em mente.

Como lembrete, esta sessão apresenta quatro objetivos:

• Continuar a avaliação da estrutura familiar e seu provável impacto sobre a capacidade dos pais em restabelecerem com sucesso a alimentação saudável para a filha.

• Oferecer uma oportunidade para que os pais sintam o sucesso no restabelecimento da alimentação saudável e de redução nos comportamentos de consumo alimentar compulsivo e de purgação da filha.

• Oferecer à adolescente a oportunidade de transmitir aos pais os tipos de conflitos internos com os quais se debate ao comer alimentos "proibidos".

• Avaliar o processo familiar, especificamente no que se refere à alimentação.

Para a conquista desses objetivos, o terapeuta adota as seguintes intervenções durante esta sessão:

1. Examina o diário de consumo alimentar compulsivo/purgação e pesa a paciente.

2. Toma uma história e observa os padrões familiares que envolvem preparar e servir a comida, além de discussões familiares sobre a comida, especialmente na medida em que se relacionam com a paciente.
3. Solicita a cooperação da adolescente para a sua recuperação.
4. Ajuda os pais para que auxiliem a filha a consumir porções normais de alimentos, incluindo aqueles "proibidos", e ajuda os pais a elaborarem, com a filha, a melhor maneira de restabelecerem a alimentação saudável.
5. Facilita o alinhamento entre a paciente e os irmãos, para a obtenção de apoio emocional.
6. Prepara a família para a refeição da sessão seguinte e para a conclusão da sessão.
7. Conduz uma revisão ao término da sessão e conclui a sessão.

Informações Clínicas

Jenny é uma jovem caucasiana de 17 anos, com diagnóstico de BN. Ela mede 1,60 m e pesa 50,25 kg, com índice de massa corporal (IMC) de 19,8. Jenny reside atualmente com seus pais e com o irmão mais jovem, de 15 anos. Ela também tem uma irmã mais velha (Mandy) que reside na universidade onde estuda. Seus sintomas bulímicos começaram 12 meses atrás, e seu consumo alimentar compulsivo ocorreu 10 vezes nas 4 últimas semanas, com purgações dia sim, dia não, nesse mesmo período. Jenny não relata o uso de laxantes, diuréticos ou redutores de apetite, mas executou exercícios compensatórios aproximadamente uma vez por dia, no último mês. Esses exercícios incluem corridas e outras atividades aeróbicas, durante 60 minutos em cada vez. Os exercícios de Jenny serviam a uma função compensatória, porque ela se sentia impelida a queimar as calorias que havia consumido naquele dia. Ela relatou sofrimento, se algo a impedia de "fazer seus exercícios diários". Nos últimos três meses, sua menstruação falhou uma vez, e ela não usa contraceptivos orais. Segundo seu relato, não há qualquer prejuízo funcional devido ao seu transtorno alimentar.

Examinar o Diário de Consumo Alimentar Compulsivo/Purgação e Pesar a Paciente

A sessão começa com a terapeuta acompanhando a paciente até o consultório, onde ela é pesada e relata quantas vezes teve compulsão alimentar e purgou nos últimos sete dias. Embora a terapeuta possa relembrar à paciente o que é um consumo alimentar compulsivo, de acordo com o DSM (Manual de Diagnóstico e Estatística de Transtornos Mentais), este não é um exercício acadêmico, e a terapeuta não espera que a paciente volte na semana seguinte com uma lista de episódios de consumo alimentar objetivos *x* subjetivos.

O interesse da terapeuta é pela experiência de consumo alimentar compulsivo da paciente, e ela poderá indagar sobre a quantidade típica de alimentos consumidos nesses episódios, mas não passará muito tempo tentando diferenciar entre os tipos de episódios. Os números fornecidos pela paciente são cuidadosamente anotados nos gráficos da terapeuta e a freqüência do consumo alimentar compulsivo e purgação serão conciliadas com os pais posteriormente, quando eles se juntarem à sessão. Embora o tratamento esteja no início, a terapeuta ainda assim pergunta como a adolescente se sente em relação ao seu progresso na última semana. Este tempo pré-sessão é a única oportunidade que a terapeuta tem para ver a paciente sem o restante da família. Portanto, esse período é crucial para cultivar um relacionamento com a paciente.

Após cerca de 5 ou 10 minutos de conversa, a terapeuta pede que o restante da família venha ao consultório. A família traz uma refeição apropriada para o almoço, e a terapeuta sinaliza para que se sintam à vontade e distribuam a refeição na mesa que foi providenciada para este fim.

Tomar a História e Observar os Padrões da Família em Relação a Preparar e Servir a Comida, além de Discussões da Família sobre a Alimentação, Especialmente na Medida em que se Relacionam à Paciente

TERAPEUTA: Como lhes disse na última vez, a razão para essa sessão é ver como é uma refeição típica na sua família. Eu sei que aqui não é a sua casa, mas mesmo assim eu posso ver como vocês interagem como família, nos horários de refeições. Sei que isso pode parecer um pouco estranho, como se estivessem encenando, ou algo assim, mas tentem agir com tanta normalidade quanto fariam na sua própria casa, na hora do almoço. Para começarmos, eu gostaria de perguntar como vocês geralmente distribuem a comida. Os pratos são todos servidos por uma só pessoa ou cada um serve a própria comida?

PAI: Em geral, depende de quem estará ou não em casa e, às vezes, está apenas Maggie (a mãe) e eu. Então, depende, se as pessoas vão trabalhar ou não, ou se há algum outro programa, eles não vêm. Peter talvez pergunte o que há para comer, e se não gosta, pode dizer: "Ah, então vou comer apenas pizza" – uma pizza congelada, ou algo assim.

TERAPEUTA: Ok.
MÃE: O tempo todo.
TERAPEUTA: Será que é preciso muita conversa para que todos comam a mesma coisa, ou geralmente é...
PAI: Quase nunca comemos a mesma coisa.
TERAPEUTA: Então, é como se fosse um restaurante, em sua casa?
PAI: Sim, é um bufê, onde cada um monta o próprio prato (*rindo*).
MÃE: (*perguntando à terapeuta*) Aceita um pouco?
TERAPEUTA: Ah, é muita gentileza, mas não, obrigada. Eu gostaria de fazer algumas perguntas e observar, e é mais fácil fazer isso sem comer.

Algumas famílias convidam a terapeuta para participar da refeição, embora ela tenha declarado explicitamente na primeira sessão que não participaria. Ainda que, às vezes, possa ser tentador juntar-se à família, a terapeuta declina educadamente e lembra à família que sua capacidade para observar e aprender poderia ser comprometida, se comesse com eles.

MÃE: E quando Mandy [a irmã mais velha] está em casa, eu fico muito contente, porque ela come de tudo.
TERAPEUTA: Ok, então Mandy não lhe dá trabalho com a comida?
MÃE: Sim, ela é a única que come o que eu cozinho.
PAI: E eu como tudo, você sabe.
MÃE: Pete [o pai] come tudo o que eu cozinho, exceto se houver algo com queijo ou carne.
PAI: Estou em uma dieta sem gordura, por causa do colesterol alto, de modo que estou meio radical. Quando alguém diz que você tem um problema e precisa cortar a gordura, o melhor é eliminá-la totalmente – é isso o que eu faço.
TERAPEUTA: Você me falou um pouquinho sobre como são as refeições com Pete e com Mandy, mas e quanto à Jenny?
MÃE: Eu nem esquento a cabeça com Jenny. Uma situação típica, ou quase: Jenny e eu fizemos esse prato com vagens juntas. Ela havia visto algo semelhante quando estávamos em férias e gostou muito, e me perguntou se poderíamos fazê-lo. Então, muitas vezes ela prepara algo, mas não come nem um pouco.
TERAPEUTA: Então, ela é boa cozinheira, mas não come?
JENNY: Bem, eu nem gosto tanto de cozinhar.
MÃE: É.

TERAPEUTA: Muito bem, parece que, tipicamente, quando eles sentem fome, pegam algo por conta própria ou você prepara certas coisas fáceis de comer rapidamente. Será que é raro sentarem-se juntos para as refeições?
MÃE: Jenny quase nunca está em casa. Peter, talvez, mas não tem horários certos.
TERAPEUTA: Estou entendendo.
MÃE: Mas Mandy faz as refeições quando está em casa. Na outra noite, Jenny saiu e Peter e Mandy decidiram não sair, para jantarem conosco. Eles ficaram em casa e foi muito agradável. Assim, de vez em quando...
PAI: Mas é muito provável que toda essa refeição estivesse pronta. Peter poderia decidir sair ou comer outra coisa, ou apenas a parte com massa, e Jenny não comeria nada. Ela comeria uma maçã ou outra coisa, mas não a refeição.
TERAPEUTA: Então, o que tipicamente acontece, quando Jenny não faz as refeições?
JENNY: Bem, é porque nós nem chegamos a pôr a mesa, então eu nem me sento para comer.
MÃE: Sim, já falamos sobre isso antes, quando dissemos "Não coma de pé no balcão", porque ela gosta de comer no balcão.
PAI: Ela fica de pé, corta uma fruta ou come qualquer outra coisa no balcão da cozinha. Jenny nem está em casa quando nos reunimos para jantar, e então temos todos esses pratos, quando ela está, mas ela não se serve de nada. Nós acabamos de sair de férias por 2 semanas e aconteceu muito de sairmos para jantar, pedirmos o que queríamos e Jenny simplesmente não estar com fome.
MÃE: Bem, ela pedia uma salada sem molho.
PAI: Sim, salada sem molho. Mas algumas vezes ela dizia: "Acabei de comer!", porque comia algo no carro e então chegávamos ao restaurante e ela não sentia fome.
JENNY: Isso não é problema. Talvez tenhamos relógios internos diferentes.
PAI: Bem, isso somente provou para mim que estávamos todos famintos, menos você.
TERAPEUTA: Essas informações são muito úteis. Por favor, sintam-se à vontade para ir em frente e começar a comer o que trouxeram. Eu lhes dou permissão para comer e falar ao mesmo tempo. (*risadas*) Jenny, você está pedindo para sua mãe servi-la?
JENNY: Sim.
TERAPEUTA: Esse é um comportamento típico?
MÃE: Não, na maior parte do tempo ela mesma se serve.
TERAPEUTA: Ok.

MÃE: Sim, eu digo: "Você quer um pouco?", e às vezes ela responde que sim.
TERAPEUTA: Eu sei que vocês falaram que queriam fazer esse macarrão ou esse prato com vagem juntas. Quem geralmente faz as compras para a família?
JENNY: Eu vou muito às compras. Minha mãe também, mas eu vou muito ao supermercado.
TERAPEUTA: Como a lista de compras mudou, depois que você desenvolveu o transtorno alimentar?
JENNY: Não sei.

A família está se servindo da refeição que trouxe à sessão (em sua maior parte, alimentos saudáveis em quantidades adequadas para todos os presentes, incluindo um alimento proibido), enquanto a terapeuta os envolve em uma conversa sobre a alimentação e tenta ter uma idéia de como esta atividade ocorre fora do consultório. Uma grande parte desta conversa inicial é um esforço para que família sinta-se mais à vontade com esse arranjo algo desajeitado de fazer a refeição no consultório. Entretanto, essa é uma oportunidade única para aprender como a família se organiza em torno deste tópico importante – isto é, quais são os pontos fortes e fracos que trazem ao processo de abordar o transtorno alimentar. A terapeuta começará permitindo que a família converse na maior parte do tempo, assumindo um enfoque mais distanciado. Durante esse tempo, porém, ela anota cuidadosamente o que a família faz ou não faz, e que pode ser útil para Jenny enquanto avançam. Por exemplo, a terapeuta já notou a rotina incerta da família nos horários de refeições. Ela pode ter de trazer essa ausência de rotina à atenção da família em um momento apropriado e ajudá-los a fazer mudanças que auxiliem Jenny a sentar-se com sua família para fazer refeições mais regulares.

TERAPEUTA: (*para a mãe*): Quando você vai às compras, os outros lhe pedem algo específico? Parece que seu marido está em uma dieta de baixo colesterol, então talvez você evite comprar certas coisas para facilitar essa dieta. E quanto a Jenny?
MÃE: Sabe, se minha filha Mandy estivesse aqui, ela lhe diria – ela está aborrecida com nossa família e com nossos maus hábitos nas refeições.
PAI: Mas como as compras mudaram?
MÃE: Bem, nós compramos para todos. Ontem, chegamos de férias e Peter – e isso é bem comum – Peter e eu fomos fazer compras juntos. Ele gosta de cereais açucarados, pizza e picolés; essa é a dieta dele.
TERAPEUTA: Apenas essas três coisas?

MÃE: Sim, ele geralmente vai comigo e pega o que quer. Eu não compro o cereal açucarado com freqüência. Eu pego algumas outras coisas. Hoje eu fui à loja de alimentos integrais.
TERAPEUTA: Sim?
JENNY: Bem, se sou eu a fazer as compras, eles fazem uma lista e dizem: "Compre isso para nós", e eu compro para eles e para mim.
MÃE: Mas ela compra muitas coisas sem gordura para ela, principalmente frutas.
PAI: Sim, muita fruta.
TERAPEUTA: (*para Jenny*) Então, parece que você compra coisas fáceis de consumir, e quando chega a hora do jantar, haverá algo para comer. É isso?
JENNY: Sim.
TERAPEUTA: Ok.
PAI: Acho que é um pouco por isso que ela faz as compras. Ela não se importa de ter de comprar para todos nós, mas precisa garantir que terá aquilo que deseja.
TERAPEUTA: O que aconteceria se aquilo que você quer não estivesse na lista? Como maçãs?
JENNY: Eu não sei. Maçãs realmente fazem parte da minha dieta, então eu não sei o que faria se não pudesse – quando estávamos em férias ou nos restaurantes, eu tentava encontrar pratos com frutas ou outras coisas que levassem frutas. Eu nunca consegui encontrar maçãs.
TERAPEUTA: Como era a sua alimentação antes do transtorno alimentar, antes de se preocupar tanto com o seu peso ou com o que comia?
MÃE: Ela sempre comeu maçãs. Sim, mas nós comíamos também.
TERAPEUTA: Então, essa é a diferença?
MÃE: E todos comíamos a mesma coisa, naquele tempo. Acho que fazíamos cinco refeições, e sempre comíamos. Mas agora é mais difícil. Parece muito tempo atrás, o tempo em que nos sentávamos juntos e comíamos sempre coisas diferentes.
PAI: Sopa de lentilha.
JENNY: É.
TERAPEUTA: Parece que a faixa de alimentos que você gosta de comer tornou-se muito mais estreita, desde que você desenvolveu o transtorno alimentar.
JENNY: Sim.
TERAPEUTA: (*para Peter*) Você percebeu mudanças na alimentação da sua irmã?

Essas informações são úteis por permitirem que a terapeuta veja como a família acomodou o transtorno alimentar em sua rotina. A terapeuta já percebeu que a paciente faz a maior parte das compras, que os pais lhe deixam comprar especificamente alimentos que o transtorno alimentar lhe permite comer, e que a família raramente passa tempo junta nos horários das refeições. Enquanto tenta incluir todos os familiares nesta discussão, a terapeuta pergunta ao irmão da paciente, que não estava participando até agora, que mudanças ele percebe nos hábitos alimentares da irmã. A terapeuta também usa esta oportunidade para enunciar o papel diferente dos irmãos neste tratamento, e trabalha para alinhar mais a paciente com seu irmão. Neste estágio da sessão, com a família tendo trazido quantidades saudáveis de alimentos nutritivos para a refeição em família, os outros membros da família estão comendo, como seria de se esperar, mas Jenny apenas remexe na vagem e no macarrão. A terapeuta não aborda a alimentação escassa e lenta da paciente nesse momento. Em vez disso, ela tenta saber mais sobre o relacionamento da paciente com seu irmão e buscar maneiras de este oferecer apoio a Jenny em casa, após as refeições.

Facilitar o Alinhamento entre a Paciente e Seus Irmãos para a Obtenção de Apoio

PETER: Em termos de comida?
TERAPEUTA: Sim, eu não sei se você percebeu o que estava acontecendo com sua irmã, que ela tinha um transtorno alimentar chamado bulimia.
PETER: Eu não sei.
JENNY: É novidade? Você não tinha ouvido falar?
PETER: Eu já ouvi sobre isso antes.
JENNY: Você já ouviu... Tudo bem.
TERAPEUTA: Eu sei que é difícil falar sobre essas coisas na frente do seu irmão e dos seus pais. A razão para todos estarem aqui é entendermos isso melhor, porque seus pais terão de exercer uma função muito diferente da sua, Peter. O objetivo desse tratamento é *ajudar sua irmã a não se sentir tão sensível sobre sua alimentação e a comer normalmente.* Conforme eu mencionei, você exerce uma função bem diferente daquela que seus pais exercerão. Como já conversamos na última vez, seus pais irão ajudar Jenny a garantir que ela consuma uma quantidade apropriada de alimentos e não se livre da comida depois de comer ou se exercite demais. Uma vez que este processo será muito difícil para a sua irmã, ela eventualmente precisará de alguém a quem possa dizer como está irritada com a mãe e o pai. Por exemplo, ela poderá pensar "Por que simplesmente não me deixam em paz, por que me fazer comer uma refeição?" então, você precisará demonstrar, de alguma maneira, que se preocupa com ela ou que sabe

o quanto tudo isso é difícil. Acho que você pode fazer isso, de alguma forma, acho que pode transmitir que sabe pelo que ela estava passando.

PETER: Será que devo conversar com ela?

TERAPEUTA: Parece uma boa possibilidade. Eu tratei outra família na qual o irmão decidiu manter a porta do quarto destrancada para a irmã, quando ela precisasse vê-lo e falar sobre algo. Ele lhe disse: "A porta está sempre aberta, você sempre poderá vir conversar comigo, e eles nem ao menos falavam sobre o transtorno alimentar, mas faziam coisas juntos, como alugar um filme ou... (*Peter faz uma careta*). Isso soa muito ruim?

PETER: Muito irreal.

TERAPEUTA: É mesmo? Jenny, dê-me alguma idéia sobre o seu relacionamento com seu irmão.

JENNY: Não temos muita intimidade, eu acho. Mesmo se assistíssemos a um filme juntos, não seríamos bons amigos. Será apenas sentar e ver algo na TV.

TERAPEUTA: Peter, você falou que isso lhe parece muito irreal. Diga-me por que pensa assim.

PETER: Porque não fazemos coisas assim. Nem procuramos um ao outro para conversar.

JENNY: É, nenhum de nós. Você (*para Peter*), às vezes, conversa com Mandy, mas raramente.

TERAPEUTA: Você gostaria de conversar mais com ele?

JENNY: Bem, não sei até que ponto seria útil – não daria certo.

TERAPEUTA: (*para Peter*) Será que você faz alguma coisa, mesmo assim, para expressar a sua preocupação com sua irmã? (*longa pausa*) (*para Jenny*) Talvez seja mais fácil tentar pensar em coisas que ele poderia *não* fazer.

JENNY: Bem, eu não sei. Se eu souber que ele está acordado, o que eu poderia fazer seria pedir desculpas, porque... Brigamos muito.

TERAPEUTA: (*para Peter*) Bem, acho que esse é um passo em uma direção positiva, quando você demonstra seu apoio ao não discutir com sua irmã.

A tarefa da terapeuta será mais fácil se já houver um bom relacionamento entre os irmãos, e não é difícil imaginar que forma de apoio o irmão poderia oferecer à irmã afetada pelo transtorno alimentar. Nesse caso, porém (que não é raro), a terapeuta precisa se esforçar um pouco mais para encontrar algo em comum ou um modo de Peter oferecer apoio a Jenny. A terapeuta também não pode forçar demais, mas precisa encontrar um modo de fazer com que Peter demonstre apoio. Por essa razão, ela perguntou a Jenny se Peter poderia *não* fazer certas coisas, na esperança de que sua omissão de certos comportamentos lhe seja útil.

Ajudar para que os Pais Auxiliem a Filha a Consumir Quantidades Saudáveis de Alimentos, Incluindo Aqueles "Proibidos", e/ou Ajudar os Pais a Elaborarem, com sua Filha, a Melhor Maneira de Restabelecer a Alimentação Saudável

TERAPEUTA: *(voltando-se para Jenny)* Jenny, será que há problema em conversarmos sobre como você se sente quando se senta à mesa para jantar, ou como é sentar-se aqui, quando todos estão jantanto? Eu percebi que sua mãe e Peter já terminaram de comer, e seu pai está quase terminando. Você poderia me dizer o que está acontecendo? O que acontece quando você está em casa, sabe que é hora do jantar e que precisa comer alguma coisa?

JENNY: Hum, eu não sei. Eu não gosto muito de refeições completas. Prefiro um lanche. Eu nunca me senti como se houvesse... Bem, talvez eu não me sinta relaxada.

TERAPEUTA: Será que algo, nisso de você não se sentir relaxada, tem a ver com seu desconforto pela quantidade de calorias que consome, ou com calcular quantos gramas de gordura há nesta refeição, ou...

JENNY: Bem, eu apenas... *(pausa)*... Eu não sei.

MÃE: Outra coisa que acontece é que Jenny senta-se freqüentemente à mesa de jantar e se ofende quando vamos comer, porque estamos sentados e comendo na sua mesa. Ela provoca especialmente Peter por essa razão. Peter tenta ser bonzinho, não brigar com ela, mas é irônico que Jenny esteja sempre por ali, e ainda assim prefira comer sozinha.

PETER: Eu tenho uma pergunta [para Jenny].

TERAPEUTA: Sinta-se à vontade.

PETER: Será que comer lhe parece algo grosseiro, digo, durante as refeições, porque você não gosta do som que fazemos ou que a vejamos comendo?

JENNY: Sim.

TERAPEUTA: *(voltando-se para os pais, chamando a atenção porque Jenny comeu um pouco, mas não toda a sua refeição)* Será que isso acontece em casa, de sobrar comida no prato de Jenny?

PAI: Em casa sobra mais comida.

MÃE: Bem, eu às vezes digo: "Jenny, prove isso."

PAI: Acho que ela está sendo extremamente educada, por causa da situação em que estamos, mas em casa ela diria: "Não, se eu quiser, eu pego".

TERAPEUTA: Bem, na maioria das famílias com as quais eu trabalhei, o transtorno alimentar faz com que todos tenham medo de abordá-lo. Quando nos confrontamos com um transtorno alimentar diariamente, eu entendo que seja preferível não abordá-lo. Eu posso imaginar que não é agradável tocar nesse assunto e que vocês prefiram dizer: "Ok, Jenny, se isso é o melhor que você pode fazer, não tem problema." Assim, agora vocês estão em uma situação na qual precisam atacar o transtorno e tomar decisões para a sua filha, no que se refere à comida.

MÃE: Parte do problema é que Jenny – ela pesquisa as coisas. Ela é quase mais informada, quer dizer, é tão informada quanto eu e sabe que pode ter muitos argumentos em favor do que faz. Então, ela discute com meu marido, porque ele não sabe muito sobre alimentos.

PAI: Não muito.

MÃE: Então, é difícil. A gente nem percebe que está sendo tragado para dentro do transtorno. Somos unidos aqui, mas apenas aqui... Não em casa.

TERAPEUTA: Quando vocês enfrentam essas batalhas, o inimigo deve ser o transtorno alimentar. No que se refere a problemas com a alimentação, vocês sempre terão argumentos contra as escolhas que o transtorno alimentar dita a Jenny (*voltando-se para os pais*) Então, o que vocês dois realmente pensam sobre a alimentação de Jenny nesse momento?

MÃE: Ela come ocasionalmente, e comeu um pouco de vagem, mas...

A terapeuta está tentando mudar o foco mais para o fato de que Jenny comeu parte do que estava em seu prato. Ela continuou remexendo em seu macarrão e na vagem durante a primeira parte da sessão, e depois parou de comer, deixando metade de seu prato. Nada na refeição era um alimento proibido em si mesmo, e a parte proibida, em vez disso, era que ela não desejava comer a porção inteira. Os pais também trouxeram um iogurte – que era o alimento proibido –, que Jenny consumiu no fim da sessão, com incentivo dos pais. Tipicamente, pacientes com por exemplo, podem tentar restringir sua alimentação apenas para "ceder" depois ao anseio fisiológico de comer, o que, então, leva a um consumo alimentar compulsivo seguido de purgação (que geralmente é o caso para Jenny). Ou, ainda, os pacientes consomem uma refeição de tamanho normal, mas aderem a uma lista de regras alimentares auto-impostas, como a ausência de alimentos proibidos, comer apenas em determinados horários do dia, não comer após as 22 horas etc. Quando há transgressão dessas regras, os pacientes geralmente cedem ao consumo de quantidades enormes de alimentos, seguido de purgação. Qualquer dessas situações pode se tornar evidente na refeição em família. No caso de Jenny, ela não comeu o suficiente, nem comeu muito do iogurte, e é por isso que os pais trouxeram a lista de "alimentos proibidos" feita pela própria paciente. A tarefa da terapeuta será ajudar os pais a convencerem Jenny a comer uma refeição mais apropriada, que, sob essas circunstâncias, seria terminar seu prato de macarrão e vagens. Em outras palavras, o objetivo é que os pais ajudem sua adolescente a comer o que a maioria das pessoas consideraria uma quantidade normal de comida para a ocasião. Neste caso, na hora do almoço, os pais foram bastante sensatos em termos de uma refeição nutritiva. A maioria dos pais precisa de pouca instrução sobre escolhas alimentares apropriadas ou quantidades de alimento.

TERAPEUTA: Mas você considera adequada a quantidade que ela consumiu hoje? Você acha que é suficiente para alguém na idade dela?

MÃE: Pensando nisso, eu tenho um problema quando ela come demais. Se ela comesse consistentemente e tivesse uma dieta baseada no grupo principal de alimentos, eu não me preocuparia. Eu gostaria que ela colocasse algum molho em sua salada. E ela come muito pão. Eu acho que pão é parte da sua dieta.

PAI: Eu não sei o suficiente sobre isso. Eu...

TERAPEUTA: Tomemos sua outra filha, Mandy, por exemplo. Quando Mandy tinha a idade de Jenny, em que sentido sua alimentação diferia?

PAI: Ela sempre teve muito apetite, e podia fazer até cinco refeições por dia. Quer dizer, ela é muito ativa. Jenny também é, mas ela se queixa de que está comendo demais e que gostaria de controlar um pouco seu apetite. Elas são muito diferentes.

MÃE: Mandy não come demais em surtos, como Jenny faz.

PAI: Ela [Mandy] gosta de uma boa refeição, e isso é bom, já que é tão ativa. Mas para ela, eu não vejo problema. Quanto à Jenny, eu sei que ela não está comendo. Eu diria, também, que não sei como lidar com isso. Quero lidar diretamente com isso.

TERAPEUTA: Então, você percebe que ela come uma maçã e considera isso como seu jantar?

PAI: Nós acabamos de voltar de duas semanas de férias, e durante esse período ficávamos todos juntos no carro, indo aos mesmos eventos e voltando juntos para o hotel. (*voltando-se para Jenny*). Você não comeu nada, nas férias. Eu sei que em outros dias você come muito mais, mas será que come muito mais porque tem mais tempo sozinha e se quiser, pode purgar? Então você se comporta diferentemente, como se, sabendo que estará conosco e que não pode controlar, você se comportasse de outro modo. Isso me fez pensar. Em geral, eu não passo muito tempo com Jenny, então não sei exatamente o que ela come, mas percebo quando algo deveria ser um jantar e quando não é. Eu tenho dois traços bem marcantes. Um é que gosto de lidar de frente com os problemas e o outro é que eu sou o cara que diz, na família "Não se preocupe, está tudo bem", "*Tudo ficará bem, você será feliz, tudo dará certo*", e eu gosto de levar a vida assim. Tenho muito medo de que, lidando com Jenny e com esse problema de frente, sem saber o que estou fazendo, eu acabe por afastá-la. Então eu não terei ajudado em nada e não terei mais um relacionamento com minha filha. Assim, até este ponto, tenho optado por ter um relacionamento e apoiar outras facetas dela ignorando essa coisa bulímica, porque não sei realmente qual é o meu papel nisso tudo.

TERAPEUTA: Muito bem... Então, é exatamente por isso que vocês estão aqui. Para descobrirem qual é o seu papel (*dito em tom de apoio/compreensão*).

PAI: Bem, será que estou satisfeito com seus hábitos alimentares? (*voltando-se para Jenny*) Não consigo imaginar como a quantidade de comida que você consome em certos dias pode manter alguém em pé.

MÃE: Quando não come o bastante, Jenny fica mal-humorada. Quando era bebê também era assim. Acho que ela tem baixo açúcar no sangue, e sabíamos que, se estivesse de mau humor, só precisávamos lhe dar algo para comer e tudo ficava bem. Assim, eu a julgo de acordo com isso. Se está bem-humorada, imagino que comeu o suficiente, e não me preocupo com o que comeu, especificamente.

TERAPEUTA: Mas como pais, vocês sabem quanto sua filha deveria comer para ser saudável. Muitas vezes, os pais dizem: "Será que preciso de um nutricionista para me dizer o que, exatamente, minha filha deveria comer?" E eu respondo: "Bem, certamente você pode trabalhar com um nutricionista, que lhe dará informações nutricionais excelentes, mas não acredito realmente que os pais precisem aprender o que uma garota saudável com a idade da sua filha deveria comer."

MÃE: É difícil para Jenny. É difícil porque – eu acho que a minha dieta é saudável e que se todos comessem como eu, isso me faria feliz, sabe? Mas é difícil, porque preciso alimentar cinco pessoas diferentes.

TERAPEUTA: Mas você sabe o que é um jantar apropriado para Jenny. Acho que vocês sabem disso, como pais.

MÃE: Se ela comesse isso (*apontando para o que está no prato de Jenny – uma porção média de macarrão e uma receita com vagens, dos quais ela consumiu metade*), eu ficaria muito contente.

TERAPEUTA: (*para o pai*) Você pensa assim também?

PAI: Sim, acho que temos ótimas idéias para servir três refeições e três lanches a Jenny. Acho que ela não terá problema com isso. Acho que ela está fazendo os três lanches, nem todas as refeições, mas se começasse a fazer três refeições normais, não haveria problema.

A terapeuta ajudou os pais a entenderem parte dos dilemas internos que Jenny pode ter em relação aos alimentos; isto é, ela consegue comer apenas pequenas quantidades quando não pode se esconder para purgar. Quando está sozinha e no controle da situação, é mais fácil consumir mais comida, porque tem a opção de purgar depois. O desafio da terapeuta, aqui, é convencer os pais para que ajudem Jenny a comer o que está no prato – o que, em sua experiência subjetiva, seria uma quantidade grande demais para deixá-la tranqüila e a levaria ao anseio por induzir vômito. É importante que os pais consigam fazer com que Jenny coma mais – incluindo, se possível, o tipo de alimento que a paciente geralmente considera intolerável – mas é igualmente importante aprender mais sobre os temores e as preocupações da jovem em relação a comer. Esta também é uma ótima oportunidade para a terapeuta dedicar mais atenção a Jenny e demonstrar sua solidariedade à paciente, dada a posição nada invejável na qual se encontra. Por exemplo, nas passagens a seguir, a terapeuta dirige-se à paciente e parafraseia com empatia os pensamentos prováveis de Jenny em situações nas quais a purgação seria difícil ou embaraçosa: "Eu não quero fazer purgação, então só comerei pequenas porções ou meus alimentos seguros, porque não posso eliminar o que comer a mais."

TERAPEUTA: Você disse que se ela comesse o resto do que está no prato, você adoraria. Então, você sabe o que ela precisa comer, mas ainda assim, precisa lutar contra o transtorno alimentar que não a deixa comer praticamente nada.

PAI: (*voltando-se para Jenny*) Quando você voltou de Michigan, estava horrivelmente magra. Eu sei que havia acabado de passar uma semana com Cathy e Julia. Na companhia delas, provavelmente passando a maior parte do tempo com as garotas, só posso pensar que você parou de comer, porque não queria fazer nada que pudesse lhe causar embaraços ou vergonha. Assim, você realmente comeu muito pouco. Fiquei meio chocado com sua magreza, quando voltou.

TERAPEUTA: Eu entendo que sua doença a leve a pensar na seguinte solução: "Eu não quero purgar, então comerei bem pouco ou apenas meus alimentos seguros, porque isso eu posso eliminar". Então, eu imagino que é bem assustador sentar-se aqui e escutar enquanto eu digo aos seus pais que eles sabem como você deveria se alimentar e que não devem deixá-la vomitar. (*para os pais*) Vocês podem pensar que esta estratégia é desrespeitosa para alguém da idade de sua filha. Pode ser desagradável terem de se envolver com a alimentação da sua ilha, que em todos os outros aspectos pode tomar decisões sensatas. Entretanto, o que se passa na mente de Jenny, no que se refere a decisões sobre alimentação e alimentos, é demais para que ela possa discernir sozinha. "Será que devo tomar o iogurte sem gordura ou comer algumas cenouras? Qual tem menos gordura? Não tenho certeza, talvez seja melhor não comer nada." É mais fácil não comer. Assim, de muitas formas, a coisa mais generosa que vocês podem fazer é tomarem a decisão sobre o que consideram um café da manhã saudável, o que é um bom almoço, o que é um jantar nutritivo, quais são os lanches adequados, e não permitir que ela tenha oportunidade de se livrar desses alimentos. Vocês podem esperar insatisfação da parte dela, mas lembrem-se de que não estão lidando com Jenny, mas sim com a doença. Se ela não tivesse a doença, não se oporia a vocês. O transtorno alimentar é mais forte que sua filha, atualmente, e está tomando todas as decisões sobre o que ela deve comer ou não. Vocês precisam ser mais espertos que o transtorno alimentar, e são as pessoas mais apropriadas para recuperar a saúde de sua filha. (*para Jenny*) Neste momento, você tem muita dificuldade para tomar decisões sozinha. Eu gostaria de pensar que, no fim deste tratamento, uma parte de você poderá dizer: "Estou contente porque os meus pais assumiram o controle de minha alimentação, porque eu não era capaz, naquela época." Jenny, eu também disse, na última sessão, que esse tratamento não deve ser diferente daquele para pacientes de câncer. (*voltando-se para os pais*) Eu sei o que vocês diriam, se fosse câncer: não hesitariam. Seria algo como: "Muito bem, precisamos encontrar o melhor oncologista, e se esse recomendar radioterapia, quimioterapia, cuidaremos para que ela compareça a cada consulta – precisamos eliminar esse tumor. Eu diria que não deve ser diferente com a bulimia." Aqui, o tumor é que ela tem bulimia, e o tratamento é que os pais sejam mais fortes que a doença. O tratamento permitirá que ela tome decisões saudáveis sobre a sua alimentação.

PAI: Eu concordo. Acho que não há nada que não estejamos dispostos a tentar. Mas ainda há o problema dos exercícios, sabe? Acho que Jenny gosta demais de se exercitar, mas percebo que isso também anda lado a lado com, "Bom, eu almocei, mas agora preciso me esforçar ainda mais na ginástica."

MÃE: Porque temos muita consciência sobre alimentação saudável e ela não come gordura trans e todas essas coisas, então...

PAI: Um bom pedaço de queijo seria interessante!

MÃE: Mas ela não o aceitaria, por várias razões. Foi por isso que trouxemos iogurte.

TERAPEUTA: Há algo que você normalmente não comeria?

JENNY: Não.

TERAPEUTA: A razão para eu pedir que vocês trouxessem um alimento que causa desconforto a Jenny ou um alimento "proibido" é que precisamos confrontar o transtorno alimentar e oferecer a vocês dois uma oportunidade para serem mais fortes e controlarem-no. Vocês dois devem concordar sobre o que e quanto ela deve comer.

MÃE: Sim, mas sabe, como eu já disse, se ela comesse o que servimos, eu ficaria feliz. Então eu não entendo o que...

PAI: Maggie...

TERAPEUTA: Você decidiu o que você preferiria.

PAI: Maggie e eu – mais ela que eu – geralmente comemos iogurte, granola e frutas frescas, e consideramos isso o café da manhã.

TERAPEUTA: Entendo.

PAI: E nós dois consideramos isso perfeitamente satisfatório e adequado. Talvez a tigela que preparamos para nós seja muito maior do que aquela que Jenny estaria disposta a consumir, mas certamente... Ela come tudo que não seja granola. Ela come maçã, pudim e iogurte, e embora não contenha gordura, ainda tem parte do que o iogurte contém. Uma tigela de tamanho razoável no café da manhã me parece totalmente adequada.

A terapeuta demonstra crescente inquietação com o adiamento da tarefa mais urgente pelos pacientes, que é fazer com que a filha consuma um pouco mais do que estava preparada para comer, ao virem para a sessão. Assim, a terapeuta dirige-se aos pais novamente e aponta que eles agora precisam tentar convencer a filha a comer mais, aqui, nesta sessão.

TERAPEUTA: O que vocês gostariam que ela comesse, agora?

PAI: Eu não sei.

TERAPEUTA: Como vocês podem dizer a Jenny o que gostariam que ela comesse? Há algo que possam dizer? (*pausa*) Será que poderiam dizer: "Jenny, queremos que você termine de comer o que está no seu prato"?

PAI: Sim, isso é o que diríamos.

TERAPEUTA: Tente dizer agora, diretamente para ela.

PAI: J... Eu gostaria que você comesse os dois alimentos que estão no prato. Eu gostaria que você comesse meia porção de cada uma dessas comidas.

JENNY: Está bem.

PAI: Isso é ótimo.

MÃE: Você consegue?

TERAPEUTA: (*para a mãe*) Você concorda com seu marido?

MÃE: Sim, não vejo por que ela deveria comer tudo.

TERAPEUTA: Você conseguiria apoiá-lo?
MÃE: Sim, quer dizer, se ele me pedisse para comer essa quantidade, não teria problema. (*para Jenny*) Seu pai estava devorando...

Apesar dos esforços da terapeuta para fazer com que os pais concordem sobre a mesma quantidade e apóiem-se mutuamente, eles lutam para dizer e fazer exatamente a mesma coisa. Ainda assim, a terapeuta persiste.

PAI: ... Apesar de todos estarem olhando e provavelmente ser incômodo.
MÃE: Então, o que você preferiria comer?
JENNY: Eu não sei. Acho que...
TERAPEUTA: Posso interromper? Eu sei que vocês estão tentando respeitar Jenny e eu seria a favor disso, se estivéssemos discutindo qualquer outro assunto não ligado à comida, mas estou tentando fazer com que vocês abordem o transtorno alimentar. Tenham em mente a quem se dirigem. Acho que vocês pensam que estão se dirigindo a Jenny, mas na verdade, estão falando com a bulimia.
MÃE: Ah, sim.
TERAPEUTA: E a bulimia sempre lhes dará respostas como "Não estou com fome", "Não quero comer agora" ou "Não gostei do que há no prato." O transtorno alimentar sempre tentará encontrar uma forma de sair da situação. Ele preferiria retirar-se da mesa após comer apenas um pouquinho do que há no prato. A última coisa que desejo é que vocês saiam daqui sentindo-se derrotados. Vocês podem vencer.

Novamente confrontada pela terapeuta a avançar com firmeza para ajudar Jenny a comer um pouco mais, a mãe hesita e desvia a atenção para o filho Peter. A terapeuta, na intenção de demonstrar respeito, permitirá que os pais falem um pouco mais, mas levará a discussão de volta à ajuda dos pais para que Jenny coma mais. A mãe dá à terapeuta, inadvertidamente, uma oportunidade para apontar a função específica de Peter como irmão da paciente: a de não se envolver nos conflitos relativos à comida, porque esses devem ser abordados pelos pais.

MÃE: Peter parece um pouco perdido e confuso.
TERAPEUTA: Peter, lembre-se que você não tem o mesmo papel dos seus pais.
PETER: E qual é o meu papel, então?
TERAPEUTA: Sua função é...
JENNY: Dar apoio.

TERAPEUTA: Exatamente, oferecer apoio.
PETER: Então, ela vem e me diz, aos berros, que mamãe e papai estão sendo cruéis e horríveis *(risada)*.
PAI: Mas eu gostaria de ajudá-la também.
TERAPEUTA: Você poderia fazer isso e incluir sua esposa também? Eu acho que o transtorno alimentar precisa ver que vocês dois têm a mesma opinião, porque esses transtornos são espertos e percebem que a mãe tem coração mole, ou o pai é mais maleável. Então, ela sempre recorrerá à mãe ou ao pai, ao tomar decisões sobre comer, porque terá mais facilidade para convencer o pai ou mãe mais brando.
MÃE: *(para Peter)* Você provavelmente é bem bonzinho. Temos os mesmos problemas com você.
PETER: O quê?
MÃE: Você e sua TV, eu faço a mesma coisa: "Peter, gostaria que você fizesse tal coisa agora."
TERAPEUTA: Acho que o estranho nisso é que estou pedindo para tomarem decisões ligadas à comida por sua filha.
MÃE: É. Bom, então o que devemos fazer? Pedir que ela coma isso agora?
TERAPEUTA: Sim, exatamente.
MÃE: Bem, sim, então, desculpe querida, mas terei de pedir que você coma agora.
TERAPEUTA: Seu marido queria que ela comesse uma porção completa. Você concorda com ele?

O casal agora faz um esforço conjunto para incentivar Jenny a comer mais. A terapeuta lhes dá parabéns porque ambos estão trabalhando para fazer com que a filha consuma o que julgam que ela deveria comer, neste momento. Jenny começou a comer um pouco do macarrão do prato, embora lenta e cautelosamente. Nas passagens a seguir, veremos com mais clareza como a perseverança dos pais e a repetição da exigência finalmente incentiva Jenny a comer tudo o que os pais desejavam fazê-la comer.

MÃE: Ok, está bem.
PAI: É por isso que estamos aqui, para...
TERAPEUTA: Isso foi bem bom, não?
PETER: Parabéns.
PAI: Foi bom, mesmo.
MÃE: Está bem?

PAI: Sim, está.
MÃE: (*para Peter*) Então você acha que conseguirá dar um jeito de estar conosco na hora do jantar?
PETER: É melhor servir antes, porque depois eu tenho o treino de futebol.
TERAPEUTA: Como Jenny está se saindo?
PAI: Ela...
PETER: ... ela come devagar.
PAI: Ela está...
TERAPEUTA: Ela está conseguindo. Está comendo o que vocês pediram que comesse.
PAI: Mas ela ainda está enrolando, em vez de comer tudo de uma vez. Acho que ela gostaria que você lhe pedisse para fazer outra coisa (*rindo*). Qualquer coisa que a desvie do prato.
JENNY: Qualquer coisa que acabe com esse suplício.
PETER: Posso ir ao banheiro? Ou tenho de ficar e comer?
TERAPEUTA: Pode usar o banheiro. Acho que em 5 minutos terminaremos aqui.
PETER: Bem, não se apressem.
TERAPEUTA: Está bem. Eu gostei muito da resposta de Peter. Ele entende o problema. É verdade, não temos pressa. Mas se vocês precisam ir embora, podem ir.
PETER: É isso aí. Mas espere, eu não estou apressando Jenny. Acho que ela pensa que sim, e poderá sentir vontade de vomitar.
JENNY: Não tem problema.
MÃE: (*para Jenny*) Coma um pouco do macarrão.
JENNY: Não gosto desse molho. Eu lhe disse que não gostava, antes de ter bulimia.
PAI: Mas o negócio é que você escolheu o que traríamos, concordou e agora tem de comer a metade. Continue, Jenny.
MÃE: O pai já disse tudo, e isso foi quando ele nem sabia muito bem o que estava acontecendo. Mas, sabe, já estava bem claro e fora de controle. Não que ele soubesse que Jenny estava com bulimia na época, mas sabia que ela havia emagrecido.
PAI: Eu imagino que a bulimia, como qualquer outra doença, não está escondida lá dentro, não aparece com o acúmulo de eventos importantes em nossas vidas. Ir para a faculdade certamente deve ser um deles.
TERAPEUTA: E vocês se sentiriam muito mais à vontade, como pais, se ela fosse saudável e estivesse pronta para morar longe, ao ir para a faculdade.

PAI: Certamente. Quer dizer, como você disse, se ela tivesse alguma outra doença, eu não a mandaria morar longe. Eu a manteria em casa e cuidaríamos dela. Eu trabalho em casa, o que considero uma vantagem, porque não preciso levantar cedo de manhã e sair correndo de casa para chegar ao trabalho.

TERAPEUTA: É mesmo uma grande vantagem.

PAI: E muitas vezes eu levo meus filhos à escola – ou Jenny, ela gosta muito de caminhar. (*pausa, referindo-se ao macarrão no prato*) Acabe com isso.

JENNY: Eu sei!

PAI: Isso é muito interessante, porque quando vocês eram crianças, como qualquer criança, sempre diziam "eu não gosto disso", e você (*para a mãe*) pegava a faca, dividia a comida pela metade e lhes dizia: "Então coma pelo menos esse pedaço", e nossos filhos comiam.

MÃE: Coma um pouco mais. Apenas mais uma porção.

PAI: Sua mãe e eu queremos que você coma mais.

JENNY: Eu não quero, não quero!

PAI: Coma mais um pouco de massa.

JENNY: (*cede à insistência dos pais e come mais massa*).

MÃE: Isso foi ótimo.

PAI: Você foi fantástica, Jen.

Embora os pais estivessem inclinados a desviar-se da tarefa de garantir incessantemente que Jenny comesse uma porção razoável nesta sessão, a terapeuta conseguiu mantê-los na trilha certa. Os pais também demonstram, ocasionalmente, uma capacidade bem-vinda de apoiar um ao outro em sua demanda para que Jenny coma metade do que está no prato. Eles tiveram sucesso, e Jenny come tudo o que lhe pediram para comer. Por entenderem a dificuldade de Jenny em cumprir o que pediram, os pais a enchem de elogios, quando a adolescente termina de comer.

Revisão e Conclusão da Sessão

TERAPEUTA: (*para Jenny*) Eu sei que essa sessão provavelmente foi bem difícil para você. A razão de fazermos isso é para que eu veja contra o que lutamos, aqui. É claro que podemos conversar sobre o transtorno alimentar e como ele nos engana, mas é bem diferente confrontá-lo com comida, e realmente podemos ver o quanto a comida e comer assustam Jenny. Estamos todos juntos, neste tratamento; estamos do seu lado, e nenhum de nós está do lado da bulimia. Jenny, espero que você perceba que estamos lutando contra o transtorno alimentar, e não contra você. (*Para os pais*) Acho que essa sessão foi muito importante. Vocês fizeram um trabalho maravilhoso e conseguiram transmitir a mensagem de que, para combaterem o transtorno alimentar, terão de ser mais fortes, a intervenção terá de ser mais vigorosa que a doença.

MÃE: Temos algum dever de casa?

TERAPEUTA: Vocês precisam fazer o que já discutimos; a prescrição é três refeições e lanches durante o dia, e que os dois concordem sobre a quantidade de comida que Jenny deverá consumir em cada uma das refeições e lanches.

PAI: Então devemos decidir o que haverá em cada refeição e lanche?

TERAPEUTA: Vocês certamente são capazes, mas Jenny pode dar sua opinião. Eu não quero que Jenny pense que não tem escolha. A verdade é que esse deve ser um esforço cooperativo para todos.

PAI: Sim, não vamos pedir que ela altere radicalmente a sua dieta, não estamos aqui para isso. Só queremos incentivá-la a fazer refeições regulares conosco.

TERAPEUTA: Certamente. Como vocês viram hoje, sempre que consultam Jenny sobre comida, não é ela quem responde, mas a bulimia. Jenny, talvez você tenha a impressão de que estou jogando seus pais contra você, no que se refere à sua alimentação. Porém, eu quero que a tratem como sempre, em qualquer outro assunto. Vocês têm alguma dúvida que eu possa esclarecer? Obrigada por serem tão pacientes. Peter, adorei vê-lo nesta sessão. Alguma dúvida?

PETER: Foi divertido.

TERAPEUTA: Sério? Gostaria de me fazer alguma pergunta?

PETER: Não, está tudo bem.

TERAPEUTA: Será que podemos marcar uma consulta para a próxima semana, no mesmo horário?

PETER: Espere, eu tenho uma dúvida, sim.

TERAPEUTA: Sim?

PETER: Eu preciso comparecer, na semana que vem?

TERAPEUTA: Isso é com você e seus pais. Quando você puder vir, acho que será bom, porque também faz parte da família e pode nos dar a sua opinião sobre o que sua irmã está passando. Porém, eu entendo que talvez não seja possível comparecer a todas as sessões. Será que respondi sua pergunta?

PETER: Sim, obrigado.

PAI: Ótimo. Obrigado.

A terapeuta realizou um trabalho concentrado, ao manter a família no rumo certo durante a sessão, que incluiu alguns desvios potenciais da tarefa imediata. A terapeuta identificou os pontos fortes da família em relação à alimentação, aprendeu sobre o relacionamento da paciente com seu irmão e como este pode lhe oferecer apoio enquanto os pais a ajudam a readquirir hábitos alimentares saudáveis, e, finalmente, incentivou os pais a convencerem a paciente a comer o que consideravam uma quantidade adequada de comida para sua idade e ocasião. A família teve sucesso e a terapeuta conseguiu lhes transmitir, ao término da sessão, a sensação positiva de que eles têm as ferramentas necessárias para ajudarem Jenny a curar-se do transtorno alimentar. Os capítulos seguintes apresentam ao leitor as importantes tarefas do restante da primeira fase do tratamento e oferecem um exemplo de uma sessão típica de tratamento ao fim do Primeiro Estágio.

CAPÍTULO 8

Restante do Primeiro Estágio (Sessões 3-10)

O restante do primeiro estágio do tratamento caracteriza-se pelas tentativas do terapeuta de ajudar os pais e a adolescente a controlarem a maior parte de seu consumo alimentar, em um trabalho conjunto da família, que inclui estratégias para reduzir o consumo alimentar compulsivo e a purgação. A expansão, reforço e repetição de algumas das tarefas iniciadas no começo da terapia levarão ao sucesso na conquista dos objetivos. Nas sessões de 3 a 10, além de continuar o trabalho iniciado nas primeira e segunda sessões, o terapeuta deve (1) revisar regularmente com os pais suas tentativas de ajudar a filha a restabelecer hábitos saudáveis de alimentação e (2) aconselhá-los sistematicamente sobre como proceder para reduzir a influência do transtorno alimentar. As sessões caracterizam-se por um grau considerável de repetição; o terapeuta pode repassar as mesmas etapas semana após semana, para que os pais e a adolescente se tornem consistentes na instituição da alimentação regular e na implementação de estratégias que garantam a ausência de consumo alimentar compulsivo e purgação pela paciente. Diferentemente da natureza mais estruturada dos primeiros dois encontros, as sessões a seguir podem aparentar uma menor organização sistemática, e podem não seguir uma ordem específica. Entretanto, uma combinação dos quatro objetivos a seguir se aplicará a quase qualquer sessão, até a conclusão do Primeiro Estágio do tratamento:

- Manter o tratamento concentrado no transtorno alimentar e lidar separadamente com comorbidades.

- Ajudar os pais a assumirem a responsabilidade por restabelecer hábitos alimentares saudáveis.
- Orientar os pais para o emprego de estratégias que reduzam o consumo alimentar compulsivo e a purgação.
- Mobilizar os irmãos para a oferta de apoio à paciente.

Para a conquista desses objetivos, as seguintes intervenções são apropriadas, durante o restante do Primeiro Estágio do tratamento:

1. Coletar registros de consumo alimentar compulsivo/purgação e pesar a paciente no começo de cada sessão.
2. Dirigir, redirecionar e concentrar a discussão terapêutica sobre o alimento e comportamentos alimentares e seu manejo até a normalização dos comportamentos ligados ao consumo alimentar e ao peso.
3. Manejar um problema agudo (por ex., um problema comórbido) e depois devolver o foco à BN.
4. Discutir e apoiar os esforços dos pais no restabelecimento da alimentação saudável.
5. Discutir, apoiar e auxiliar os familiares a avaliarem os esforços dos irmãos para oferecerem apoio à irmã com BN.
6. Continuar modificando as críticas dos pais e irmãos.
7. Continuar diferenciando a paciente e seus interesses daqueles da BN.
8. Concluir todas as sessões com uma revisão dos pontos de progresso.

Essas intervenções serão aplicadas nas Sessões de 4 a 10, em qualquer ordem, com sua aplicabilidade ou adequação ao momento sendo determinadas pela resposta da família às intervenções iniciais conduzidas nas Sessões de 1 a 3. Para fins de esclarecimento, contudo, apresentamos uma descrição de cada intervenção separadamente, embora na prática elas possam se sobrepor em um grau considerável. Diversas sessões podem ser necessárias para o término do Primeiro Estágio, às vezes, apenas duas ou três, ou mesmo 10 ou mais.

Coletar o Registro de Consumo Alimentar Compulsivo/Purgação e Pesar a Paciente no Início de Cada Sessão

Por que

Como ocorreu nas duas primeiras sessões, a discussão sobre o registro de consumo alimentar compulsivo/purgação da última semana e a pesagem da paciente servem como uma excelente oportunidade para a avaliação do progresso.

Monitorar o progresso dessa forma é importante, assim como o monitoramento do peso é crucial no tratamento da AN. Exatamente como o gráfico de peso dá o tom para a sessão na AN, os diários de consumo alimentar compulsivo/purgação dão o tom para cada consulta, na BN. Esta também é uma oportunidade para continuar construindo a confiança da paciente. Uma vez que os pais estão sendo incentivados pelo terapeuta a assumirem um papel ativo no restabelecimento da alimentação saudável, às vezes contra o desejo da adolescente, o restante do Primeiro Estágio do tratamento pode colocar tensão sobre o relacionamento entre o terapeuta e a paciente. Portanto, é bastante útil ser solidário e acessível durante esses breves períodos a sós com a paciente. Nesses períodos de conferência sempre é válido indagar se ela gostaria de tratar de algum tema específico nesta sessão. O terapeuta geralmente indaga como foi a última semana, em linhas gerais. Mais especificamente, ele deseja garantir que esses poucos minutos dão à adolescente uma oportunidade para falar sobre eventos da última semana que ela não deseja necessariamente contar aos pais. Em sua maior parte, o terapeuta manterá sigilo sobre essa comunicação, desde que danos auto-infligidos ou danos a outros não estejam na lista de tópicos.

O restabelecimento da alimentação saudável geralmente é um processo variável. Em uma família, os pais podem assumir prontamente a tarefa de ajudar a filha e descobrem com relativa rapidez como estabelecer a alimentação regular e uma forma de monitorar a paciente após as refeições, para prevenir a purgação. Em outras famílias, os pais podem lidar com uma variedade de problemas que os impedem de ser mais eficazes. Eles podem, por exemplo, ter dificuldade para trabalhar em equipe, podem discordar sobre a melhor estratégia a empregar para prevenirem o consumo alimentar compulsivo, ou como transmitir à filha que ir ao banheiro é proibido, durante os primeiros 40 minutos após as refeições. Um deles pode não considerar prioritário o comparecimento nos horários de refeições, ou ambos podem não considerar necessário "envolver-se tanto" na recuperação da filha. Com maior freqüência, os pais relutam muito em ir contra a forte resistência da filha com BN, porque sabem o que precisam enfrentar e não desejam encarar o desafio. Em alguns casos, um dos pais pode se envolver demais com as conquistas da filha afetada e relutar em desafiar seus comportamentos. Por exemplo, a mãe de uma paciente desejava desesperadamente que a filha continuasse competindo na equipe de atletismo, embora o técnico salientasse continuamente as "diretrizes de peso" para "excelente desempenho nas corridas" e incentivasse as atletas a purgar, "se necessário". Portanto, o curso de conter o consumo alimentar compulsivo e a purgação podem ser bastante variáveis. Para a maior parte dos casos, porém, um padrão que sugere que os pais começam a ter sucesso em seus esforços deve ser evidente na quinta ou sexta sessão.

Se o progresso não for evidente nesse ponto, o terapeuta deve se preocupar com a possibilidade de a paciente e seus pais não estarem trabalhando juntos, de que alguns aspectos das intervenções não estejam sendo implementados pelos pais ou que um dos tipos de problemas discutidos acima impede o progresso.

Como

A capacidade do terapeuta para manter seu foco sobre os sintomas do transtorno alimentar, coletando o registro de consumo alimentar compulsivo/purgação e pesando a paciente, envia uma mensagem poderosa aos pais e à adolescente de que, por enquanto, este é o foco do tratamento. O terapeuta inicia cada sessão registrando a freqüência do consumo alimentar compulsivo/purgação na última semana em seus gráficos e, depois, pesa a paciente. Se a adolescente fez progresso nessas áreas, o terapeuta a cumprimenta e pede sua opinião acerca do que levou a tal avanço. Quando há falta de progresso, o terapeuta expressa solidariedade e preocupação, investiga como foi a última semana e se algo, em particular, pode estar dificultando o progresso no processo pela adolescente e seus pais. Uma vez que o terapeuta e a paciente se reúnam ao resto da família, o progresso em termos do consumo alimentar excessivo e da purgação deve ser dividido com os pais. Similarmente, o progresso na estabilização do peso, ou ausência de progresso, também é transmitido aos pais. A finalidade de compartilhar essas informações é conciliar o relato da adolescente sobre seus sintomas bulímicos com as impressões dos pais sobre como foi a última semana. Depois que concilia os relatos dos eventos da paciente e dos pais, o terapeuta os cumprimenta quando houve avanços ou demonstra empatia, quando não houve progresso. Nesse estágio precoce do tratamento, o terapeuta deve continuar salientando que a paciente ainda está vulnerável, na medida em que mantém o consumo alimentar irregular, e como esse modo de se alimentar mantém os comportamentos de consumo alimentar compulsivo e purgação. Os pais, com freqüência, sentem-se precocemente reconfortados, com uma resposta inicial da filha (alimentação regular e ausência de consumo alimentar compulsivo ou purgação) e começam a relaxar sua vigilância. O terapeuta deve permanecer alerta para essa probabilidade e continuar modelando sua preocupação pelo estado físico e mental da paciente, salientando a urgência de continuar os esforços para garantir que a alimentação da adolescente realmente normalizou-se e que a abstinência de consumo alimentar compulsivo e purgação esteja bem estabelecida.

Dirigir, Redirecionar e Colocar o Foco da Discussão Terapêutica Sobre Comportamentos Ligados à Alimentação e ao Comer, até a sua Normalização

Por que

Como já afirmamos, o principal desafio para os pais, durante o primeiro estágio do tratamento, é envolverem-se eficientemente na tarefa de restabelecer a alimentação saudável para a filha. Enquanto inicialmente o terapeuta pode ter de se esforçar muito para convencer os pais de que seu envolvimento ativo é necessário, durante o restante do Primeiro Estágio do tratamento é preciso mantê-los concentrados nos sintomas do transtorno alimentar. Eles podem se cansar ou a paciente pode relatar uma redução acentuada no consumo alimentar compulsivo e purgação inicialmente, criando a ilusão de que a crise imediata já passou. Uma vez que a BN possa se tornar intratável e seu confronto contínuo pode ser desgastante, os terapeutas e as famílias podem se ver tentados a relaxar em seus esforços cedo demais. Além disso, problemas comórbidos, quer ocorram na forma de depressão, comportamentos impulsivos ou ferimentos auto-infligidos, também podem desviar a atenção e permitir que os pais e/ou o terapeuta mudem o foco, afastando-o do transtorno alimentar. É função do terapeuta – e um desafio que lhe cabe enfrentar – manter o foco de todos sobre os sintomas do transtorno alimentar e também descobrir uma forma de abordá-los.

O manejo da BN inclui a regulação de refeições saudáveis e balanceadas pelos pais, além de vigilância na prevenção do consumo alimentar compulsivo e vômitos. O terapeuta deve incentivar a paciente a consumir quantidades saudáveis de alimentos nas refeições e orientá-la para determinar quanto de comida compreende uma refeição normal e é vista como apropriada, em qualquer horário do dia. O terapeuta também pode lembrar aos pais e à paciente o que compõe uma nutrição balanceada e porções saudáveis (este ponto é discutido em maiores detalhes na seção seguinte).

Como

A reação habitual à segunda sessão, para os pais, é começarem a explorar maneiras de exercer um controle maior, a fim de ajudarem a filha. Entretanto, alterações imediatas na freqüência do consumo alimentar compulsivo e purgação ainda podem não ser evidentes. A partir da segunda sessão, e não importando o peso da paciente, o terapeuta pode oferecer instruções nutricionais básicas e instruir os pais, em termos de suas habilidades para o restabelecimento da alimentação saudável. Isso é feito com a exposição do grande e muitas vezes inexplorado estoque de conhecimentos da família sobre o que constitui uma alimentação saudável e balanceada, apropriada para uma adolescente, assim como o conhecimento especial e único que têm de sua filha.

Talvez os pais precisem exercer sua criatividade para oferecerem refeições de alta densidade, se a filha com BN perder peso. Embora discussões envolvendo estratégias para a perda de peso ou dietas, em si mesmas, devam ser desencorajadas, se chegam a ocorrer, o terapeuta precisa incentivar os pais a discutirem o valor de refeições balanceadas, em vez de se verem presos em discussões improdutivas e fúteis com a filha sobre saltar refeições ou excluir certos alimentos proibidos do consumo diário. Os pais precisam reintroduzir alimentos proibidos ou "que dão medo", a fim de estabelecerem um consumo balanceado e nutritivo. Qualquer referência ao peso deve ocorrer no contexto geral de manter um peso que o corpo saudável da paciente "reconhece como certo" – isto é, um peso mantido confortavelmente por três refeições balanceadas e lanches durante o dia. Acredita-se que um peso adquirido dessa forma previne a necessidade fisiológica de comer de modo compulsivo. O terapeuta deve ver o peso saudável, não em termos de normas que se aplicam amplamente à população geral, ou em termos de números fixos em uma balança, mas mais em termos da história do peso daquela paciente em particular e da futura manutenção da sua saúde. Uma vez que o peso é um "alvo em movimento" na adolescência, o terapeuta deve se abster de fixar uma meta específica. Em vez disso, o objetivo de ter um corpo saudável deve ser usado para guiar a paciente para manter um peso saudável, que tipicamente cai entre uma faixa relativamente ampla de números. A oferta de números específicos ou metas de peso é contraprodutiva e, com freqüência, serve para reforçar o foco obsessivo ou a ruminação sobre peso e forma corporal, que tantas vezes atormentam essas pacientes.

Após as duas primeiras sessões, o planejamento de refeições regulares continua sendo uma prioridade para as próximas sessões, e o terapeuta continua salientando a necessidade de consumo alimentar regular e balanceado. É preciso insistir para que os pais e a filha mantenham seu foco sobre a alimentação saudável, até se convencerem de que a paciente não tem mais quaisquer dúvidas de que pode permanecer livre de comportamentos bulímicos enquanto residir com os pais.

Com relativa freqüência, o terapeuta incentiva os pais a servirem o prato da filha, pelo menos inicialmente, para ajudá-la a aprender que quantidade de comida é apropriada. Por exemplo, os pais podem mostrar à paciente que uma porção apropriada de macarrão equivale a aproximadamente um punho fechado, ou que uma porção de carne deve ser do tamanho de um baralho. Muitas pacientes comentam que não sabem como parar, depois que começam a comer, e que precisam se livrar de sua refeição pela purgação. Esse é um momento oportuno para o envolvimento dos pais.

Eles podem, por exemplo, ser criativos na descoberta de maneiras de ajudar a paciente a continuar envolvida de um modo construtivo após as refeições, para prevenir a purgação. Os pais podem se revezar e sair para caminhadas tranqüilas com a paciente, ou sentarem-se para assistir a um filme favorito na televisão, ou compartilharem um passatempo.

Em casos mais graves, o terapeuta talvez tenha de sugerir que os pais recorram a medidas drásticas, como acompanhar a adolescente até o banheiro (enquanto aguardam do lado de fora, obviamente), como fariam os enfermeiros em um hospital especializado em transtornos alimentares. Similarmente, os pais talvez precisem passar correntes ou chaves nos armários da cozinha, para impedir o consumo alimentar compulsivo pela paciente. Tal esforço também pode incluir um acordo em relação a como passar o tempo juntos após uma refeição (por ex., assistir TV), como monitorar as idas ao banheiro e se os armários serão trancados, se possível. Isso também pode incluir a ida a farmácias próximas para informá-los da possibilidade de a adolescente abusar de laxantes e pedir que entrem em contato, se ela tentar comprá-los. Neste caso, os pais podem não desejar revelar tal providência à filha; se o farmacêutico for alertado, e tal fato for comunicado à paciente, ela poderá ir a uma farmácia diferente ou obter laxantes de outra forma. Todas essas medidas para prevenir o comportamento bulímico devem ser assumidas apenas se necessário e com grande cautela, para salientar para a paciente que não representam punições pelos comportamentos induzidos pela doença.

Como ocorre com a prevenção da auto-inanição, o objetivo do terapeuta não é tanto prescrever como os pais devem proceder. Em vez disso, ele visa ajudar os pais a compreenderem que esta é uma doença grave e que eles precisam encontrar maneiras de impedir que a filha coma de forma compulsiva e depois purgue. Como já aludimos repetidamente, uma diferença importante em relação ao tratamento para a AN é que é extremamente importante solicitar a cooperação da adolescente com BN durante todo o processo. De fato, a tarefa dos pais pode ser facilitada, até certo ponto, uma vez que a natureza egodistônica da BN (muitas pacientes não desejam comer compulsivamente e purgar e declaram explicitamente que gostariam de melhorar, se pudessem controlar seus sintomas) permite que a adolescente aceite mais prontamente a adoção de um papel ativo pelos pais em sua recuperação.

Uma vez que o gráfico de consumo alimentar compulsivo/purgação tenha sido explicado e discutido, o terapeuta deve revisar cuidadosamente os eventos que envolveram a alimentação durante a semana anterior. As estratégias da família para normalizar a alimentação devem dominar as discussões, especialmente na ausência de melhoras sintomáticas significativas. O terapeuta pede que cada um dos pais, a paciente e seus irmãos descrevam como foi a última semana e como se saíram na tarefa de restabelecer a alimentação saudável. O terapeuta deve desencorajar declarações amplas, como "Foi uma boa semana" ou "Foi difícil". Em vez disso, ele deve abordar cada familiar separadamente e pedir que relate, minuciosamente, o que aconteceu nos horários das refeições.

No mesmo estilo de questionamento circular apresentado anteriormente, o profissional confere com cada familiar se ele também descreveria os eventos dessa forma. As discrepâncias devem ser analisadas, e o terapeuta deve buscar esclarecimento. Ele deve ser capaz de construir um quadro claro do que acontece nas refeições, após as refeições e entre essas, para poder selecionar cuidadosamente as etapas que os pais e a adolescente assumiram e que devem ser reforçadas, em comparação com aquelas que precisam ser descontinuadas. O terapeuta deve usar essas sessões iniciais para ampliar o conhecimento dos pais e da paciente sobre alimentação saudável, e desencorajar quaisquer comportamentos que possam impedir este processo.

Manejar um Problema Agudo e Retornar o Foco à BN

Por que

Em nossa experiência, uma comorbidade considerável acompanha a BN na adolescência. Não raro, por exemplo, a paciente também apresenta sintomas de depressão, impulsividade e/ou abuso de substâncias. Diferentemente do que ocorre na AN, em que condições comórbidas, com exceção da tendência suicida aguda, não impedem a auto-inanição, o foco terapêutico contínuo na BN pode ser desviado por um problema comórbido. Embora seja preciso dirigir uma atenção apropriada para a condição comórbida na AN e na BN (por ex., outro colega da equipe maneja a depressão), o que complica a capacidade do terapeuta de permanecer concentrado no transtorno alimentar, na BN, é a relativa proeminência e freqüência da comorbidade, em oposição ao que ocorre na AN. O manejo da comorbidade, com freqüência, é necessário, e o terapeuta deve analisar consistentemente um equilíbrio do tratamento entre o transtorno alimentar e a condição ou condições comórbidas.

Como

O terapeuta deve tentar reter o foco primário sobre a BN, dando atenção, simultaneamente, à depressão, abuso de substâncias ou ansiedade. Embora passe a maior parte do tempo abordando o transtorno alimentar, ele deve avaliar a gravidade da condição comórbida, de modo a decidir se esta condição também pode ser manejada dentro do TBF ou se indica o tratamento fora do âmbito deste manual. Ocasionalmente, o terapeuta pode ter de concentrar a maior parte dos seus esforços em uma abordarem da depressão ou abuso de substâncias, antes de devolver o foco à BN. Se as condições comórbidas forem por demais invasivas ou graves para impedir a permanência do foco sobre a BN, o profissional deve encaminhar a paciente para o tratamento da condição comórbida fora do TBF. Idealmente, outro membro da equipe deve oferecer tal tratamento.

Discutir e Apoiar os Esforços dos Pais Para Restabelecerem a Alimentação Saudável

Por que

Para maior eficácia do tratamento, o terapeuta deve garantir que os pais trabalharão juntos, como uma equipe. Tal trabalho de equipe é um dos aspectos mais importantes do tratamento. O sucesso ou fracasso dos pais em ajudarem a filha a restabelecer a alimentação saudável pode ser atribuído diretamente, com muita freqüência, à sua capacidade ou incapacidade de trabalharem como uma equipe, neste processo. Uma vez que o objetivo da terapia é ajudar os pais em seus esforços para cuidar da filha adolescente, a capacidade do terapeuta para oferecer assistência neste processo é crucial. Ao mesmo tempo, o terapeuta pode ser tentado a "assumir" o papel dos pais, dirigindo ou supercontrolando o processo de restabelecer a alimentação saudável. Esse risco deve ser evitado, porque a mensagem mais importante deste tratamento é que a família, não o terapeuta, é o principal recurso para a recuperação.

Como

Se os pais diferem em termos de como proceder, o terapeuta pode salientar que, embora compreenda e respeite as suas diferenças de opinião, eles não podem divergir em termos de como se engajar no processo de restabelecer a alimentação saudável para a filha. Conseqüentemente, o terapeuta deve exercer vigilância ao conferir regularmente o andamento do processo com os pais, para garantir que estão "na mesma página". Ao revisar cuidadosamente os esforços dos pais nesse processo, como descrito acima, o terapeuta também confere com a adolescente e seus irmãos como a mãe e o pai estão se saindo, como equipe. O terapeuta precisa se dirigir aos pais como indivíduos representativos de autoridade, para reforçar para a adolescente, para os outros filhos e para o próprio casal que são eles que estão no comando.

Entretanto, a deferência deve também ser estendida à adolescente, em seu papel de colaboradora nos esforços dos pais ajudarem-na a superar seu transtorno alimentar. Tomar decisões conjuntas como um casal pode ser um território desconhecido, para alguns pais. Lembrar aos cônjuges de que devem trabalhar juntos e permanecer "na mesma página, na mesma linha e na mesma palavra, em todos os momentos, no que se refere à alimentação da filha" deve ser feito diversas vezes, na parte inicial do tratamento.

Discutir, Apoiar e Ajudar os Familiares a Apreciarem os Esforços dos Irmãos em Apoio à Irmã com BN

Por que

O apoio consistente à paciente pelos irmãos deve ser incentivado, para reforçar os limites de gerações entre pais e filhos e para impedir que os irmãos interfiram na tarefa dos pais. Limites saudáveis entre os irmãos e seus pais tornam a tarefa imediata dos pais menos árdua e preparam o terreno para a resolução eficaz do transtorno alimentar e para o ingresso saudável da adolescente na idade adulta.

Como

Similar ao objetivo declarado para essa parte do Primeiro Estágio, o terapeuta deve ser consistente em seu incentivo aos irmãos para que não interfiram na tarefa dos pais, mas apóiem a irmã ao longo do tratamento. O terapeuta pode dizer aos irmãos:

"Embora seus pais façam todo o esforço possível para combaterem a doença de sua irmã e para devolverem sua saúde, ela poderá ver tais esforços como uma interferência, e precisará ter alguém para dizer o quanto detesta receber ordens. Em outras palavras, vocês precisarão estar disponíveis para escutar as suas queixas."

Realinhar a paciente com seus irmãos pode ser um processo mais fácil na BN, em comparação com a AN, uma vez que o transtorno alimentar pode ter causado menos isolamento da paciente em relação aos irmãos ou colegas do que tipicamente ocorre na AN. Além disso, em comparação com a AN, desfazer o relacionamento excessivamente estreito da paciente com um ou com ambos os pais pode ser menos difícil, porque o desenvolvimento da paciente geralmente está menos comprometido, e algum grau de individuação e/ou separação dos pais, além de um alinhamento com irmãos ou colegas, com freqüência, já foi estabelecido.

Ainda assim, o terapeuta deve ser consistente ao monitorar se os irmãos estão se esforçando para envolver a irmã em suas atividades (se apropriado) e se descobriram como lhe dar apoio durante este processo de envolvimento dos pais em sua alimentação. Esse apoio dependerá, obviamente, do relacionamento que existia entre os irmãos antes do início da doença, assim como da idade da paciente e de seus irmãos. Os irmãos devem ser incentivados a prestarem apoio verbal à paciente, e esta deve ter oportunidades de expressar sua irritação ou frustração com a "vigilância" exercida pelos pais. Em alguns casos, a adolescente tem apenas um irmão muito mais jovem, ou é filha única. Um irmão mais jovem pode não ser capaz de lhe oferecer apoio verbal. Entretanto, o terapeuta pode sugerir que o irmão mais jovem abrace a irmã todos os dias, para lhe garantir que tenta oferecer algum conforto ou apoio.

Este processo, naturalmente, é mais complicado quando a adolescente não tem quaisquer irmãos, ou são esses são mais velhos e já saíram de casa. O terapeuta, portanto, deve ter o cuidado de observar o tipo de relacionamento que a adolescente com BN mantém com suas colegas, ou pode ter tido antes do início da doença, de modo a poder ajudá-la a identificar atividades sociais apropriadas fora da família, nas quais possa se encontrar com colegas e passar algum tempo com elas. Aqui, o objetivo é o mesmo que com os irmãos, isto é, que a adolescente se alinhe mais com seu grupo etário e sinta-se apoiada durante esse período. Para reafirmarmos um dos nossos pontos básicos, que também se aplica à AN, a tarefa dos irmãos não se sobrepõe à dos pais; enquanto o terapeuta ajuda os pais em seus esforços para ajudarem a filha a readquirir hábitos alimentares saudáveis, o papel dos irmãos (ou colegas) é oferecer apoio e atividades saudáveis e adequados à idade da paciente, fora do manejo dos transtornos alimentares.

Continuar Modificando as Críticas Feitas pelos Pais

Por que

Já foi demonstrado que as críticas feitas pelos pais à adolescente e em relação ao transtorno alimentar têm um impacto negativo sobre a capacidade da família para manter-se no tratamento, bem como sobre o resultado final do tratamento.

Embora esses estudos concentrem-se principalmente em pacientes com AN, nossa experiência clínica demonstrou que as críticas feitas pelos pais têm igual conseqüência para pacientes com BN. De fato, dada a natureza dos sintomas na BN (isto é, consumo alimentar compulsivo e purgação), é mais comum e conveniente os pais culparem a filha adolescente por seu comportamento relacionado à doença do que normalmente ocorre na AN. Conseqüentemente, é muito importante abordar essas críticas, que se derivam, provavelmente, da culpa dos pais acerca do transtorno alimentar ou de um relacionamento deficiente entre eles e a adolescente. Durante as sessões dessa parte do tratamento, o terapeuta deve tentar absolver os pais da responsabilidade de causarem a doença, cumprimentando-os tanto quanto possível pelos aspectos positivos de seus cuidados com a filha e por seus esforços contínuos para separar a doença da adolescente.

Parte dos nossos próprios estudos (Eisler *et al.*, 2000; Le Grange, Eisler, Dare e Hodes, 1992; Szmukler *et al.*, 1985) sugerem que crianças com AN provenientes de famílias altamente críticas podem ter um prognóstico muito pior que aquelas de outros tipos de famílias. O grau em que essa afirmação também se mantém para a BN é investigado, atualmente (Hoste e Le Grange, 2006). Nossa experiência clínica com famílias em que haja uma adolescente com BN indica que elas também se encontram em um dilema semelhante ao das famílias com adolescentes diagnosticadas com AN. De fato, os pais de filhas com BN podem descobrir que os sintomas associados à BN "convidam" mais críticas do que ocorre com a adolescente com aparência doentia óbvia, na AN. O manejo de pais altamente críticos e/ou hostis em famílias de adolescentes com BN, portanto, é uma prioridade tão intensa quanto é na AN. Temos alguns dados sobre a AN (Le Grange *et al.*, 1992, Eisler *et al.*, 2000) sugerindo que essas famílias podem necessitar uma forma diferente de terapia familiar, isto é, a terapia em separado. Nesse tratamento, o mesmo terapeuta encontra-se com a adolescente e seus pais, mas separadamente. Sem dados de apoio desse rumo para a BN, podemos apenas recomendar que soluções similares para adolescentes com BN e famílias muito críticas podem ser clinicamente prudentes. Na verdade, certamente assumimos esse caminho, em nosso próprio trabalho clínico. Por outro lado, há razão para explorarem-se maneiras de manejar famílias altamente críticas no TBF, como descrito neste manual. Acreditamos realmente que é possível trabalhar construtivamente com essas famílias.

Como

Modelar a aceitação da paciente sem críticas do terapeuta é uma tarefa terapêutica fundamental. Tal modelagem é obtida, em parte, pela externalização da doença – isto é, como observado anteriormente, o terapeuta deve convencer os pais de que a maior parte dos comportamentos da paciente no que se refere ao consumo alimentar compulsivo e purgação estão fora do seu controle e são, principalmente, o resultado de sua doença.

Em resumo, o profissional deve apontar consistentemente para o fato de que a paciente não pode ser identificada com a doença. Essa separação entre a paciente e a doença ajudará a apoiar um entendimento do comportamento da paciente e a reduzir quaisquer críticas dos pais a ela. Desafiar o comportamento dos pais neste aspecto pode ser difícil, e é mais provável que os pais de uma adolescente com BN vejam-se tentados a responder negativamente a comportamentos como consumo alimentar compulsivo e purgação. Alguns pais, por exemplo, podem dizer, em resposta aos comportamentos bulímicos de sua filha: "Ela está tornando tudo muito difícil para nós – nós nos esforçamos para lhe oferecer os alimentos de que gosta, e então a pegamos tentando jogar tudo fora ou engolindo tudo em uma questão de minutos"; ou "Estamos desesperados, porque se lhe damos as costas por um segundo, ela corre para o banheiro para vomitar tudo"; ou "Minha paciência acabou – preciso estar ao seu lado 24 horas por dia, porque se lhe dou as costas, ela sobe e desce as escadas, exercitando-se ou enfiando laxantes na mochila escolar." Em contraste, a recusa em alimentar-se, vista na AN, tende a atrair maior simpatia.

Esses três exemplos de reação dos pais demonstram que os comportamentos bulímicos são identificados com a paciente – a mensagem implícita é "Ela purga, então é uma pessoa ruim." Outro modo de interpretar essas passagens é que o pai ou mãe irritado está realmente dizendo "Estou fazendo o possível, mas minha filha trapaceia ou demonstra ingratidão." Como apontado antes, a raiva, frustração ou críticas dos pais podem ter conseqüências prejudiciais, que minam a resolução eficaz do transtorno alimentar. O terapeuta pode ajudar a combater o impacto de comentários como esses de diversas maneiras. A primeira, e talvez a mais eficiente no início do tratamento, é dissociar a doença da adolescente, e fazê-lo repetidamente, para demonstrar aos pais que (como o terapeuta poderia dizer aos pais):

"Vemos esse distúrbio como algo que surgiu na vida de sua filha e assumiu seus sentimentos, pensamentos e comportamento, no que se refere à alimentação, ao alimentar-se e ao peso corporal. O que a faz se comportar de maneira que vocês não associariam a ela é o transtorno alimentar. Tenho certeza de que a sua filha é boa e não mente para vocês ou age necessariamente para enganá-los, como quando vomita em segredo. Entretanto, esta doença é extremamente poderosa e controla os comportamentos da sua filha, de muitas formas. É a bulimia que exerce um grande papel em sua ânsia por comer demais ou quando vocês vêem que a comida desapareceu do refrigerador, e é a bulimia que a faz vomitar, porque a doença a faz se sentir culpada por ter comido tanto."

A segunda forma de combater comentários nocivos, nas sessões seguintes, é referir-se consistentemente aos comportamentos sintomáticos como "Isso é a doença", ou "Isso é a bulimia falando" e "Eu imagino o que a parte saudável de sua filha pode estar pensando sobre isso" ou "Tenho certeza de que, se a parte saudável da sua filha estivesse no comando, então...", quando o terapeuta deseja traçar uma distinção clara entre essas duas partes da paciente. A terceira forma é que o terapeuta faça todos os esforços para corrigir os pais durante esta parte do tratamento, em cada oportunidade em que dizem algo que realmente identifica a doença com a paciente, por exemplo:

"Sei que vocês se preocupam muito com sua filha, especialmente quando a vêem se comportando de um modo que os choca ou que desaprovam. Entretanto, é importante recordarmos que a bulimia está no comando e ela é que influencia o comportamento de sua filha. Portanto, todos nós precisamos nos esforçar muito para ajudá-la a diminuir o poder desta doença, para que a parte saudável de sua personalidade possa se mostrar novamente."

Ao orientar os pais durante esse difícil período, o terapeuta deve lembrar que as famílias têm estilos de criação dos filhos muito diferentes e circunstâncias diversas, que influenciarão a forma como esse processo é trabalhado.

Continuar Distinguindo Entre a Paciente e Seus Interesses e os Interesses da Doença

Por que

Como discutido nas intervenções da Primeira Sessão, é importante que o terapeuta e os familiares tenham em mente que estão lutando para combater os efeitos da BN, *não* o pensamento e vontade independentes de uma adolescente em desenvolvimento. Se o terapeuta não faz essa distinção como um aspecto do tratamento que precisa receber um foco neste estágio, sua esperança de desenvolver uma aliança com a paciente será imensamente reduzida, e a resistência da paciente ao tratamento aumentará. Similarmente, os pais terão uma dificuldade crescente para não responder à adolescente como se essa fosse alguém "ruim", quando ela engajar-se em comportamentos bulímicos, em vez de atribuírem seus sintomas à BN.

Como

Esta intervenção é descrita em detalhes na Primeira Sessão. À medida que o Primeiro Estágio avança, o terapeuta pode salientar a necessidade por reconhecer que uma parcela maior do esforço para comer está sendo assumida com segurança pela parte saudável da paciente. Tal reconhecimento pode ser amparado por frases como as seguintes:

> "Parece-me que seus pais relatam que seu lado mais saudável tem estado mais 'disponível' nos horários das refeições e, como resultado, você tem conseguido manter sua comida no estômago e demonstra um interesse maior por combater a BN."

Alternativamente, o terapeuta pode dizer:

> "À medida que você progride, percebo que também recupera uma parte maior da sua vida. Você percebeu que está menos preocupada com comida e com questões ligadas ao peso?"

Pelo menos parte de cada sessão deve ser dedicada a esses momentos de observação, questões e análises.

Encerrar Todas as Sessões Repassando os Pontos em que Houve Progresso

Como ocorreu na primeira e segunda sessão, o terapeuta principal deve continuar revisando cada sessão do tratamento com os outros membros da equipe durante o restante deste estágio do tratamento. No fim de cada sessão, as seguintes informações devem ser transmitidas à equipe de tratamento e consultoria: a capacidade dos pais de ajudarem a adolescente a aderir ao plano de alimentação regular; quaisquer alterações na freqüência de consumo alimentar compulsivo ou purgação; alterações no peso (se aplicáveis); novas preocupações diagnósticas (por ex., distúrbio de ansiedade, depressão e tendências suicidas); e um senso geral de progresso da família em relação à doença. Discuta quaisquer problemas ocorridos entre os membros da equipe, por exemplo, falta de comunicação sobre o progresso ou preocupações dos pais, pela equipe médica.

Questões Comuns e Solução de Problemas para o Restante do Primeiro Estágio

• *Que tipo de detalhes sobre o progresso durante a semana devem ser solicitados aos pais?* Na parte inicial deste primeiro estágio do tratamento, e após ter aberto a sessão com uma revisão do consumo alimentar compulsivo/purgação da paciente (e peso, se ela está emagrecendo ou apresenta amplas flutuações de peso), o terapeuta deve sempre pedir que os pais e a adolescente revisem detalhadamente como foi a semana anterior. O terapeuta pode dizer:

> "Vocês poderiam me contar exatamente como foram as coisas para vocês esta semana, em termos de tentativas de ajudar sua filha a fazer três refeições saudáveis por dia? Ao fazê-lo, eu quero que vocês me contem especificamente como trabalharam juntos, como tomaram as decisões sobre alimentos, de que maneira envolveram sua filha e como tentaram ajudá-la a evitar o consumo alimentar compulsivo e a purgação."

O terapeuta pode interromper os pais freqüentemente, para ter uma idéia mais clara deste processo. Um dos pais pode dizer: "Preparamos galinha com vegetais e..." e o terapeuta pode interromper: "Quem decidiu e como vocês escolheram essa refeição específica, e como determinaram o que seria uma porção saudável, e...?" O terapeuta pode se demorar mais em quaisquer inconsistências e tentar esclarecer diferenças entre as recordações dos eventos da última semana pelos pais e pela adolescente. Além disso, ele anotará atentamente as providências tomadas pelos pais que não considera úteis para a paciente. Similarmente, o terapeuta também anotará as providências tomadas pelos pais e pela adolescente que foram realmente úteis, e os elogiará, reforçando seus esforços. Ao longo de todo o processo, o terapeuta reforça as qualidades e habilidades dos pais e os incentiva a recorrerem ao seu próprio reservatório de conhecimentos sobre como criar seus filhos, em geral, e sobre como ajudar uma pessoa que tenta encontrar um equilíbrio entre a alimentação saudável e as preocupações com o peso e a aparência. Também é importante escutar da adolescente, como uma espécie de "sócia minoritária", o que pensa sobre sua batalha contra a bulimia. Já mencionamos que este tratamento é mais cooperativo do que seria o caso para a AN, e essas discussões sobre o planejamento semanal são o melhor momento para solicitar a colaboração da adolescente para a sua recuperação. Além disso, como já mencionamos, cada família terá de descobrir a melhor maneira de auxiliar a filha, neste processo.

- *E se os pais não estão "na mesma página" ou discordam sobre as estratégias de tratamento?* Se, por exemplo, um dos pais considera correto retirar todos os alimentos da mesa logo após o jantar, mas o outro discorda e acha que a filha precisa aprender a controlar seu consumo alimentar com comida ou lanches por perto, o terapeuta precisa explorar esta diferença de estratégia com eles. É muito importante que o casal sempre concorde sobre os elementos do tratamento, quer isso diga respeito a ter ou não alimentos por perto, às refeições ou tamanho das porções, estratégias para prevenir a purgação ou participação de atividades atléticas ou em qualquer outra atividade que possa interferir em seus esforços para ajudarem a filha. Apenas depois de estabelecerem termos comuns sobre essas questões, os pais podem apresentar uma frente unida e manterem-se em posição sólida para solicitar a opinião da filha. Idealmente, seria positivo se a adolescente considerasse útil a estratégia proposta pelos pais em relação à disponibilidade de lanches, por exemplo, e concordasse com ela. Se a adolescente não concorda, os pais ainda têm o direito de avançar, conforme o consenso a que chegaram.

- *E se os comportamentos bulímicos forem reduzidos, mas não terminarem completamente e o progresso atingir um platô?* Algumas pacientes respondem bem inicialmente e começam a comer melhor, reduzindo os comportamentos de consumo alimentar compulsivo e purgação. Entretanto, em certo ponto – às vezes quando os pais reduzem a vigilância porque consideram erroneamente que a crise acabou – essa melhora nos comportamentos sintomáticos atinge um estágio em que não há mais progresso. Após algum tempo, os sintomas podem reaparecer e, em alguns casos, tornarem-se cíclicos. O terapeuta deve explorar o que deu início ao reaparecimento dos sintomas e determinar providências para cessá-los e prevenir seu recomeço. Ele também deve usar essa oportunidade para instalar uma "segunda crise", a fim de mobilizar novamente os pais para aumentarem seus esforços em favor da filha. Com freqüência, é útil comentar, por exemplo:

> "Embora pareça que sua filha está fora de perigo, isso é apenas impressão. Se ela não conseguir ir em frente no processo de recuperação, os comportamentos bulímicos poderão se tornar crônicos, e isso levará à perda de dentes, insuficiência renal, problemas cardíacos, graves perturbações eletrolíticas ou, talvez, à morte."

Sob a perspectiva da paciente, pode haver um senso de perda, uma vez que ela agora se alimenta de modo mais saudável e reduziu seus sintomas bulímicos, mas não de forma tão notável como no caso de adolescentes com AN. Como já mencionamos, a BN parece mais distônica ao ego na adolescência, e embora tal senso de perda não deva ser subestimado, ele provavelmente não é tão intenso quanto tipicamente ocorre em pacientes com AN, que tendem a agarrar-se aos seus sintomas com um senso de orgulho e, com freqüência, sentem que elas e seu transtorno alimentar são a mesma coisa.

- *E se o comportamento da paciente tornar-se mais velado?* Em geral, é muito difícil para os pais aceitarem o envolvimento da filha em comportamentos sorrateiros, como ir escondida ao banheiro para vomitar ou comprar e esconder laxantes ou diuréticos. Anteriormente, neste capítulo, mencionamos detalhadamente a importância de separar a doença e a adolescente. Quando os comportamentos bulímicos são relatados na sessão ou a família os descobre pela primeira vez na sessão, a revelação dá ao terapeuta uma oportunidade ideal para modelar a exploração desses comportamentos, de um modo sem críticas. Por exemplo, quando descobre que a paciente escondeu laxantes no banheiro, ele pode demonstrar empatia, dizendo calmamente:

"Talvez você tema tanto as conseqüências do consumo alimentar compulsivo induzido por sua doença que recorre a esforços drásticos como esses para abordar suas preocupações com o peso. Deve ser horrível ter de enfrentar tudo isso."

Em comunicações com o resto da família, o terapeuta deve demonstrar claramente à paciente que ele realmente entende suas ansiedades e culpa em relação a essas questões, mas também demonstrar aos pais que uma resposta irritada *não* é a melhor abordagem, e que seria melhor transmitir compaixão pela situação da filha. Por exemplo, o terapeuta pode dizer à família, enquanto se volta para a paciente:

"Hoje percebi, novamente, o enorme medo que sua filha tem de engordar e que, apesar do preço envolvido, ela consegue recorrer apenas à bulimia como uma saída; vejo que essa doença a torna tão ansiosa sobre seu peso que a levou a esconder laxantes no quarto, para poder ter uma 'saída' para o ganho de peso, após comer."

Voltando-se para os pais, o terapeuta poderia acrescentar:

"Sua filha está sofrendo, sem muito controle sobre esses tipos de comportamento, e vocês terão de imaginar um modo de ajudá-la, para que possamos reduzir a força dessa doença."

Esse discurso ilustra claramente como o terapeuta demonstra simpatia e compreensão pela paciente, enquanto ajuda os pais a canalizarem suas frustrações em relação à doença, em vez de fazê-lo em relação à sua filha, e insiste para que estabeleçam o controle sobre esses comportamentos.

- *Como lidar com um membro problemático da equipe?* Como já dissemos, é muito importante montar uma equipe multidisciplinar para o manejo do transtorno alimentar. Entretanto,, também é importante que a equipe "esteja na mesma linha e na mesma página" em relação ao tratamento da adolescente, como os pais também devem estar. Ocasionalmente, um membro da equipe tende a agir por conta própria, sem levar em consideração o plano geral criado pelo terapeuta principal. Este é especialmente o caso com colegas que não têm tanta experiência no trabalho em equipe ou que não trabalharam uns com os outros em ocasiões anteriores. Assim, é importante que o terapeuta principal lembre regularmente aos outros membros da equipe, como indicado antes, sobre os objetivos e filosofia geral do tratamento, e como a família progrediu no tratamento. Portanto, a comunicação adequada entre os membros da equipe é tão importante quanto os esforços do terapeuta para fazer com que os pais trabalhem juntos.

- *E quanto à doença comórbida, tendência suicida ou ferimentos auto-infligidos?* A depressão profunda ou sinais iniciais de um transtorno de personalidade são ocorrências relativamente comuns em adolescentes com BN. De fato, comorbidades desta natureza são muito comuns nesta população de pacientes. Aqui estão apenas dois cenários que o terapeuta poderá encontrar, e ambos causam sofrimento e, com freqüência, tendem a causar maior aflição aos pais que o comportamento bulímico da filha. O desafio peculiar enfrentado pelo terapeuta é oferecer atenção imediata e apropriada a essas condições comórbidas, avaliar como esses sintomas se relacionam ao transtorno alimentar e voltar à discussão da BN tão logo seja clinicamente apropriado e praticável.

1. *Pacientes suicidas.* O suicídio é a principal causa de óbitos entre adolescentes, nos Estados Unidos. Os comportamentos suicidas precisam ser considerados seriamente e manejados como uma emergência. É impossível continuar mantendo o foco sobre os problemas do transtorno alimentar como causa de morbidade e potencial mortalidade, quando uma paciente está ativamente suicida. Apenas depois de superada a situação aguda do comportamento suicida, a família pode continuar com o TBF para a BN.

2. *Ferimentos auto-infligidos.* Os ferimentos auto-infligidos, não fatais e não suicidas, também podem emergir em pacientes com BN. Como ocorre com os comportamentos bulímicos (que também são considerados danos auto-infligidos), é importante que o terapeuta não se desvie do tratamento, por esses comportamentos. Essas condutas sintomáticas podem ter sido sempre parte da apresentação da paciente ou, com maior freqüência, emergir à medida que pais ou profissionais aumentam os desafios aos comportamentos doentios do transtorno alimentar.

Esses tipos de comportamentos podem incluir cortes ou arranhões em partes do corpo, esfregar a cabeça, puxar ou arrancar os cabelos, beliscar-se, etc. Nenhum dos comportamentos visa levar à morte, em si mesmo; em vez disso, eles causam dano ao indivíduo e seus objetivos podem ser variadamente descritos como autopunitivos, de alívio da ansiedade, dissociativos ou ritualísticos. Às vezes, eles podem aumentar a ponto de ameaçarem a sobrevivência da paciente, mas na maior parte dos casos isso não ocorre. Entretanto, tais comportamentos causam extrema aflição nos pais e, às vezes, também no terapeuta. Nós os vemos como parte de um padrão geral de comunicação na família e, de forma semelhante ao transtorno alimentar, como substitutos para a comunicação mais eficaz. Portanto, desde que esses comportamentos permaneçam em níveis moderadamente baixos, avançamos com a terapia de acordo com o modelo descrito neste livro, com um foco sobre o transtorno da alimentação como o comportamento que tende a causar o maior dano. Esses comportamentos podem requerer maior foco, se persistem, no Terceiro Estágio, quando parte dos conflitos subjacentes podem ser ativamente explorados, depois que o transtorno alimentar cedeu substancialmente. Se os comportamentos realmente aumentam e se tornam um perigo maior que o transtorno alimentar, talvez haja a necessidade de transformá-los no foco do tratamento.

- *Como a psicopatologia dos pais interfere nesta terapia?* Está claro, por nossa apresentação até aqui, que um grande envolvimento e energia são exigidos dos pais, para o sucesso neste tratamento. É inevitável que alguns pais cheguem ao tratamento com suas próprias dificuldades, como transtorno de ansiedade ou de humor, o que pode incapacitá-los em seus esforços para manterem o foco e energia no processo de tratamento. Um modo de amortecer o impacto dessas circunstâncias é encaminhar o pai ou mãe afetada para apoio individual. Por exemplo, quando um dos pais chega ao tratamento com um histórico de depressão, pode ser útil encaminhá-lo para avaliação por outro profissional, para psicoterapia e/ou apoio com medicamentos. Uma alternativa seria reconhecer que essas circunstâncias podem perturbar os esforços dos pais para ajudarem a filha e incentivá-los a elaborarem entre si um modo de ajudarem um ao outro. Embora tenhamos salientado repetidamente, aqui, a importância do trabalho dos pais como uma equipe e sua união quanto às estratégias para ajudarem a filha, este princípio não implica necessariamente que ambos os pais precisarão trabalhar igualmente neste processo. Os pais devem encontrar uma forma, com base na disponibilidade de cada um, de oferecerem o melhor incentivo para a alimentação saudável da filha e para impedirem que ela se engaje em consumo alimentar compulsivo e purgação.

É bastante possível que o membro mais saudável do casal possa substituir o pai com problemas de tempos em tempos neste processo, desde que sempre estejam de acordo sobre essa troca de funções. Por fim, já falamos sobre os avós anteriormente, e eles também podem ser úteis, em alguns casos. Portanto, se os avós estão disponíveis e o terapeuta e os pais sentem que eles podem servir como bons substitutos ocasionais para o membro adoentado ou exausto do casal, devem ser feitos arranjos para que ajudem no processo de tratamento. Na página 157 o leitor encontrará uma discussão adicional sobre os avós.

- *Como lidar com famílias altamente críticas ou hostis?* Nossa experiência clínica demonstra que modelar a aceitação sem críticas quanto à paciente e seus sintomas e separar incessantemente a doença da adolescente afligida por ela é o modo mais útil de lidar de forma terapêutica com as críticas dos pais à adolescente. Além de modelar o comportamento isento de críticas, o terapeuta não ignora comentários críticos feitos à paciente ou a ele sobre a paciente, embora comentários mais sutis sobre a paciente ou seus sintomas possam ser deixados de lado. É imperativo que o terapeuta observe esses comentários e ajude os pais a compreenderem que o que leva a filha a resistir aos seus esforços, esconder alimentos, exercitar-se excessivamente, induzir o vômito, etc., é a doença. Em outras palavras, de modo semelhante à estratégia anterior de externalizar a doença, o terapeuta deve tentar ajudar para que os pais entendam que a maior parte dos comportamentos da paciente está além do seu controle. Isso pode exigir uma serenidade considerável do terapeuta.

Uma vez que a paciente e sua família sintam algum sucesso, é importante que o terapeuta identifique o impacto da crítica sobre o progresso ou ausência de progresso da paciente. Essa tarefa exige a identificação das críticas e hostilidade sem que o próprio terapeuta se torne crítico ou hostil. Com freqüência, essas famílias são extremamente sensíveis a tais críticas; na verdade, algumas famílias têm um histórico de terminar o tratamento quando terapeutas anteriores lhes chamaram a atenção por suas críticas à adolescente. Portanto, o terapeuta deve identificar esses problemas sem julgar os pais e lhes perguntar, depois, se estariam dispostos a explorar os problemas. O terapeuta os conduz a uma análise do problema e chega com eles à questão central das críticas e hostilidade subjacente, que impedem um progresso adicional.

É útil quando a circunstância em que ocorrem comentários críticos é concreta e limitada. Por exemplo, a adolescente diz que teve consumo alimentar compulsivo e purgou diversas vezes após uma discussão com um dos pais.

Este caso específico pode servir como exemplo do impacto da qualidade (crítica) da interação com este pai ou mãe. Ao mesmo tempo, o terapeuta mantém o foco neste caso e não interpreta ativamente a hostilidade ou crítica como a razão para o comportamento bulímico, incentivando a família, em vez disso, a identificar modos alternativos de ver o impacto da interação sobre o comportamento alimentar. A seguir, é importante pedir para a família identificar modos alternativos de lidar com a interação hostil. Durante esse intercâmbio, o terapeuta deve confrontar cuidadosamente o problema das críticas, mas sem tornar-se, ele próprio, crítico em relação à família.

Em alguns casos, pode ser necessário recrutar o membro menos crítico do casal para auxiliar no processo de trabalhar essas questões. Como um recurso e aliado do membro mais crítico do casal, o pai ou mãe menos crítico pode com freqüência trabalhar com seu parceiro de forma a reduzir os comentários críticos. Em outras palavras, os pais são incentivados apoiar os esforços um do outro, neste processo difícil. Um pai excessivamente sobrecarregado pode demonstrar exaustão e frustração pelo aumento das críticas à paciente. Incentive o membro com mais energia e talvez menos crítico do casal a descobrir como oferecer apoio ao parceiro na difícil tarefa de atacar a doença.

- *Devemos envolver os avós?* Embora algumas famílias vivam em estreita proximidade com os avós maternos e/ou paternos, descobrimos que um número relativamente pequeno de adolescentes com BN passa um tempo significativo com seus avós, por exemplo, permanecendo com esses após a escola, até os pais voltarem do trabalho – uma situação que pode ser mais comum entre adolescentes com AN, menos independentes de suas famílias. A questão óbvia é se – e como – os avós devem se envolver no processo de recuperação da adolescente. Dado o estado de desenvolvimento da maioria das adolescentes com BN, comparadas com suas colegas, raramente é apropriado envolver os avós no tratamento da neta. No entanto, existem duas exceções. A primeira ocorre quando os avós residem com a paciente e seus pais. Neste caso, seria adequado saber da família, primeiro, até que ponto os avós se envolvem nos cuidados rotineiros da neta. Se parece que passam um tempo considerável com a paciente, então pode ser adequado reuni-los com a família por uma ou duas sessões. Esta inclusão é especialmente importante quando os pais não podem estar disponíveis como o terapeuta determinou nos encontros iniciais com a família. Em geral, porém, o terapeuta deve se concentrar em incentivar os pais, para que o tratamento seja uma experiência colaborativa entre eles e a filha.

A segunda possibilidade de envolvimento dos avós é no caso de uma família de pai ou mãe solteiros, porque é essencial ter outros adultos responsáveis que possam ajudar nesse processo potencialmente desgastante. Em qualquer das situações, o terapeuta deve prestar muita atenção ao estado de desenvolvimento da adolescente e garantir a continuidade de um enfoque colaborativo ao tratamento – isto é, os pais, com a adolescente e os avós, em um esforço conjunto para ajudarem-na a superar seu consumo alimentar compulsivo e purgação. Portanto, está claro que o terapeuta deve fazer uma avaliação cuidadosa sobre (1) o tempo que a adolescente normalmente passa com os avós, (2) o entendimento do transtorno alimentar pelos avós e sua capacidade para terem tanto sucesso quanto os pais na supervisão das refeições e na ajuda para que a adolescente não execute purgação, e (3) o nível de exaustão dos pais e sua necessidade de que alguém os substitua, de tempos em tempos.

- *E se o terapeuta sente-se exausto pelas demandas dos pais?* Assim como os pais podem demonstrar sinais de exaustão com o processo de tratamento, também é bastante possível que o terapeuta sinta-se exausto em face de pouco ou nenhum progresso, especialmente se é incapaz de mobilizar os pais ou de lhes transmitir a importância do trabalho conjunto. Pouco pode ser feito, nesses casos, exceto lembrar ao terapeuta que, embora desejássemos que este tratamento fosse relativamente breve, para algumas adolescentes a BN permanece como um problema de longa duração, e as capacidades da família e do terapeuta podem ser imensamente testadas antes de se chegar a um ponto de virada no comportamento ligado ao transtorno alimentar. Pode ser útil ao terapeuta permanecer vigilante quanto às suas próprias frustrações, para que não influenciem as sessões de terapia. A supervisão regular com um colega também pode ser útil, para que o profissional tenha uma oportunidade de verbalizar sua frustração e discutir sobre a melhor maneira de prosseguir com o tratamento.

No tratamento de transtornos alimentares, talvez mais ainda do que para qualquer outro transtorno psiquiátrico, o terapeuta pode ter a sensação de que seu trabalho é avaliado de uma forma muito concreta, por registros semanais de peso ou contagens da freqüência do consumo alimentar compulsivo e episódios de purgação. O terapeuta pode achar que seu trabalho com a paciente e sua família está em uma espécie de exibição visual, com esses relatos de comportamento sintomático. É importante não responder aos sintomas bulímicos da paciente como uma indicação pessoal de fracasso do tratamento. Tal resposta apenas prejudicará sua habilidade para implementar este tratamento com eficácia. Em tais casos, o terapeuta deve considerar alterações no tratamento, para que os pais encontrem uma solução para as dificuldades de alimentação da filha. Em outras palavras, a questão a ser considerada é: "O que está impedindo os pais, em sua tarefa de restabelecer a alimentação saudável para a filha?" Nossa experiência indica que as famílias demonstram maior propensão a sentir que elas, ou pior, a paciente, está fracassando, em oposição a culparem o terapeuta por "incompetência". Obviamente, a tendência da família para a autocrítica não deve ser usada para exonerar o terapeuta de qualquer incompetência na criação do ambiente correto de tratamento, no qual os pais sejam mobilizados a assumir a difícil tarefa de enfrentar a bn da filha.

Conclusão do Primeiro Estágio e Transição para o Segundo Estágio

Um cuidadoso exame do desempenho dos pais como uma equipe unida no restabelecimento da alimentação saudável de sua filha, a manutenção de um peso corporal saudável e o controle sobre o consumo alimentar compulsivo e purgação da paciente, o apoio dos pais ao dilema da paciente e reforço da solidariedade e compreensão dos irmãos pelas dificuldades da irmã são os focos principais das terceira a décima sessões. O primeiro sinal de prontidão da família para avançar para o segundo estágio do tratamento pode ser a redução perceptível na ansiedade e tensão em áreas não ligadas à alimentação. Portanto, apenas após a conquista desses objetivos, e quando os pais sentem-se seguros de que sua adolescente continuará progredindo, o tratamento avançará para o Segundo Estágio. É possível que muitas pacientes completem este estágio em menos de 10 sessões, enquanto outros podem permanecer nele por muito mais tempo.

CAPÍTULO 9

Restante do Primeiro Estágio, na Prática

Este capítulo oferece um exemplo de uma sessão na prática, típica do restante do primeiro estágio do tratamento. Ele começa com uma breve revisão das informações sobre a paciente e sua família. A sessão divide-se em partes individuais, com base na intervenção específica pertinente a esta parte do tratamento. Além disso, acrescentamos explicações à medida que a sessão se desdobra, para salientarmos os objetivos que o terapeuta tem em mente.

Esta parte do tratamento compreende quatro objetivos:

- Manter o tratamento concentrado no transtorno alimentar e lidar separadamente com as comorbidades.
- Ajudar os pais a assumirem o restabelecimento de hábitos alimentares saudáveis.
- Guiar os pais para o emprego de estratégias que reduzam o consumo alimentar compulsivo e a purgação.
- Mobilizar irmãos para a oferta de apoio à paciente.

A fim de conquistar esses objetivos, o terapeuta deve considerar as intervenções a seguir durante o restante do Primeiro Estágio do tratamento. Observe que é bastante comum um ir e vir entre as intervenções, neste tratamento, não apenas entre as sessões do Primeiro Estágio, mas também dentro de uma mesma sessão.

1. Coletar registros de consumo alimentar compulsivo/purgação e pesar a paciente no início de cada sessão.
2. Dirigir, redirecionar e concentrar a discussão terapêutica para comportamentos ligados a alimentos e alimentação e seu manejo, até que esses comportamentos e as preocupações relacionadas a alimentos, alimentação e peso sejam normalizados.
3. Manejar um problema agudo (por ex., uma condição comórbida) e retornar o foco para a BN.
4. Discutir e apoiar os esforços da paciente em restabelecer a alimentação saudável.
5. Discutir, apoiar e ajudar os familiares a avaliarem os esforços dos irmãos em apoiarem a irmã com BN.
6. Continuar modificando as críticas feitas pelos pais e irmãos.
7. Continuar diferenciando a paciente e seus interesses dos interesses da BN.
8. Concluir todas as sessões com uma ênfase sobre os pontos em que houve progresso.

Antecedentes Clínicos

Jill é uma jovem caucasiana de 18 anos, que se apresentou com um diagnóstico de BN. Ela mede 1,63 m e pesa 53,5 quilos, com um IMC de 20,3. Reside com os pais e também tem um irmão mais velho, que reside em outra cidade, onde cursa a universidade. Jill apresenta sintomas bulímicos que começaram 5 meses atrás, e relatou consumo alimentar compulsivo uma vez, nas últimas 4 semanas, tendo purgado duas vezes, nesse mesmo período. A paciente não relata uso de laxantes, diuréticos ou pílulas para redução do apetite, mas realizou exercícios compensatórios aproximadamente uma vez por semana, no último mês. Esses exercícios incluem corridas e outras atividades aeróbicas durante mais de 2 horas em cada vez, e ela menciona uma compulsão por exercitar-se, para queimar calorias. Jill apresentou falha de um período menstrual nos últimos 3 meses e não toma contraceptivos orais. Ela negou qualquer prejuízo funcional como resultado de seu transtorno alimentar. Não há informações sobre doença comórbida.

Coletar Registros de Consumo Alimentar Compulsivo/Purgação e Pesar a Paciente no Início de Cada Sessão

A sessão é iniciada quando a terapeuta conduz a paciente até seu consultório, onde a pesa e indaga quantas vezes ela se engajou em consumo alimentar compulsivo e purgação, nos últimos 7 dias. Esta paciente mantém seu próprio registro com muito esmero, e compartilha as informações com a terapeuta, que anota as freqüências em seus gráficos do tratamento e depois os confere com os pais, para conciliar seus relatos com o da paciente.

O tratamento está já bem adiantado, e diferentemente da maioria dos casos de AN, é razoável esperar mais de um relacionamento terapêutico entre a adolescente e sua terapeuta. Conseqüentemente, um período relativamente maior de tempo, aproximadamente 10 minutos, é reservado para conversas com a paciente, sobre os eventos da última semana. Durante esse período, a terapeuta confere como a paciente se sente sobre seu progresso nessa última semana e se gostaria de discutir quaisquer problemas antes que seus pais sejam chamados a participar da sessão.

Dirigir, Redirecionar e Concentrar a Discussão Terapêutica em Comportamentos Ligados a Alimentos e Alimentação, Até a sua Normalização

TERAPEUTA: Nossa última sessão foi há duas semanas.
PAI: Sim.
TERAPEUTA: Talvez uma revisão do registro de consumo alimentar compulsivo e purgação de Jill seja um bom ponto de partida, para mostrar-lhes que ela não se envolveu mais nesses comportamentos e que seu peso é praticamente o mesmo, mais ou menos 55 quilos. Vocês já viram esses dados?
PAI: Conversamos um pouco sobre eles.
TERAPEUTA: Ah, sim?
MÃE: Sim, falamos sobre eles, embora eu precise perguntar, a todo momento, se ela preencheu seus registros. Na última vez, acho que ela se lembrou de preenchê-los.
JILL: É claro, já que você insistiu tanto.
TERAPEUTA: Então, vocês têm sido muito consistentes, ao insistirem que ela preencha os dados regularmente nos registros?
PAI: Eu não. Não cheguei a pedir que fizesse isso. Mas algumas vezes eu perguntei a ela (à mãe) se havíamos pedido para Jill preencher os registros, e ela (mãe), então, pediu.
MÃE: Bem, eu acho que no começo estávamos um pouco mais relutantes. Não sei por que, mas talvez não quiséssemos trazer esse assunto à tona. Porém, nas últimas semanas estamos mais abertos à discussão, apenas para garantir que ela preencherá os registros.

TERAPEUTA: Acho que na última sessão já conversamos sobre como isso poderia ser útil. Eu sei, Sr. Kenny, que o senhor disse que, no fim das contas, ela aprenderia que precisa preencher o registro e que fazer isso seria útil. (*Voltando-se para Jill*) E como você se sente, agora?
JILL: Está tudo bem.
TERAPEUTA: Estou vendo que não ocorreu nenhum episódio de consumo alimentar compulsivo ou de purgação durante as duas semanas. Para termos um consenso, eu gostaria de saber se vocês (os pais) concordam. Ou será que têm alguma suspeita sobre o transtorno alimentar, de que não está deixando Jill relatar todos os consumos compulsivos e purgações?
PAI: Desta vez eu acho que os registros estão corretos e não ocorreram episódios.
MÃE: Sim, eu também acho. Ela anda muito ocupada com o término dos estudos. Nós todos estamos com muito a fazer, como o baile de formatura, por exemplo. Isso a mantém ocupada.
TERAPEUTA: Entendo.
MÃE: Então, acho que está correto.
TERAPEUTA: Isso é ótimo. Você chegou a sentir muita vontade de comer demais ou purgar, mas resistiu?
JILL: Não.
TERAPEUTA: Nenhuma ânsia por fazer isso?
JILL: Realmente, não.
TERAPEUTA: Ok, então parece que se manter ocupada foi realmente útil.
PAI: Eu tenho uma dúvida. Quando conversamos sobre vir à sessão, e Jill comentou que seu registro só continha zeros novamente e eu disse que isso era ótimo, pensei comigo mesmo – e comentei isso com ela – que imagino se não é apenas uma... Não quero chamar de fase ou algo passageiro, mas algo que, quando começou, muitos adolescentes na escola faziam a mesma coisa, como "Se todos fazem, também vou fazer", só para perder peso. Ela também entrou na onda e talvez tenha percebido que é prejudicial e agora já sabe o bastante para não continuar, para não fazer mais. Não sei se isso pode ter acontecido.
TERAPEUTA: Jill, o que você acha?
JILL: Sim, não que eu ache que o pessoal da escola pensava algo como "Ei, vamos todos fazer isso", mas...
PAI: Você chegou a perguntar a alguma das garotas se...
JILL: Não, eu jamais perguntaria sobre isso.
PAI: E eu imagino se não foi algo como... Sabe, as meninas estão reunidas e uma delas diz "Ei, eu faço isso para me manter magra", "Talvez eu experimente,

um dia desses" e, então, logo temos uma grande porcentagem de meninas experimentando esse método para não engordarem.

TERAPEUTA: Como se houvesse um efeito de contágio?

PAI: Sim, e depois de certo ponto, quando percebem – não elas, porque me importo é com minha filha –, quando Jill percebeu o dano que isso poderia causar, foi esperta o bastante para decidir parar, e de repente disse a si mesma "Vou parar, e ponto final." Sei que você disse que essa coisa de bulimia ainda está presente, mas talvez já não seja tão poderosa.

TERAPEUTA: Sim, eu acho que você foi muito expressivo, na forma como colocou as coisas. A bulimia ainda está lá, especialmente durante momentos de estresse, quando mostra a "cabecinha" horrível. Embora pareça que os efeitos colaterais nocivos da bulimia já foram embora, Jill – e acho que muito disso já aconteceu, mesmo antes do tratamento, já que você pensou em sair de casa e concentrar mais energia nos estudos para não ser perturbada pelo transtorno alimentar, com real desejo de se livrar dele –, ele ainda pode ser bem sorrateiro e nos pegar de surpresa. Acho sensacional essa ausência de consumo alimentar compulsivo e purgação, mas também penso que o transtorno alimentar ainda está presente. É aí que vocês (*voltando-se para os pais*) entram em ação, para realmente ajudarem e para que Jill não possa seguir o trajeto desejado pelo transtorno alimentar. Pensei que poderíamos falar, hoje, sobre o que vocês têm feito, como um casal, para ajudá-la a minimizar cada oportunidade que teria para livrar-se da comida. Será que poderíamos retomar o assunto da última sessão, sobre os alimentos proibidos, aqueles mais difíceis?

MÃE: Sim. Sabe, no início fazíamos muitas atividades. Eu achava que, com a intensidade da bulimia no começo, realmente precisávamos sair de casa por algumas horas, para fazer coisas diferentes. Então, eu comecei a levá-la ao supermercado comigo, para escolhermos juntas o que comprar. Agora diminuímos um pouco as atividades, mas acho que estamos sempre tentando envolvê-la em coisas produtivas. Nos últimos dias, eu a convidei para dar uma caminhada comigo após o jantar, porque às vezes eu caminho à noite, e ela aceitou meu convite. Ela não gosta de caminhar, mas me acompanha com o *roller*. Agora, nos concentramos mais na função dos exercícios, em vez de tentarmos persuadi-la a parar com o que fazia. Mas, como eu disse na última sessão, eu passo pelo supermercado e ainda fico pensando o tempo todo eu comprar comida. Acho que não deveria comprar certos alimentos, mas sempre achei que ela precisa aprender a ter essas coisas por perto, e acho que está aprendendo. Na última vez, eu lhe comprei biscoitos.

PAI: Sim, ela comprou – os biscoitos ainda estão no mesmo lugar. Não saíram de lá, exceto quando eu os peguei. Quer dizer, ainda estão no mesmo lugar. Nós sempre os colocamos ali.

MÃE: Eu percebi. Acho que isso é o que chama a nossa atenção. Guardei os biscoitos no armário e percebi que a quantidade diminuiu...

PAI: ... Mas só um pouquinho.

MÃE: Sim, muito pouco na última semana, e algumas vezes eles duravam apenas um ou dois dias, e eu imaginava se...

TERAPEUTA: Você suspeitava, pensando aonde teriam ido todos aqueles biscoitos, ou se o transtorno alimentar...

MÃE: Exatamente.

TERAPEUTA: Meio como "Quem comeu esses biscoitos?"

MÃE: Mas nas duas últimas semanas eles estão sempre lá. Ou, se desaparecem, é por que... (*aponta para o marido*).

TERAPEUTA: Não, não se preocupe com isso (*tentando tranqüilizar o pai, que pareceu embaraçado quando a mãe o apontou como aquele que "comeu os biscoitos"*).

Discutir e Apoiar os Esforços dos Pais para o Restabelecimento da Alimentação Saudável

TERAPEUTA: (*para Jill*) Bem, eu quis tocar no ponto dos alimentos proibidos porque na última sessão falamos muito sobre isso e decidimos que vocês não deveriam ter esses alimentos em casa, porque Jill pode ter dificuldade em resistir a eles. Ao nos despedirmos, na última sessão, você estava irritada, como "Por que simplesmente não podemos ter essas coisas em casa?" Nessas duas semanas, eu tenho imaginado como você se sentiu quando sua mãe a levou ao supermercado e se lá no íntimo o transtorno alimentar não lhe disse "*Não, não leve isso para casa. Por que não podemos ter apenas cenoura e aipo – coisas que parecem mais seguras?*"

JILL: Não, eu realmente não me importei.

MÃE: Mas não era assim. Lembre-se, dois meses atrás eu comprava sorvete e a via comendo sorvete todas as noites. Bem, é claro que todos adoramos sorvete. Eu comprava picolés e pensava: "Tudo bem, devemos comprar algumas coisas" e eu não compro muito, mas comprava um pouco de sorvete ou biscoitos e todos comíamos do mesmo pacote ou embalagem. Eu comprei um pacote grande com picolés bem pequenos, e acho que o pacote durou um mês. Bem, você (*o pai*) comeu um, ontem à noite.

PAI: Sim, eu comi um deles.

MÃE: E eu também comi um. Então, eu consigo perceber que o que comprei ainda está lá e ela não come tudo de uma vez. Talvez esteja comendo aos poucos.

TERAPEUTA: (*para Jill*) E é isso que eu gostaria que você comesse, para que seus pais a ajudem a consumir esse tipo de alimento com moderação.

JILL: Posso fazer isso sozinha.

TERAPEUTA: Você consegue? Ok, vamos falar sobre uma das vezes em que você comeu um picolé.

JILL: Eu comi um, ontem à noite.

MÃE: Comeu?

JILL: Após o jantar. É, quando vocês ainda estavam jantando.

MÃE: Tudo bem.

PAI: Você chegou a comer dois ou três de uma só vez?

JILL: Não.

PAI: Nem eu.

TERAPEUTA: Vocês têm isso em comum (*em tom de brincadeira*).

PAI: Eu também imaginei, nós sempre falamos sobre consumo compulsivo de alimentos e purgação. Se você comeu demais, pode pensar: "Eu comi e não vou eliminar, mas ainda tenho a comida dentro de mim, então vou me exercitar."

TERAPEUTA: É isso o que desejo abordar. Senhora Kenny, eu sei que você disse que os exercícios também estavam sendo usados para queimar calorias. Será que entendi bem?

MÃE: Não, acho que não.

TERAPEUTA: Não? Ok, então.

MÃE: Acho que somos uma família que se exercita. Bem, acho que a maioria das famílias não se exercita. Assim, não sei se os exercícios atendem a essa função. Eu só sei que, no começo, quando eu me exercitava, eu normalmente não a convidava para vir comigo. Nos últimos meses, eu a convido para caminhar, para ir comigo. O que eu falei foi que ela não vai para substituir a purgação, mas para livrar-se da doença, em minha opinião.

TERAPEUTA: Ah, entendi. (*Voltando-se para Jill*). Eu estava imaginando se o transtorno alimentar a faz pensar algo como "Bem, eu não estou mais purgando, mas vou me livrar da comida de outra maneira."

JILL: Ah, não – eu adoro andar de *roller*.

MÃE: Não...

TERAPEUTA: Ok, então é divertido? Então isso mudou um pouco, para você? Porque eu sei que quando você passou pela avaliação com um membro da minha equipe, afirmou que praticava *softball* porque realmente gostava disso e queria ajudar seu time, mas sua mente estava mais concentrada nas calorias – "Quantas calorias eu queimei?" Então, era diferente?

JILL: Sim, quer dizer...

MÃE: É definitivamente diferente. Acho que em janeiro ou fevereiro era como todos os dias, quando você ia à casa de John e trabalhava com pesos, lembra-se?

JILL: Sim.

MÃE: Acho que, na época, a doença estava bem dominante. Eu não sabia que ela se exercitava tanto, mas acho que isso aconteceu quando Jill só pensava em se livrar das calorias. Suponho que ela gosta de exercícios, de qualquer maneira, apenas para permanecer saudável e não engordar. Mas isso não é ruim, é?

TERAPEUTA: Quando você fala em não engordar, o que quer dizer?

MÃE: Bem, é que acho que eu preciso me exercitar para me manter saudável e não engordar. Acho que não há problema nisso.

TERAPEUTA: Imagino se vocês (para os pais) já conversaram sobre o peso ideal para Jill e o peso que ela consideraria o melhor para si.

MÃE: Bem, falamos sobre isso no começo, você se lembra?

JILL: Muito tempo atrás?

MÃE: Quando tudo isso começou e consultamos o primeiro médico, ela pesava 52,5 kg. Lembro-me que o médico disse que na última consulta – acho que foi de três a seis meses antes –, ela estava com 57 ou 56,5 Kg, algo assim, e eu não havia percebido que ela havia emagrecido praticamente 5 quilos. Isso me preocupou bastante, e eu perguntei: "Você se acha gorda?" A verdade era que você se considerava gorda, mesmo com aquele peso. Lembra-se disso?

JILL: Sim.

MÃE: Mas acho que agora ela não se considera gorda.

JILL: Não.

MÃE: Eu me preocupei porque ela recuperou os quilos que precisava, e pareceu muito à vontade com isso.

Continuar Diferenciando Entre a Paciente e Seus Interesses e Aqueles da BN

A mãe tende a falar por Jill, e a terapeuta precisou conferir com a paciente, para verificar se é como a mãe está dizendo. Seria importante, especialmente nesse ponto do tratamento, permitir que a adolescente se pronunciasse e conferir suas impressões sobre o progresso do tratamento.

TERAPEUTA: Você está de acordo com a versão de sua mãe?

JILL: Sim.

TERAPEUTA: Às vezes, pessoas com bulimia relutam muito em abandonar seus sintomas, embora saibam o quanto eles as prejudicam, porque temem engordar demais. Apesar de saberem dos perigos de todos esses sintomas, elas gostam dos efeitos da doença, que as mantêm com determinado peso. Realmente, o que estamos tentando fazer, com a sua ajuda, é normalizar a sua alimentação, para que não existam brechas no dia ou alimentos que você não possa comer moderadamente. Esse é o nosso objetivo. Não importando qual seja o seu peso final, esse é o correto, porque você consumirá uma quantidade normal de alimentos, com gordura e açúcar, mas em porções moderadas.

MÃE: Às vezes, eu acho que talvez parte do problema seja o fato de ela sempre ter atividades extracurriculares e almoçar às 11h30 ou 12 horas.

JILL: Ao meio dia e trinta.

MÃE: E ela realizava atividades até as 17h30 ou 18 horas e chegava em casa faminta. Então, é compreensível ter fome se não fizemos nem um lanche. Ela também não andava almoçando. Só comia um pouquinho de cereal.

JILL: Eu gosto de cereal.

MÃE: Ela realmente adora. Meus filhos adoram cereal. Mas acho que isso não ajudava muito. Ao voltar para casa no fim da tarde, ela estava morta de fome. Assim, quando a bulimia começou, eu comecei a preparar e embrulhar lanches para Jill. Antes de sair para o *softball* ou treino da animação da torcida, ela fazia um lanche com cenoura ou aipo, ou comia uma maçã. Mesmo agora com o *softball*, se ela tem uma partida em um local mais distante e planeja voltar para casa apenas às 19 horas ou depois, eu lhe preparo um lanche extra. Então, acho que ela aprendeu o que precisa comer, mesmo se for apenas um pequeno lanche durante o dia.

TERAPEUTA: Parece que você tem sido muito prestativa, ao preparar os lanches para ela.

MÃE: Cenouras e aipo.

PAI: Falta uma semana para terminarem as aulas, o que significa que ela estará em casa o dia inteiro. O que devemos fazer? Será que devemos garantir que ela comerá moderadamente durante o dia todo, com pequenas refeições, ou nós...?

TERAPEUTA: Neste tratamento, alguns pais pensam: "Bem, nós viemos até aqui para que você nos diga exatamente o que fazer ou para nos arranjar uma nutricionista." Entretanto, vocês sabem melhor que ninguém, são especialistas nisso. Vocês fizeram um ótimo trabalho com Patrick.

PAI: Se ela estiver em casa, poderá se levantar como sempre, digamos, às 10 da manhã, e então fará um pequeno lanche, e depois precisaremos conversar para sabermos o que precisará comer, entre o café da manhã e as refeições – algo que possa ter sempre por perto. Não há biscoitos o tempo todo. Alguma coisa, para que (*dirige-se à terapeuta*) ela coma, já que na escola, antes, não podia comer.

MÃE: Bem, talvez eu não esteja por perto nas primeiras semanas das férias. Eu estarei trabalhando até meados de junho, de modo que ela estará sozinha em casa durante o dia.

TERAPEUTA: Então, como podemos resolver isso? Foi bom você trazer o assunto das férias, porque as circunstâncias serão diferentes para Jill. A escola é muito estruturada. Certamente (*para Jill*) você logo irá para a universidade e haverá alguma estrutura, mas não tanto quanto no ensino médio. O ensino médio é bastante estruturado. Na faculdade, se você não quiser aulas pela manhã, poderá marcar todas as suas matérias para a tarde ou estudar apenas de manhã, mas não à tarde. Acho que essa será uma ótima oportunidade para experimentar e criar alguma estrutura, onde não há nenhuma.

PAI: Eu também pensei nisso. Digamos que, não importando o horário do seu café da manhã, você planeje comer algo com valor nutricional três horas depois. Assim, se você comer algo às 10 da manhã, por volta das 13 horas você comerá uma maçã, para colocar algo nutritivo no estômago, em vez de dizer "Não vou comer agora", e de repente já são cinco da tarde e você come qualquer coisa sem valor real, pensando: "Tudo bem, agora vou comer cinco biscoitos." Se você estruturasse os horários de alimentação durante o dia, eu penso que isso acabaria com a tentação de comer seis biscoitos. Por um lado, você não estaria tão estressada e não desejaria comer os biscoitos; Você não sentirá tanta fome, se comer os alimentos certos durante o dia.

TERAPEUTA: Quando você fala em maçã, quer dizer que isso seria todo o almoço? Ou seria o lanche?

PAI: Não sei se ela almoça.

TERAPEUTA: Entendo. Então, nesse momento...

PAI: Agora que você terminou o ensino médio, será que continuará freqüentando o Taco Bell com suas amigas?

Jill: Nós vamos no Subway.

PAI: ... Ou Subway. Você come um sanduíche, o que é ótimo. Mas se não comer... Quando sair, pelo menos, almoce todos os dias.

Ao longo desta sessão, os pais parecem muito sensatos em suas expectativas sobre Jill e sobre como a filha pode continuar fazendo alterações saudáveis em sua rotina e consumo alimentar. Ambos os pais mostraram-se incrivelmente isentos de críticas, em suas análises dos eventos semanais, e foram competentes ao debaterem e ajudarem Jill a encontrar soluções práticas para a alimentação saudável. Os pais também demonstraram capacidade para envolverem-se na ajuda para que Jill molde o seu comportamento alimentar, mas mantendo uma distância apropriada de suas outras atividades, como *softball* ou saídas com as amigas.

Direcionar, Redirecionar e Concentrar a Discussão Terapêutica em Comportamentos Ligados a Alimentos e Alimentação, Até a sua Normalização

TERAPEUTA: Certamente, ao observarem esta folha cheia de zeros por todos os lados, nas duas últimas semanas, vocês se sentem muito satisfeitos, e isso se deve aos seus (dos pais) esforços conjuntos. Jill, você também está aprendendo a derrotar essa coisa e a evitar o consumo alimentar compulsivo e a purgação. Acho também que vocês estão muito confiantes no sentido de terem derrotado o transtorno alimentar, e pensam que ele não existe mais. Contudo, precisamos garantir que vocês possam saber que Jill almoçou, quando não estiverem por perto. Acho que realmente precisamos descobrir uma forma de garantir que vocês saibam que estão ajudando sua filha a almoçar. Em alguns momentos, talvez até na maior parte dos dias, Jill pensará: "Quero ir ao Subway com minhas amigas e almoçar lá." Porém, em alguns dias, o lado do transtorno alimentar a levará a pensar: "Ah, salte esse almoço. Você não precisa almoçar, porque isso só a engorda. Não saia com suas amigas. Fique em casa e não coma coisa nenhuma." Então, no fim do dia, poderá acontecer de, como seu pai dizia, você comer demais das coisas que não se permite comer. Jill, eu sei que isso pode não parecer uma opção atraente quando você está em casa durante o verão e somente deseja ter tempo livre, mas que tal encontrar-se com sua mãe para o almoço? Sei que pode ser difícil, com seus horários de trabalho, mas seria possível?

JILL: Não, quer dizer, eu tenho milhões de coisas a fazer. Não estou pensando em ficar em casa assistindo TV. Sempre tenho coisas para fazer.

MÃE: Sim, e outra coisa é que eu vejo este verão – e não que eu discorde de você –, mas eu vejo este verão como a época ideal para ela aprender a ficar sozinha e escolher o que precisa comer.

TERAPEUTA: Entendo.

MÃE: Estou preocupada. Ainda recordo a nossa visita a Massachusetts, no campus universitário. Você deveria ver a praça de alimentação que eles têm lá. O que me preocupa é que haverá uma seção de sobremesas do tamanho desta sala! Eu me preocupo porque quero que ela possa ir até lá duas ou três vezes e escolher direito o que comer.

TERAPEUTA: Acho que esse é, definitivamente, o nosso objetivo e, Jill, tenho certeza de que você também pensa assim, mas penso que ainda temos mais algumas semanas de ajuda dos seus pais para chegarmos a esse estágio. Acho que devemos ter por meta, quando ela for para a universidade, ter proporcionado a Jill a oportunidade de almoçar ou fazer um lanche sozinha. Contudo, atualmente ainda estamos nas fases iniciais, embora não tenhamos mais episódios de consumo alimentar compulsivo e purgação. Só quero que haja mais estrutura.

PAI: Então, talvez, em vez de apenas o consumo alimentar compulsivo e purgação, pudéssemos dizer, na hora do jantar: "Você fez ao menos duas refeições hoje, contando café da manhã e almoço?" Mesmo se o almoço foi apenas uma maçã, foi almoço e talvez uma maçã não seja o bastante, mas na hora do jantar poderíamos perguntar-lhe quantas refeições ela fez.

TERAPEUTA: (*para Jill*) E quanto a você, será que considera uma maçã suficiente? Será que isso lhe dá sustento?

MÃE: (*interrompendo*): Eu acho que não.

PAI: Olhe, eu passo o dia inteiro sem comer. Fico de estômago vazio durante o dia e então, quando chego a casa à noite, como tudo de uma vez.

TERAPEUTA: Ah, entendo.

MÃE: Deixe-me lhe explicar nossa idéia. Se ela levantar-se às 10h30 ou 11 horas, tomará café da manhã, e ela sempre come algo, quando levanta. Ela comerá uma tigela de cereal, um bolo inglês, ou talvez um pedaço de bolo de café, se eu tiver comprado. Então, quando terminar já será 11h30, e o que fazer com o almoço? Talvez ela almoce às 15 horas ou 15h30. Mas nós sempre jantamos às 17 ou 18 horas. Na verdade, no verão, minha rotina é mais ou menos a seguinte: eu não almoço, porque nessa época eu levanto às 9 horas ou 9h30. Não estou dizendo que nunca almoçamos, porque almoçamos, sim. Às vezes nós almoçamos. Nós comemos um cachorro quente, ou outra coisa rápida. Aos fins de semana nós sempre almoçamos, mas...

TERAPEUTA: Bem, eu acho que, pelo que entendi, vocês não fazem um almoço consistente, ou o almoço é uma refeição leve e o jantar é mais substancial. Tudo bem, cada família tem seus próprios hábitos. Algumas pessoas comem mais no meio do dia, e outras no jantar.

MÃE: Sim, cada família tem seus horários.
TERAPEUTA: Deixe-me pensar. Como Jill poderia comer algo de manhã, almoçar e jantar, e ainda fazer alguns lanches, se tentarmos levar em consideração a estrutura de sua família e a forma como se alimentam? Então, vocês jantam em torno das 17 ou 18 horas?
PAI: No verão geralmente é mais tarde, porque...
JILL: 19 ou 20 horas.
PAI: Sim, porque ainda está claro.
TERAPEUTA: Muito bem, isso parece útil, porque você poderia almoçar por volta das 15 horas.
MÃE: Eu imagino se ela anotará isso – será que é essa a idéia? Que precisamos monitorar o que Jill come? Para sabermos se é pouco ou demais?
TERAPEUTA: Vocês precisam garantir que ela está almoçando o que considerariam uma quantidade suficiente para alguém nessa idade.
PAI: Acho que seria má idéia, porque ela terá a mesma tendência para dizer: "Ah, eu anoto tudo no fim da semana", e não anota nada. Nem poderá lembrar o que comeu. Acho que seria muito mais fácil dizer que o objetivo é garantir que ela faça três refeições por dia.
JILL: Posso comer quando sentir fome, é o bastante...
PAI: Sim, e antes de deitarmos, à noite, podemos lhe perguntar como foi seu dia, em termos de alimentação. E ela poderá dizer algo como "Bom, eu comi quando acordei, fiz um lanche, mas não almocei, e então nós jantamos juntos." Podemos conversar sobre isso. Também seria melhor conversarmos à noite, porque quando ela passa o dia inteiro na praia, não anota nada. Então, se propusermos anotações, perderemos muita coisa, porque você *não* anotará. À noite, podemos conversar, em vez de apenas perguntarmos: "Você comeu compulsivamente ou purgou?" Poderemos perguntar: "Você comeu?" E se ela disser que não comeu de manhã nem almoçou, que só fez uma refeição, poderemos dizer: "Bem, então amanhã o objetivo é fazer três refeições", mais lanches, é claro.
TERAPEUTA: Aposto que Jill pode fazer isso. Ela deve ser capaz de fazer essas três refeições e lhes contar direitinho, mas acho que essa doença realmente é muito sorrateira e pode lhes passar uma rasteira. É especialmente típico os pais serem enganados pela bulimia. Acho que isso é especialmente difícil, porque afeta indivíduos como Jill, esforçados e responsáveis, e não há razão para duvidar de nada que ela diga, porque é uma pessoa honesta, pelo que percebo em suas descrições de sua filha e pela avaliação. Entretanto, o transtorno alimentar pode levá-la a esconder ou a não revelar o que aconteceu

naquele dia. Assim, se ela não almoçou porque o transtorno mandou que ela não almoçasse, ou talvez porque naquele dia isso não fosse conveniente porque havia muitas coisas a fazer, a situação pode se tornar bem difícil no fim do dia. Ela terá problemas para lhes contar, porque não deseja desapontá-los, e pode se sentir envergonhada ou não desejar que vocês pensem que não está melhorando do transtorno alimentar. Essa doença a levará a fazer tais coisas. Se eu soubesse que o transtorno alimentar está totalmente eliminado e houvesse uma solução mágica que pudéssemos experimentar, então não teríamos problemas, mas realmente penso que precisamos descobrir uma maneira de Jill sentir-se à vontade com esse trabalho conjunto entre nós, na qual vocês possam garantir que ela almoce e não se sinta em uma prisão.

MÃE: Acho que me preocupo tanto quando penso no verão porque considero que o período crítico para ela será à noite, porque é quando come demais. Além disso, nos fins de semana ela sai e quando chega a casa os episódios de consumo alimentar compulsivo ocorrem, depois que vou para a cama. Então, esse parece ser um período bem crítico. Não que eu não me importe se ela almoçou ou não, mas como nosso monitoramento sobre seus horários de almoço ou se realmente almoçou poderia ajudá-la?

TERAPEUTA: Entendo sua preocupação. Senhor Kenny, talvez você seja a melhor pessoa para falar sobre isso, porque não come muito durante o dia e se alimenta mais à noite. Entretanto, aposto que se em algum dia o senhor toma café da manhã e almoça, é capaz de comer menos à noite, porque já teve um consumo regular de alimentos durante o dia. Assim, a idéia com o almoço é que vocês normalizem a alimentação de Jill, para que seja realmente impossível, em termos fisiológicos, chegar à próxima refeição completamente faminta.

MÃE: Isso faz sentido. Muito bem, acho que entendi. Sim, entendo.

TERAPEUTA: Então, faz sentido para vocês?

PAI: Sim.

TERAPEUTA: Mas também quero abordar o problema de comer à noite, porque parece um momento perigoso.

MÃE: Eu considero a noite nosso maior problema, mas, como já lhe disse, é depois que vou para a cama. Já tentei até não dormir.

JILL: É, tentou mesmo! (*rindo*).

TERAPEUTA: É claro, porque ninguém está vigiando e é o momento ideal para sentir-se vulnerável e ceder à ânsia de comer compulsivamente.

PAI: Bem, o meu problema é que se ela chega às onze horas da noite e esse cara aparece...

TERAPEUTA: Gosto quando você diz "esse cara", em vez de "o transtorno alimentar".

PAI: Se esse cara aparece [em referência ao transtorno alimentar]. Se ela comesse algo que eu considero mais nutritivo, como cenoura, em vez de biscoitos... Ela poderia comer 10 cenouras para afastar esse cara, mas se comer 10 biscoitos, ela o atrai. Não acha que seria bom se ela dissesse a si mesma: "Se eu comer bastante comida boa, esse cara não se manifestará"?

JILL: Comerei só cenouras, quando chegar a casa.

PAI: Sim, não acha que cenouras podem...?

JILL: Sim, acho que é uma boa idéia.

PAI: Mesmo se ela comer 10 cenouras, acho que esse cara não poderá dizer: "Vá comer 10 cenouras, compulsivamente", mas acho que ele poderia mandá-la devorar 10 biscoitos, um atrás do outro.

JILL: Acho que é uma boa idéia.

MÃE: Também acho boa idéia, mas talvez esteja rindo porque fico imaginando se ela faria isso.

JILL: Claro que sim.

MÃE: Acho que ela desejaria os biscoitos, e o cara poderia fazê-la desejar só biscoitos.

JILL: Não, eu poderia fazer isso, comer algo nutritivo. Mas acho que estou pensando apenas em cenoura...

PAI: Bem, poderíamos usar alguns truques, antes de irmos para a cama. Se planejarmos ir para a cama, e ela quiser ficar acordada, podemos mudar os biscoitos de lugar e deixar ali um recadinho. Não há nada de errado com chegar tarde da noite em casa e querer comer algo saudável, antes de ir para a cama.

TERAPEUTA: Certamente.

PAI: Ou aipo. Acho que isso seria bom.

JILL: Gosto da idéia.

TERAPEUTA: Sim; Jill, eu só quero garantir que você tem esse cara sob controle, porque seus pais estão preocupados, pensando naquele bufê de sobremesas que, certamente, é ampliado dez vezes nas mentes deles.

MÃE: Bem, é verdade.

PAI: Aquela estrutura que parece a Fábrica de Chocolates do Willy Wonka.

MÃE: Acho que você também viu, não lembra? O bufê de sobremesas?

TERAPEUTA: (*para Jill*) Acho que, e me corrija se estiver errada, seus pais desejam que você tenha a experiência de consumir esses alimentos, que não são ruins em si. Não existem maus alimentos. O que faz mal é a quantidade desses alimentos. (*Para os pais*) E eu gosto muito do que vocês estão dizendo. Vocês querem que sua filha de alimente de forma nutritiva, assim como desejam que Patrick [irmão de Jill] consuma minerais, proteínas e gorduras suficientes, essas coisas todas. Eu acho que vocês desejam que ela tenha alguma experiência com o consumo de alguns biscoitos e sorvete, não que coma três tigelas de sorvete, mas apenas uma. Tenho certeza, Jill, de que é isso que você também quer.

JILL: Sim, é claro.

TERAPEUTA: Ou talvez não.

JILL: Sim, eu adoro sorvete.

TERAPEUTA: Então, acho que quando vocês, os pais, estão presentes, ela tem a oportunidade de experimentar esses tipos de alimentos, para que, quando sentir que o transtorno alimentar, ou "esse cara" a manda livrar-se do que acabou de comer, vocês estejam lá e digam: "Ei, o que podemos fazer para ajudá-la a superar essa ânsia por comer?"

PAI: Bem, como podemos falar com ela sobre isso? Depois que ela come um pouco, a tendência é subir para ir ao banheiro.

TERAPEUTA: Vamos falar sobre isso.

JILL: Eu não tenho subido, ultimamente. Quer dizer, na maior parte do tempo, vou para o meu quarto porque preciso limpá-lo.

TERAPEUTA: Mas aí pode haver uma chance de eliminar o que comeu.

JILL: Sim, creio que sim. Quer dizer, daria para ouvir a descarga do vaso sanitário, mas em geral eu estou limpando o meu quarto, porque está tão cheio de coisas que mal se consegue ver o chão.

MÃE: Ou tirando um cochilo.

JILL: É, ou dormindo.

Os pais têm tido bastante sucesso na separação entre a doença e sua filha e também na demonstração de uma atitude sem críticas em relação a ela. Por exemplo, o pai referiu-se aos sintomas do transtorno alimentar como "o cara que se manifesta", ou "Aquele cara, você disse que ele ainda estará lá, mas talvez esteja menor do que eu pensei", enquanto a mãe o chama de "essa coisa". O grau em que essa postura isenta de críticas se deve ao relacionamento familiar anterior ao início da doença, e/ou ao sucesso da terapeuta para ajudar os pais a compreenderem essa doença desde o começo do tratamento, é difícil de determinar. Ainda assim, com a modelagem da postura sem críticas da terapeuta ao longo de todo o tratamento, os dois pais conseguiram reduzir o transtorno alimentar, sendo bastante "rígidos" com a bulimia sem sacrificarem seu bom relacionamento com a filha.

Um bom exemplo de como os pais poderiam combinar o humor com as regras para a redução do transtorno alimentar é esta idéia do pai: "Bem, poderíamos usar alguns truques, antes de irmos para a cama. Se planejarmos ir para a cama, e ela quiser ficar acordada, podemos mudar os biscoitos de lugar e deixar ali um recadinho. Não há nada de errado com chegar tarde da noite em casa e querer comer algo saudável, antes de ir para a cama."

Continuar Modificando as Críticas dos Pais e Irmãos

TERAPEUTA: Entretanto, às vezes o transtorno alimentar – e não estou dizendo que isso esteja acontecendo com você, Jill –... Eu conheço algumas adolescentes que vomitam em seus quartos, dentro de uma sacola. A doença é muito furtiva, e sei que para vocês (os pais) é repulsivo pensar que ela poderia fazer isso, e Jill, você pode pensar "Eu nunca faria algo parecido", mas às vezes, a doença pode ser realmente poderosa. Mesmo se durante algum tempo esse cara saiu de férias, ele volta para o trabalho, porque pode ser bem forte para isso. Assim, vamos pensar nesses momentos, logo depois de comer. O que vocês poderiam fazer para ajudá-la? Pode ser que não confiem em Jill o bastante para sugerirem uma caminhada, porque ela pode ter conflitos entre escutar o que a doença lhe diz ou ouvir seu lado mais saudável. O que vocês podem fazer? Quero que sintam que podem ajudá-la a consumir esses alimentos com moderação, e que percebam que ela pode se sentir culpada por isso.

PAI: É difícil para nós, e se você está falando sobre as noites, é raro nós três estarmos sentados às oito da noite. Quando é que estamos todos juntos? Quais são as chances de estarmos os três lá, para jantar? E então, após o jantar, planejar algo ou conversar, sobre a doença, sobre a purgação, qualquer coisa, mas falar sobre isso, para termos certeza. (*Voltando-se para Jill*). Acho que se você se lembrar disso tudo, ou se a lembrarmos sobre o que pode acontecer, então você não desejará purgar, porque acabamos de conversar sobre isso.

MÃE: Creio que já fazemos isso – apenas a nossa presença, em um momento crítico, como logo após o jantar, já tem feito uma grande diferença. Eu geralmente estou em casa e, como eu disse no começo, achei que precisava tirá-la de casa, por exemplo, ir ao supermercado, ou praticar algum passatempo com ela. Temos feito isso. Assim, por algumas semanas nós fizemos algumas atividades bem intensas, para mantê-la ocupada. Mas agora voltamos a falar apenas sobre a nossa presença, sobre estarmos disponíveis.

TERAPEUTA: Isso é útil?

MÃE: Sim, é útil e realmente conversamos, porque no começo nós não falávamos sobre essa coisa. Não que falemos muito sobre isso agora, mas já nos sentimos à vontade para abordar o assunto. E nos sentimos à vontade para dizer: "Como você está?" E ela responde: "Bem", e eu suponho que quando lhe pergunto como ela está, é uma maneira de me informar sobre seu progresso. Não preciso dizer: "Como você está se saindo com o transtorno alimentar?" Ela sabe que é diferente de "Tudo bem?" Ela sabe o que pretendemos, quando perguntamos como está.

TERAPEUTA: Então, há uma entonação especial, do tipo: "Como anda aquele cara?"

MÃE: Sim, e também perguntamos: "Há algum problema?" e "Está preenchendo seus registros?" Nós dois fazemos muito esse tipo de coisa, e percebemos que ela está se saindo bem, lidando com o problema, e já progrediu muito.

As passagens acima são um exemplo muito bom de dois pais amorosos, que se orgulham muito da filha e dos esforços desta para superar a bulimia. Eles conseguiram separar a doença da filha e fizeram algumas alterações práticas no dia-a-dia para garantirem que estão disponíveis, física e emocionalmente, para ajudá-la a superar o transtorno alimentar. O tom positivo continua nos excertos seguintes.

Continuar Diferenciando entre a Paciente e Seus Interesses E os Interesses da BN

TERAPEUTA: Ela realmente progrediu. Eu sei que grande parte deste tratamento concentra-se no que vocês, os pais, fazem para ajudá-la com o transtorno alimentar. Mas eu também quero reconhecer as razões para vermos tantos zeros [em referência ao registro de consumo alimentar compulsivo/purgação]. Isso ocorre porque você realmente deseja melhorar. Você está tentando não comer demais, nem vomitar. Isso não quer dizer que já estão em segurança, e acho que por essa razão precisamos pensar, particularmente com o verão chegando e com menor estrutura no dia-a-dia, como podemos ajudar a garantir que o progresso continuará. Assim, precisamos continuar subindo, em vez de descer, em nossa trajetória.

PAI: Acho que será mais perigoso no verão porque, no inverno, pelo menos como eu vejo as coisas, quando usamos muitas roupas, muitos suéteres e calças grossas, não olhamos muito para os nossos corpos. No verão, ela usa apenas shorts e blusinhas curtas, e pode ver seu corpo muito mais. Se não gostar do que está vendo, poderá perder o controle. Será que isso poderá causar novos episódios de consumo alimentar compulsivo? Então, penso que o verão é mais problemático.

TERAPEUTA: É um bom raciocínio.

MÃE: Isso e a falta de estrutura.

TERAPEUTA: Sim, as duas coisas.

MÃE: O verão é muito desestruturado. Ela ficará muito tempo na rua, sei que sim. Está com 18 anos e é difícil vê-la se libertando.

TERAPEUTA: Jill, considero muito importante você saber que este tratamento é algo temporário. Percebemos que você está com 18 anos e parece muito estranho ver seus pais controlando essa porção de sua vida, monitorando a sua comida ou aonde você vai depois que se alimenta. Mas eu também acho que pode haver um meio-termo de respeito ao seu desejo de sair com suas amigas à noite, por exemplo. Isso desde que os seus pais saibam que você jantou bem e que eles a monitoraram por uma hora ou algo assim, depois que você comeu, para saberem que não purgou. Ela não purgou, então tudo bem, pode sair com as amigas. Pode ser uma espécie de recompensa, porque eu não quero que você se sinta punida por estar doente, por exemplo, tendo de assistir TV ou jogar jogos de tabuleiro com eles todas as noites de verão – apesar disso, sei que vocês mantêm um bom relacionamento familiar.

MÃE: Acho que isso é importante, e fico satisfeita por você dizer isso. É verdade, ando pensando muito sobre o verão. Desde que as crianças eram pequenas, e eu sendo professora, lembro que quando setembro chegava, eu já começava a pensar: "Que bom que o verão terminou, porque precisamos de estrutura novamente." Nossos verões são tipicamente muito livres, e eu entendo o que você disse agora. Precisamos manter nossas refeições um pouco mais estruturadas.

TERAPEUTA: Creio que será bom vocês ajudarem Jill para que ela aprenda a se alimentar sozinha quando for para a faculdade, onde o ambiente é muito mais desestruturado que no ensino médio. Vocês poderão ficar tranquilos, quando ela for para Massachusetts, de que fará todas as refeições e lanches. Ela não restringirá a alimentação durante o dia, sendo atacada pelo transtorno alimentar à noite, alimentando-se compulsivamente e, depois, purgando. Estou certa de que ela não quer isso, nem vocês.

MÃE: Acho que outra coisa boa é que temos um relacionamento suficientemente bom com Jill para que, ao ir para a faculdade, ainda possamos conversar sobre isso, mesmo que seja apenas por telefone. Nós dois perguntaremos como ela está, e ela saberá o que pretendemos, com a pergunta. E acredito que ela será honesta conosco.

TERAPEUTA: Desde que o transtorno alimentar tenha cedido um pouco.

MÃE: Sim, é verdade.

Nos excertos anteriores, a terapeuta fez um bom trabalho, ao elogiar a paciente e seus pais por seus esforços no combate ao transtorno alimentar. Entretanto, ela alerta a família de que ainda não estão livres da doença. A terapeuta está ajudando a família a planejar um período mais estruturado no futuro próximo (o verão) e os ajudou a debater como podem ajudar a filha, quando esse momento chegar. Esse também é um bom modo de avançar a discussão, abordando a saída de Jill de casa para estudar, no outono (a terapeuta adianta esse tema, apenas brevemente) e, ao fazê-lo, a terapeuta ajuda a família a planejar o verão e a usar isso como uma preparação para a partida da paciente. A introdução desses tópicos também leva o tratamento rumo ao término do Primeiro Estágio; a terapeuta traz tópicos que tipicamente são discutidos no Segundo e Terceiro Estágios. Nesses excertos, ela também demonstra grande respeito pela adolescente e a lembra que as intervenções do Primeiro Estágio são temporárias.

Discutir e Apoiar os Esforços dos Pais para o Restabelecimento da Alimentação Saudável

TERAPEUTA: Pensem nos jantares. Será que vocês têm um plano para depois do jantar? Essa é a nossa zona de perigo. Depois de Jill comer algo nutritivo, talvez seja uma boa oportunidade para vocês consumirem um dos alimentos que ela tem dificuldade para comer sozinha, embora tenha feito isso, como sorvete ou biscoitos. Depois do jantar, isso parece bem perigoso. Será que podem unir suas mentes e pensar em algum modo de fazer com que isso dê certo? Jill, você também pode falar. Queremos que isso seja um esforço colaborativo.

PAI: Bem, podemos estabelecer que o jantar só termina uma hora depois que comemos. Assim, se terminamos de comer às 19h15, podemos dizer: "Ei, espere, não vamos a lugar nenhum. Vamos conversar", ou algo assim. Ou, talvez, quando acabarmos de comer, possamos passar a próxima meia hora fazendo algo juntos. Posso perguntar se Jill quer sair para uma caminhada, apenas sentar-se ou lavar os pratos e conversar. Precisamos garantir que passaremos os próximos 45 minutos, a partir do momento em que o último de nós terminou de comer, juntos, seja fazendo algo, apenas caminhando pelo bairro, lavando os pratos, jogando, qualquer coisa, fazendo algo. O fim da refeição será o momento em que terminarmos de fazer algo após o jantar. Só então cada um fará o que quiser.

MÃE: Uma vez que esses 45 minutos são os mais críticos, você está dizendo que precisamos mantê-la ocupada ou sob as nossas vistas?

TERAPEUTA: Sim, e também para que vocês possam ter certeza de que ela comeu bem, e manteve a refeição no estômago. Precisamos garantir que ela a mantenha, para que a doença não tenha chances de aparecer. Ela pode estar presente, mas vocês demonstrarão que não é bem-vinda em suas refeições.

PAI: Acho que mesmo se Jill jantar, qualquer coisa que a ponha em movimento será útil.

TERAPEUTA: Como uma caminhada ou algo parecido?

PAI: Sim.

TERAPEUTA: Certamente, é uma opção. *(Para a mãe)* O que a senhora acha? Jill, eu também quero a sua opinião.

MÃE: Suponho que uma parte de mim está pensando em algo *(virando-se para Jill)* e preciso perguntar. Quando você fazia a purgação? Era depois do jantar?

JILL: Não, bem, às vezes, mas não.

TERAPEUTA: Você não purgava geralmente após o jantar?

JILL: Sim, se eu comesse muitos biscoitos após o jantar, mas não se eu comesse apenas algo como um sanduíche de peito de peru.

MÃE: Não era geralmente para purgar o jantar, mas sim algo doce?

JILL: Se eu comesse algo depois, eu geralmente purgava, mas não faço mais isso.

MÃE: Era geralmente com o que comia após o jantar.

TERAPEUTA: Entendo.

MÃE: Então, se o jantar terminava às 19 horas, ela começava a purgar por volta das 19h30. Ela comia sorvete ou biscoitos. Eu me lembro de Jill indo à cozinha cinco vezes para pegar algo. Já dissemos que seu consumo alimentar compulsivo não envolvia grande quantidade de comida, mas ela achava que era demais, e acontecia assim. Então, lá pelas nove da noite, ela estava vomitando. Ou talvez às vinte e duas horas, ou até mais tarde. Mas entendi o que você disse antes, que precisamos estabelecer padrões regulares de alimentação, porque se Jill não come o dia inteiro, sente muita fome. Sempre soubemos que parte da solução tinha a ver com estabelecermos melhores hábitos de alimentação e nutrição.

TERAPEUTA: Além disso, integrar um pouco desse sorvete e biscoitos, para que não sejam proibidos e você não se prive tanto deles ao ponto de, quando tiver uma chance de prová-los, pensar: "Não posso comer apenas um biscoito; preciso comer 10." Se vocês comerem sobremesa após o jantar e estiverem com ela, o transtorno alimentar a fará sentir-se como: "Se eu tivesse apenas jantado, estaria bem, mas a sobremesa realmente pesou." Mas vocês estarão com Jill. Se ela se sentir assim, não terá como se livrar do que comeu. Ela também experimentará comer essas coisas moderadamente e sentir-se bem, dessa forma. Jill, como você se sente? Quero falar com seus pais, mas também quero a sua opinião. Seu pai acha que vocês podem escolher o que fazer após o jantar.

JILL: Não tem problema. Em geral, eu não sei; em fins de semana, eu como e já me arrumo para sair. Não quero ter de esperar até as nove da noite e só então começar a me aprontar para sair.

TERAPEUTA: Mas será que há algo que você possa fazer para garantir que não purgará?

JILL: Não vou vomitar. Eu não quero mesmo esperar até as nove da noite para só então começar a me arrumar. Vocês acham realmente que é tão importante garantirmos que eu manterei o macarrão em meu estômago? Eu não sei, acho que posso comer tranqüilamente e então ir para o banho.

MÃO: Acho que aprendi que o importante é garantir que estamos nos alimentando normalmente.

JILL: Refeições normais?

MÃE: Sim, refeições normais, em horários regulares.

JILL: Mas já fizemos muito isso.

MÃE: Considero isso importante. E, sabe, somos uma família bastante unida e fazemos as coisas juntos, até mesmo inconscientemente, eu acho, naquela primeira hora após o jantar.

JILL: Sim, geralmente fazemos algo.

MÃE: Em geral, lavamos os pratos, ou especialmente, se o tempo está bom, todos fazem o que desejam. Você [o pai] pode lavar o carro, eu posso regar as plantas e ela [Jill] pode apenas assistir TV.

TERAPEUTA: Então, parece que são mesmo uma família unida, e não terão dificuldade, porque às vezes algumas famílias reagem mais ou menos como: "De jeito nenhum vamos ficar juntos durante esse tempo!"

JILL: Sim, conosco não precisa ser como "Ok, agora vou ter de ficar aqui com minha mãe e meu pai."

TERAPEUTA: Fico feliz por você mencionar isso.

JILL: É normal ficarmos juntos. Então, não precisamos nos preocupar com isso.

MÃE: E quero que ela tenha opções.

TERAPEUTA: Certamente.
MÃE: Porque havia uma opção quando eu a convidei para caminhar comigo. Eu quero caminhar. Tento me exercitar. Algumas vezes, ela respondeu que não queria ir comigo, e não quero forçá-la, mas às vezes ela concorda. Ainda no último sábado, foi comigo.
JILL: Mas de *roller*. Ela foi caminhando e eu fui de *roller*.
MÃE: Fomos ao Wicker Park e no domingo fomos à reserva florestal. Assim, preciso aceitar, se às vezes ela não quer fazer algo comigo. Foi isso o que aconteceu com a questão do livro de recortes, também.
JILL: Às vezes, estou no clima, mas às vezes não.
MÃE: (*Repetindo*) Às vezes ela está no clima, mas nem sempre!
TERAPEUTA: Será que poderia haver um meio-termo? Às vezes realmente não é a melhor opção sair com sua mãe ou fazer algo com seu pai. Você poderia fazer algo por conta própria, mas sua mãe e seu pai sabem que você tem um transtorno alimentar que poderia levá-la a subir até seu quarto para se livrar da comida. Sei que estamos falando com uma Jill saudável, neste momento, de modo que parece absurdo, como "Não vou vomitar o espaguete, então por que estamos tendo essa conversa?" Mas a doença é realmente traiçoeira. Ela surge e a pega de surpresa, e acho que precisamos dar um jeito de isso não acontecer. Não precisa haver um gráfico que diga algo como "Ok, hoje à noite jogaremos *Scrabble* ou estudarem um idioma estrangeiro", mas acho importante que haja alguma estrutura, para que seus pais sabiam que o transtorno alimentar não tem chance de chegar e fazê-la esvaziar o estômago.
MÃE: Acho que outra coisa que acontece é que – e talvez seja por isso que nos sentimos assim – eu acho que todos nós podemos reconhecer o que esse cara causa.
JILL: É.

Nas passagens anteriores, a terapeuta ajuda diligentemente os pais e a adolescente a planejarem uma maneira de passarem algum tempo juntos após as refeições, para prevenirem a purgação. Todos são muito atentos para imaginar um modo de fazer isso de modo a não parecer uma punição para Jill. A terapeuta solicita a resposta de Jill às sugestões feitas pelos pais. Embora a paciente proteste inicialmente, isso não dura muito, e a cordialidade nessa família permite que eles concluam que são uma "família bem unida, e fazemos coisas juntos". A ênfase, nesta parte da sessão, está sobre a insistência em fazer com que a família pense sobre refeições regulares e como incorporar alimentos proibidos enquanto tentam ajudar Jill a superar a doença.

TERAPEUTA: Isso é um grande progresso.

MÃE: [Referindo-se ao progresso de Jill]. Acho que ela está conseguindo, e estamos muito conscientes disso. Começamos a perceber seu avanço. Sempre está lá, então estamos muito atentos. Quando eu realmente precisei lhe dizer "Eu quero que você esteja comigo durante a próxima uma hora", foi porque reconheci que a doença estava bem ali, prestes a atacar.

JILL: Certo.

TERAPEUTA: Acho que isso é bem verdade. Vocês têm um relacionamento muito bom. Penso que podem sentir quando Jill tem dificuldade, mas também acho que, no estágio em que estamos, se derem uma oportunidade à doença, ela assumirá o controle. Jill, desejo que você possa residir longe dos seus pais quando for para a faculdade e não tenha quaisquer sintomas, para que não precisem se preocupar com isso. Você está se cuidando bem, agora; sua mãe e seu pai disseram que desejam cuidar do problema agora, para não precisarem lidar com ele depois. A doença continuará lá, mas já fizemos um trabalho realmente bom, por enquanto.

MÃE: Acho que estamos sentindo que fizemos um bom trabalho. Acho isso bom, e penso que sabemos que é muito importante nos reunirmos todas as semanas para ouvir e falar sobre isso, por causa do que você nos diz. Todos entendemos que a doença pode voltar. Talvez estejamos ficando um pouco complacentes demais.

TERAPEUTA: Mas vocês já fizeram um progresso notável. Mesmo antes de o tratamento começar, já estavam trabalhando nisso. Entretanto, penso que há uma tendência para nos tornarmos complacentes, achando que já está tudo bem, o que não é verdade.

MÃE: E é por isso que o tratamento ainda é necessário, durante os próximos meses.

TERAPEUTA: Exatamente. E esse processo ocorre em estágios, para que seus pais passem menos tempo monitorando o que você faz ou passem algum tempo em sua companhia em atividades com o fim de desviá-la da doença. Agora, é muito importante não dar qualquer espaço para o transtorno alimentar. Estou contente por terem trazido o assunto do verão, porque...

MÃE: Porque teremos muitas mudanças.

TERAPEUTA: Certo, muitas mudanças.

MÃE: Acho que as próximas semanas serão muito interessantes, porque, basicamente, faltam, o que... Dois dias para terminarem as aulas? Ela tem provas na semana que vem e, então, na outra sexta, a formatura.

TERAPEUTA: Ok. Bem, esta semana vamos dar continuidade aos seus esforços em trabalharem juntos, tentar fazer isso. Depois, poderemos falar sobre o que é possível fazermos em relação ao almoço, quando o verão chegar. Como eu disse, esse trabalho é colaborativo, e Jill, isso também não é uma sentença de prisão, porque é verão e, além disso, seu último verão antes da faculdade. Isso é importante, mas também preciso reconhecer a importância de controlarmos a doença.

MÃE: Eu acho que, de todos nós, ela é quem mais se considera curada. Certo?

TERAPEUTA: Isso é maravilhoso. Ótimo.

MÃE: Acho que também apoiamos essa idéia, mas nós dois estamos um pouco mais... E você também, nós três relutamos em pensar que está 100% curada. Mas, às vezes, penso que Jill se considera curada.

TERAPEUTA: E isso é ótimo. Creio que é ótimo, mas precisamos garantir que o progresso continuará. Vamos apenas fortalecer nossos esforços e assumir o controle, para que a doença não possa voltar. Uma das famílias que eu atendo diz: "Queremos estrangular essa coisa, garantir que nunca mais voltará e que não tenha mais ar para respirar." Então, muito obrigada por estarem aqui. Eu os vejo novamente daqui a 2 semanas.

A terapeuta conclui a sessão em um tom positivo, porque a paciente está fazendo um bom progresso e todos reconhecem a melhora. A terapeuta expressa alguma cautela, contudo, afirmando que o transtorno alimentar não está totalmente eliminado, uma sensação ecoada pelos pais. Nesta sessão, muito típica do primeiro estágio do tratamento, a paciente demonstra bom progresso e a terapeuta começou a avançar um pouco as coisas, ao abordar o verão, mais estruturado, que está prestes a começar, bem como a partida da paciente para a universidade, no outono. Se o progresso continuar nesse ritmo, o primeiro estágio envolverá apenas mais algumas sessões, com todos concordando sobre o progresso, antes do avanço para o Segundo Estágio, no qual trabalharão juntos para devolverem a Jill o controle sobre sua alimentação e reduzirão a supervisão após as refeições. Essas questões, entre outras, são os tópicos dos próximos capítulos.

CAPÍTULO 10

Segundo Estágio

Ajudando a Adolescente a se Alimentar Sozinha (Sessões 11-16)

A concordância da paciente em trabalhar com seus pais para aderir a um consumo alimentar balanceado, a ausência de consumo alimentar compulsivo e de purgação, e o alívio familiar pelo progresso feito sinalizam o início da segunda fase do tratamento. Como ocorreu no Primeiro Estágio, o terapeuta alerta os pais de que a principal tarefa no Segundo Estágio é continuar trabalhando para a melhora da saúde da filha. O foco do tratamento durante este estágio permanece firmemente sobre os sintomas do transtorno alimentar, embora agora em um contexto familiar caracterizado por menor tensão e estresse. Ao mesmo tempo, o terapeuta pode trazer às sessões assuntos mais gerais relacionados à adolescência, na medida em que se relacionam diretamente aos sintomas do transtorno alimentar (por ex., puberdade, relacionamento com colegas e sexualidade). Embora a abordagem direta de questões da adolescência seja o principal objetivo do Terceiro Estágio, o terapeuta deve começar a fazer uma transição para esses assuntos mais no fim do Segundo Estágio.

Para reforçar a autonomia crescente da adolescente e o sucesso da família no Segundo Estágio, indicamos uma maior independência em relação ao terapeuta. Portanto, durante esse estágio as sessões geralmente são marcadas em intervalos de 2 a 3 semanas. O terapeuta continua pesando a paciente de duas em duas sessões, e ainda coleta registros de consumo alimentar compulsivo e purgação em cada sessão. Entretanto, a necessidade de auxílio terapêutico é variável, e os intervalos entre as sessões poderão ser de 1 a 6 semanas, nesta fase.

A atitude do terapeuta difere, agora, do tom altamente sério, demonstrado durante a maior parte do Primeiro Estágio. Uma vez que a paciente e sua família estão conseguindo estabelecer a alimentação saudável e reduzir o comportamento bulímico, o terapeuta mostra-se mais otimista e esperançoso. Sob a perspectiva do desenvolvimento, podemos ver a BN como algo que perturbou os processos normais da adolescência (isto é, aumento da independência, maior importância dos relacionamentos com colegas e objetivos pessoais, acadêmicos ou ocupacionais). Neste estágio, o terapeuta começa a integrar o foco sobre os sintomas do transtorno alimentar com eventos pertinentes que ocorrem na vida da adolescente, enquanto ela começa a ter maiores oportunidades de independência e de relacionamentos com companheiros – isso é, problemas ligados a se alimentar sem restrição, consumo alimentar compulsivo ou purgação na escola, ao comparecer a festas ou encontros românticos. As questões específicas que o terapeuta tende a abordar dependem da idade e maturidade da adolescente, assim como da rapidez com que o monitoramento pelos pais pode ser descontinuado com segurança; entretanto, diretrizes gerais sobre os procedimentos terapêuticos que o profissional pode empregar são descritas abaixo.

Com freqüência, a atitude da paciente em relação ao terapeuta muda, próximo ao começo do Segundo Estágio. Enquanto a paciente era mais reservada, até mesmo ocasionalmente hostil, no começo do tratamento, no Segundo Estágio sua atitude geralmente é mais amistosa e receptiva. Se os pais acreditam que o terapeuta os ajudou em sua luta contra a BN, essa maior confiança pode ajudar a levá-los em frente, além dos problemas imediatos causados pela bulimia, e a se dedicarem a ajudar para que a filha comece a negociar questões ligadas a alimentos no contexto de suas atividades da adolescência. Ao fim do Segundo Estágio, a paciente estará no controle de sua própria alimentação e de comportamentos ligados ao peso, em um nível etário apropriado, e o terapeuta deve permitir que os pais e a adolescente assumam um papel mais central no tratamento. Assim, o terapeuta e a família podem identificar e ampliar os pontos fortes e habilidades da adolescente, durante as sessões restantes. Em alguns casos, a paciente e sua família estão prontos para assumir, agora, os desafios da adolescência que o advento da BN interrompeu. Novamente alinhada com seus colegas e menos preocupada com os pensamentos e comportamentos da BN, a paciente pode começar a lidar com a puberdade, relacionamentos com companheiros, autonomia psicológica, sexualidade e outras questões típicas da adolescência. Neste ponto, os pais podem se sentir capazes de ceder mais espaço à filha e observar, enquanto ela aborda essas questões com maior independência.

Como o Terapeuta Avalia a Prontidão da Família para o Segundo Estágio?

Os critérios a seguir são diretrizes gerais que geralmente sinalizam a prontidão para o começo do Segundo Estágio:

- A paciente geralmente é capaz de se abster de consumo alimentar compulsivo e purgação (por ex., tem comportamentos de consumo alimentar compulsivo/purgação menos de uma ou duas vezes por mês).
- O peso está estável, dentro de normas amplamente aceitáveis.
- A paciente alimenta-se em intervalos regulares, sem necessidade excessiva de envolvimento dos pais, e esses não relatam muita dificuldade para fazer com que a paciente consuma refeições regulares.
- Os pais relatam que se sentem capazes de ajudar a filha a lidar com seus comportamentos bulímicos; isto é, demonstram alívio por poderem manejar a doença.

Como a Equipe de Tratamento Muda, no Segundo Estágio?

A equipe de tratamento para o Segundo Estágio (a equipe de terapia familiar mais a equipe de consultoria) permanece intacta. Nesta fase, o médico tende a ver a paciente com menos freqüência, porque preocupações imediatas sobre problemas médicos já foram bastante reduzidas. Tipicamente, o médico pode ver a paciente a cada 3 ou 4 semanas neste ponto e transmitir informações ao terapeuta, se houver um novo problema médico. O terapeuta, por sua vez, relata o progresso comportamental e transmite informações ao médico, se os sintomas parecerem piorar em qualquer ponto. Pacientes que estão tomando medicamentos geralmente já estão em uma dose estável e, como ocorre com o médico, as consultas com o psiquiatra pediátrico tipicamente ocorrem com menor freqüência. O contato entre o terapeuta e o psiquiatra pediátrico deve continuar em intervalos razoáveis, dependendo do grau de preocupação, para garantir a obtenção de benefício máximo dos medicamentos e da terapia. À medida que o transtorno alimentar se dissipa, o tratamento começa a se assemelhar à terapia familiar habitual para adolescentes, e o envolvimento da equipe de consultoria (por ex., o pediatria ou nutricionista) pode se tornar mais secundário. Entretanto, o reaparecimento de sintomas de BN pode exigir a reativação da equipe de consultoria em uma base mais regular. Portanto, todos os membros da equipe devem ser mantidos informados sobre o progresso da paciente. O relacionamento entre os membros da equipe da terapia familiar, porém, permanece essencialmente inalterado, do Primeiro para o Segundo Estágio.

Os quatro objetivos principais do Segundo Estágio do tratamento são:

- Manter o manejo dos sintomas do transtorno alimentar pelos pais, até a paciente mostrar evidências de ser capaz de comer de forma saudável e independentemente.
- Devolver o controle da alimentação e do peso à adolescente.
- Explorar o relacionamento entre os problemas de desenvolvimento da adolescente e a BN.

Para a conquista desses objetivos, o terapeuta assume as seguintes intervenções:

1. Pesar a paciente no começo de cada sessão e coletar o registro de consumo alimentar compulsivo/purgação.
2. Continuar apoiando e auxiliando os pais no manejo dos sintomas do transtorno alimentar até que a adolescente possa comer bem por conta própria, sem consumo alimentar compulsivo ou purgação.
3. Ajudar os pais e a adolescente a negociarem a devolução do controle sobre a alimentação à adolescente.
4. Incentivar os familiares a examinarem a ligação entre problemas da adolescência e o desenvolvimento da BN em sua filha.
5. Continuar modificando as críticas dos pais e irmãos à paciente, especialmente em relação à tarefa de devolver a ela o controle da alimentação.
6. Continuar ajudando os irmãos para que ofereçam apoio à irmã doente.
7. Continuar salientando a diferença entre as idéias e necessidades da própria adolescente e aquelas associadas à BN.
8. Concluir as sessões com apoio positivo.

Embora os objetivos do tratamento sejam os mesmos para todas as sessões necessárias neste estágio, a ênfase de cada sessão muda, enquanto a família avança para o final do estágio. Por exemplo, as sessões podem começar muito similares às do Primeiro Estágio, com uma revisão dos hábitos alimentares e sintomas bulímicos como objetivo principal, mas a ênfase mudará para a auto-manutenção da alimentação regular e saudável, à medida que o controle sobre essa área for devolvido à paciente. Finalmente, o terapeuta começa a se concentrar mais nos problemas da adolescência enquanto faz a transição do Primeiro para o Segundo Estágio.

Pesar a Paciente no Começo de Cada Sessão e Coletar o Registro de Consumo Alimentar Compulsivo/Purgação

Por que

Como na fase anterior, o monitoramento atento e contínuo do consumo alimentar compulsivo e purgação (a cada sessão), usando o registro de consumo alimentar compulsivo/purgação da paciente, e do peso (a cada duas sessões), é um mecanismo importante para a oferta de *feedback* para a paciente e sua família sobre o progresso.

Como

Neste ponto, a paciente e seu terapeuta devem ter desenvolvido maior *rapport*, de modo que a conferência do consumo alimentar compulsivo e a purgação tornam-se gradativamente mais aceitável. A intimidade de compartilhar essas informações sensíveis também deve levar a uma maior confiança geral. Enquanto este estágio se inicia, a adolescente com freqüência está mais interessada em discutir seus desejos de ser recompensada por sua obediência às demandas parentais para a alimentação saudável com uma crescente retomada do controle sobre esse processo. O terapeuta deve ser receptivo a esses desejos, sem comprometer-se com um curso de ação em resposta a eles, exceto por garantir à paciente que o controle dos pais sobre sua alimentação e peso acabará no momento certo. Os gráficos de consumo alimentar compulsivo/purgação mantidos pelo terapeuta documentam o progresso para este fim e, portanto, oferecem uma oportunidade para ajudar na geração de uma perspectiva realista sobre as conquistas da família até o momento. Por outro lado, o terapeuta pode presumir que nem tudo o que ocorre no tratamento relaciona-se ao consumo alimentar compulsivo e purgação e à estabilização de peso da paciente, especialmente durante este estágio do tratamento. Portanto, à medida que este estágio continua, a ênfase sobre essas conferências também deve ser reduzida.

Continuar Apoiando e Ajudando os Pais no Manejo dos Sintomas do Transtorno Alimentar, até que a Adolescente Seja Capaz de Comer Bem por Conta Própria, sem Consumo Alimentar Compulsivo e Purgação

Por que

A manutenção da alimentação saudável e a abstenção de sintomas bulímicos ainda são frágeis, no início do Segundo Estágio, porque não há uma abstinência completa em relação aos comportamentos ligados à bn.

Assim, o terapeuta precisa garantir que os pais não relaxarão em seus esforços para restabelecerem hábitos alimentares saudáveis e para extinguirem a alimentação compulsiva e a purgação. Embora esta tarefa seja muito semelhante àquela descrita no Primeiro Estágio, o terapeuta deve notar a mudança de ênfase, aqui. Enquanto no Primeiro Estágio a tarefa do terapeuta era a de ajudar indiretamente e treinar os pais para fazerem com que a filha comesse de forma saudável, o papel do terapeuta agora envolve maior delegação. Isto é, ele se distancia um pouco da adoção de um papel ativo na facilitação do manejo do transtorno alimentar pelos pais e, em vez disso, visa melhorar e consolidar a confiança dos pais em suas habilidades para tomar decisões apropriadas no processo de restabelecer a alimentação saudável para a filha. Esta mudança é particularmente importante, porque a próxima tarefa terapêutica é a de apoiar os pais enquanto negociam com a filha acerca de como lhe devolverem o controle sobre a alimentação.

Como

O terapeuta inicia esta fase do tratamento tendo em mente o mesmo objetivo do Primeiro Estágio: revisar e reforçar sistematicamente os esforços dos pais para restabelecerem a alimentação saudável para a filha. Ele insiste para que os pais permaneçam consistentes em seus esforços para restaurarem o consumo de três refeições balanceadas, até se convencer de que a paciente não duvida mais da capacidade e resolução dos pais em prevenirem seu engajamento em padrões alimentares normais que precipitam comportamentos bulímicos. O terapeuta ainda permanece concentrado nos sintomas bulímicos. As sessões consistem em uma revisão cuidadosa e completa dos eventos que envolvem a alimentação. Essas revisões ainda visam examinar os procedimentos usados pelos pais para ajudarem a filha a assumir o controle da alimentação de modo mais independente. As estratégias da família para chegar a este processo de recuperação devem dominar as discussões por tanto tempo quanto seja apropriado. Por exemplo, cada familiar deve ser indagado sobre eventos que ocorreram na última semana e sobre como abordou a tarefa de restabelecer a alimentação saudável. No mesmo estilo do *questionamento circular* mencionado anteriormente, cada resposta deve ser conferida com cada um dos familiares, para determinar como ele descreveria os eventos. As discrepâncias devem ser examinadas com cuidado, uma vez que seu esclarecimento é útil para o terapeuta, em termos de sua seleção das medidas que os pais terão de assumir para melhorarem seus esforços. Como antes, o terapeuta deve usar essas sessões para apoiar cuidadosamente os pais no que diz respeito do conhecimento que demonstram sobre refeições nutritivas e balanceadas e para reforçar seus esforços em favor da alimentação saudável e da redução do consumo alimentar compulsivo e purgação.

Também é importante envolver a adolescente neste processo, levando em conta "o que tem a ganhar" com isso. O terapeuta ajuda a família a identificar formas de motivar a cooperação, promovendo o reingresso da paciente em atividades apropriadas para a idade, particularmente com colegas. Por exemplo, os pais agora incentivam a filha a participar de festas e bailes e a comparecer a encontros românticos. Durante este estágio, geralmente surgem questões ligadas ao melhor momento para reiniciar exercícios físicos, bem como o melhor nível de freqüência e intensidade. Embora não existam regras rígidas sobre o melhor enfoque a esta questão na BN, uma diretriz geral seria a de recomendar o consumo de quantidades suficientes para ter energia para exercitar-se e evitar a possibilidade de transformar os exercícios em uma forma de purgação. A aplicação dessa diretriz geralmente significa que a adolescente não se exercitará mais que 30 minutos, várias vezes por semana. Se ela participa de esportes competitivos, um aumento gradual na freqüência e duração dos exercícios em uma base semanal geralmente é um modo seguro de avançar. Uma vez que a osteopenia e a osteoporose ocorrem na BN (Zipfel, Lowe & Herzog, 2005) (embora as taxas exatas desses problemas ainda sejam desconhecidas), é preciso salientar a cautela acerca de possíveis lesões durante os exercícios, enquanto os pais reduzem a supervisão sobre essas atividades.

Ajudar os Pais e a Adolescente a Negociarem a Devolução, a Ela, do Controle sobre a Alimentação

Por que

A tarefa de restabelecer a alimentação saudável (como descrita no Primeiro Estágio) continua durante o Segundo Estágio, embora com uma mudança gradual na ênfase. Já no início do Segundo Estágio, o terapeuta orienta a família para um *abandono* do seu controle sobre a alimentação da paciente. Essa mudança pode ser iniciada apenas se o peso da paciente estiver estável, se os hábitos alimentares forem saudáveis, os sintomas bulímicos estiverem amplamente sob controle e o terapeuta sentir-se seguro de que a melhora continuará mesmo quando os pais reduzirem a vigilância. Uma vez que a paciente esteja relativamente livre dos comportamentos associados à BN, os pais devem ser incentivados a permitir que ela funcione com crescente independência, em relação ao seu nível de desenvolvimento.

Os pais de uma paciente que esteja cursando o ensino médio, por exemplo, podem permitir que ela almoce fora com suas colegas, ao passo que durante o Primeiro Estágio ela deveria voltar para casa todos os dias e almoçar com a família. Além disso, a redução gradual da supervisão parental deve servir como um período experimental para verificar se a adolescente consegue se alimentar adequadamente, por conta própria, sem o reaparecimento da sintomatologia do transtorno alimentar que impede o seu progresso.

O objetivo do terapeuta é auxiliar os pais e a adolescente para que criem um sistema cuidadoso e consensual de transferência da responsabilidade por atividades ligadas à alimentação dos pais para a adolescente. Este processo é orquestrado de acordo com a bagagem dos rituais ou hábitos únicos a cada família no que se refere às atividades regulares nos horários de refeições (isto é, anteriores às mudanças causadas em tais rituais pelo transtorno alimentar) e em sintonia com a idade da adolescente e seu grau de recuperação. Embora os pais recorram ao terapeuta para saberem como proceder com a devolução do controle da alimentação à paciente, a responsabilidade final sobre o avanço nesse processo é deles, *em colaboração* com a adolescente. Tal manobra é delicada, uma vez que o terapeuta deve equilibrar o envolvimento da paciente – que pode agarrar "com unhas e dentes" a oportunidade de reconquistar a responsabilidade pelas escolhas alimentares – os pais e a si mesmo, em relação ao processo de tomada de decisões.

Como

Os pais podem optar por reduzirem gradualmente o seu controle sobre esse processo ao longo de vários dias, por exemplo, permitindo que a paciente sirva-se durante as refeições enquanto ainda supervisionam essa atividade. Alternativamente, os pais podem ceder maior controle à paciente sobre escolhas de alimentos, desde que tais seleções representem quantidades saudáveis e adequadas. Outro modo de avançar é orientar os pais para que dêem total liberdade à paciente durante uma ou duas refeições por dia, enquanto eles ainda supervisionam a refeição principal. Nesse ponto do processo de recuperação, os pais já terão suspendido a supervisão após as refeições ou as idas ao banheiro. Em última análise, os pais e a paciente deverão chegar às suas próprias decisões, adequadas ao nível etário da adolescente e ao conjunto de regras da família em relação às compras, preparação dos alimentos e refeições em família, em oposição à responsabilidade e preferências individuais e outros fatores.

Incentivar os Familiares a Examinarem o Relacionamento entre os Problemas da Adolescência e o Desenvolvimento da BN em sua Adolescente

Por que

Uma vez que a doença deixe de ser o único tópico das discussões, o terapeuta ajudará a família a negociar problemas importantes da adolescência que até agora haviam sido adiados, mas apenas na medida em que se relacionam diretamente à alimentação e ao controle do peso (por ex., comer na escola, comprar roupas para um baile formal). No geral, a paciente é incentivada a envolver-se em atividades sociais adequadas à sua idade tanto quanto possível e tão logo seja possível. Dependendo da idade do aparecimento, os sintomas da BN muitas vezes interferem com algum aspecto do desenvolvimento psicossocial e psicossexual normal da paciente. Adolescentes com BN, por exemplo, geralmente apresentam distorções em suas idéias sobre seus corpos e sua atração pessoal, o que as leva a evitarem ocasionalmente os namoros ou quaisquer atividades que envolvam o uso de pouca roupa (por ex., freqüentar piscinas). Durante o Segundo Estágio, o foco está mais diretamente sobre a relação dos sintomas de BN e os dilemas da adolescente (por ex., namorar, ir a festas e comprar roupas) a fim de diminuir a saliência desses eventos adolescentes normais na manutenção da BN.

Como

Um exemplo de como começar a explorar essas questões, no contexto de um foco contínuo sobre o transtorno alimentar, diz respeito aos encontros românticos da adolescência. Embora o namoro em si mesmo sirva como representação de muitos temas importantes do desenvolvimento na adolescência (por ex., individuação e amadurecimento psicossexual), a paciente pode ingressar com sucesso neste curso apenas quando não se preocupa mais com a alimentação. Neste ponto do tratamento, o terapeuta não discute as questões mais gerais sobre os comportamentos adolescentes, mas concentra-se, em vez disso, em investigar se todos os envolvidos sentem-se confortáveis ante a idéia de que a paciente pode jantar com alguém e fazer as escolhas alimentares corretas. O terapeuta deve permitir que os pais e a paciente debatam na sessão, para esboçarem um plano em relação à escolha do restaurante e do cardápio, antes de ela sair para um encontro. Além disso, a paciente deve ter um plano prévio para a prevenção de consumo alimentar compulsivo ou purgação. Assim, a ansiedade dos pais diminuirá e a paciente sentirá menos necessidade de comer pouco em um encontro como forma de mostrar aos outros que pode controlar seu apetite e peso e, em vez disso, permanecerá concentrada em reforçar sua frágil recuperação do transtorno alimentar.

Continuar Modificando as Críticas dos Pais e Irmãos à Paciente, Especialmente em Relação à Tarefa de lhe Devolver o Controle da Alimentação

Por que

A razão geral pela qual se suspeita que as críticas familiares contribuam para um pior resultado foi discutida no Capítulo 4. No contexto do Segundo Estágio, a forma como o terapeuta lida com qualquer crítica familiar é determinada por comentários feitos sobre a adolescente, na medida em que ela recomeça a se alimentar por conta própria. Ao passo que a paciente começa a reconquistar o controle e autonomia sobre sua alimentação, pais e irmãos têm uma nova oportunidade para criticá-la e, portanto, comprometerem seus esforços. Respostas críticas podem minar as tentativas da paciente de retornar à alimentação saudável, exacerbar os sintomas bulímicos, e ativar maior resistência em aceitar a ajuda da família. Às vezes, enquanto se torna mais independente, a adolescente expressa maior desafio à autoridade dos pais, o que, por sua vez, pode aumentar as críticas feitas por esses; portanto, o terapeuta precisa manter o foco sobre a minimização das críticas de pais e irmãos, no Segundo Estágio.

Como

Os mecanismos básicos para a modificação das críticas feitas por pais e irmãos foram descritos acima. Durante este estágio, especialmente enquanto a adolescente é incentivada a alimentar-se novamente por conta própria, o terapeuta pode modelar a aprovação e aceitação de seus esforços, dizendo, por exemplo:

> "Você fez um grande esforço para controlar o seu transtorno alimentar. Agora, precisamos apenas nos concentrar nos demais problemas, que ainda dificultam a abstinência para você."

Ou, alternativamente:

> "Parece que seus pais têm altas expectativas para você, e embora parte dos seus desejos combine com os deles, em outros aspectos você pode sentir que nunca poderá satisfazê-los. Isso pode frustrar a eles e a você mesma,

ocasionalmente, e levar a conflitos, apesar de seus objetivos serem os mesmos – isto é, ajudá-la a recuperar sua vida de adolescente."

Por outro lado, se precisa abordar a adolescente sobre a demonstração de oposição sem justificativa, o terapeuta pode indagar:

"Tem sido muito difícil ver seus pais tão envolvidos com a sua alimentação, não é? Você acha que parte das brigas que tem com eles agora se deve a algum ressentimento por causa desse envolvimento?"

Continuar Ajudando os Irmãos para a Oferta de Apoio à Irmã Doente

Por que

Os capítulos anteriores detalharam o papel crucial dos irmãos na terapia e a razão de seu apoio à irmã doente ser importante. Entretanto, à medida que a melhora da adolescente bulímica torna-se óbvia, os irmãos podem considerar que seu trabalho terminou. É verdade que a necessidade de apoio específico em relação a ajudar a adolescente a tolerar o controle exercido pelos pais sobre o comportamento alimentar diminui no Segundo Estágio. Entretanto, a adolescente não está recuperada e ainda precisa de apoio, especialmente quando reivindica uma autonomia maior. Os irmãos ainda são importantes para ajudarem-na a manter seu progresso, durante este processo.

Como

As estratégias para o envolvimento dos irmãos foram ilustradas anteriormente. Neste ponto, geralmente, é necessário apenas continuar trazendo o tema à tona em breves discussões, a cada sessão. O terapeuta pode perguntar a cada um dos irmãos: "O que você fez para ajudar sua irmã a se sentir melhor, esta semana?" É útil explorar o pensamento por trás da ação do irmão, bem como a opinião da adolescente doente sobre o esforço ou falta de esforço do irmão ou irmã. Se a paciente tem irmãos ou irmãs mais velhos em terapia, eles lhe serão particularmente úteis nesta fase, porque com freqüência se identificam com as dificuldades mais típicas da adolescência enfrentadas pela irmã (agora que a BN não ocupa mais um papel central), podem apoiar suas necessidades de maior independência e sentir empatia por seu dilema adolescente.

Continuar Salientando a Diferença Entre as Idéias e Necessidades da Própria Adolescente e Aquelas Associadas à BN

Por que

Ainda é importante salientar as diferenças entre o pensamento relacionado à bulimia (extrema supervalorização do peso, forma corporal e alimentos) e as convicções da própria adolescente, para tornar mais claros os objetivos dos pais e da adolescente em termos de crescimento e desenvolvimento. Entretanto, durante este estágio, a família e a paciente geralmente já têm uma certeza muito maior acerca de onde o pensamento bulímico diverge das preocupações típicas da adolescente sobre independência e relacionamentos sociais com companheiros etários. A lógica para a continuação da separação entre pensamento bulímico e preocupações adolescentes normais, portanto, tem a ver com a redução na vergonha da paciente sobre ter desenvolvido BN, e com incentivar a família a ver o problema como sendo a BN, não a adolescente, propriamente.

Como

O terapeuta salienta as diferenças entre o pensamento e objetivos relacionados à BN e aqueles da adolescente, intermediando uma negociação entre a adolescente e seus pais que lhe permita reconquistar com segurança o controle de atividades relacionadas à alimentação. Portanto, ele a incentiva a estabelecer seus próprios objetivos para a recuperação, por exemplo, reconquistar o privilégio de comparecer a um acampamento da escola, o que a BN não lhe permitia em razão da grave desnutrição. Além disso, o terapeuta deve explorar o fracasso na a conquista desses objetivos como um modo de revigorar o desejo da própria adolescente de diferenciar-se da BN.

Concluir as Sessões com Apoio Positivo

Por que

Como nas sessões anteriores, a atitude do terapeuta na conclusão da sessão é mais positiva e em tom de parabenização pelas conquistas, de modo que a culpa, impotência e sensações de inadequação possam ser minimizadas. Sendo positivo e encorajador, o terapeuta também ajuda a garantir que os familiares continuarão se sentindo valorizados, o que os ajuda a se manterem envolvidos com o comparecimento à terapia, apesar de estarem exaustos ou tentados a dedicar-se a outros problemas mais urgentes.

Como

De modo similar às sessões anteriores, o terapeuta resume as principais conquistas da família, enquanto dá um espaço apenas mínimo a pequenos contratempos. Isto é feito eficientemente, mas em tom amistoso, enquanto a família se prepara para ir embora. O terapeuta pode dizer algo como o seguinte:

> "Vocês se saíram maravilhosamente hoje, quando imaginaram como podem ajudar sua filha a se preparar para o retorno à escola, semana que vem. Vocês também deixaram claro que às vezes se sentem cansados das demandas feitas por ela por autonomia completa e imediata. Enquanto continuam enfrentando essa questão nas próximas duas semanas, tenham em mente que sua luta é contra a doença da bulimia, não uns contra os outros."

O terapeuta, então, tem o cuidado de despedir-se de cada familiar que sai do seu consultório de uma forma que transmita o senso de reconhecimento e valorização de cada um.

Revisão de Fim da Sessão

Como ocorreu em todas as sessões do Primeiro Estágio do tratamento, o terapeuta principal deve continuar revisando o progresso do tratamento em intervalos regulares com outros membros da equipe, para garantir que todos concordam que o progresso segue como esperado e que quaisquer problemas novos foram identificados.

Dúvidas Comuns e Solução de Problemas para o Segundo Estágio

- *E se a paciente demonstra um retorno da resistência aos esforços dos pais?* Algumas pacientes, devido à experiência anterior de sentir uma redução do estresse e ansiedade após o consumo alimentar compulsivo ou vômito, podem resistir a quaisquer esforços adicionais feitos pelos pais para o controle desses comportamentos e para o restabelecimento da alimentação saudável. O terapeuta deve usar esta oportunidade para ilustrar a gravidade dos problemas que a BN cria e salientar a necessidade de que os pais permaneçam no controle desses comportamentos. O terapeuta pode lembrá-los, por exemplo, das complicações médicas do vômito persistente, como baixos níveis de potássio, desidratação, perda do dentes e lacerações do esôfago. A finalidade desta intervenção é, novamente, levantar a ansiedade e revigorá-los em seus esforços para a conquista da alimentação saudável para a filha adolescente.

- *Como agir, quando a paciente readquire a independência para comer e então recomeça um ciclo de dieta, consumo alimentar compulsivo e purgação?* Durante esse estágio, os pais e a paciente devem estar preparados para uma apresentação cíclica da BN, que é comum, e devem saber que o tratamento lhes dará ferramentas para lidarem com futuras recorrências dos comportamentos bulímicos. Sintomas bulímicos cíclicos podem ser um mau sinal prognóstico. Para a redução da probabilidade de um padrão cíclico, é crucial que a independência para comer não seja devolvida precocemente à paciente. Embora a escolha do melhor momento para o abandono do controle pelos pais deva ser planejada, idealmente, entre os pais e a filha, o terapeuta deve lhes oferecer orientações sobre esse melhor momento, assim como sobre o ritmo desse processo. Entretanto, se a paciente reiniciar dietas, consumo alimentar compulsivo e purgação após ter recebido de volta o controle sobre a sua alimentação, isso demonstrará a todos que tal iniciativa foi prematura. O terapeuta deve reincentivar rapidamente os pais e fazer com que restabeleçam o controle sobre o consumo alimentar da filha. O terapeuta e os pais devem esforçar-se para *não* parecerem punitivos. Afinal, os responsáveis por julgarem mal a prontidão da paciente para avançar sem supervisão constante foram eles mesmos. Entretanto, o terapeuta deve notar que um retorno da inanição, consumo alimentar compulsivo e purgação é relativamente incomum, se a transição para a alimentação independente foi negociada de forma consensual e cuidadosa.

- *E se os pais começarem a depender demais do terapeuta para resolverem os problemas?* Ao longo de todo o tratamento, o profissional reforça a capacidade dos pais para chegarem às suas próprias soluções para restaurarem a saúde da filha. Para a maioria dos pais, esta estratégia melhora sua eficácia e apóia sua independência. Entretanto, alguns ainda assim podem recorrer ao terapeuta para obterem consultoria e conselhos, sacrificando sua própria capacitação. Nesses casos, é possível usar algumas sessões do Segundo Estágio para ajudá-los a resolverem seus problemas *nas sessões,* para que tenham a chance de chegarem às suas próprias conclusões.

- *Qual é a melhor forma de enfocar e limitar os temas da adolescente apropriadamente?* O terapeuta pode estar ansioso para avançar o tratamento para uma ênfase diferente e introduzir temas da adolescência, em um momento em que o restabelecimento da alimentação saudável e a abstenção de consumo alimentar compulsivo e purgação ainda são frágeis demais. Além disso, a paciente pode ver esse desvio de atenção da BN como uma oportunidade em potencial para experimentar novamente os comportamentos bulímicos. Tal mudança seria infeliz, porque sinalizaria ao terapeuta a necessidade de voltar às intervenções apropriadas para o primeiro objetivo desse estágio – isto é, o manejo parental consistente dos sintomas da BN – e adiaria inevitavelmente o processo de tratamento. Por outro lado, no Terceiro Estágio o terapeuta também tem a oportunidade de lidar com questões da adolescência e não ser distraído. A família e a adolescente devem receber a garantia de que esses temas/problemas serão abordados, manejados e explorados melhor no Terceiro Estágio.

• *Como o terapeuta pode manter seu foco, garantir o envolvimento de toda a família e fazer uma transição suave para o Terceiro Estágio?* Este ponto pode ser uma parte difícil do tratamento, porque todos os envolvidos (isto é, a família e o terapeuta) podem estar exaustos, após meses de manutenção de um foco diligente sobre os sintomas da BN. Com a BN sob controle, o terapeuta pode ter de conter seu próprio desejo, assim como o da família, de abreviar qualquer tratamento adicional. Entretanto, como já afirmamos, acreditamos que a BN perturbou o desenvolvimento normal até certo ponto, e uma parte importante do sucesso do tratamento é garantir que a paciente esteja na trilha certa para retomar a sua adolescência, com a ajuda dos pais e irmãos. Quer tal processo seja curto e limitado, ou mais envolvido e elaborado, o terapeuta tem por meta garantir o retorno bem-sucedido da paciente à adolescência (o que é o foco central do Terceiro Estágio).

Conclusão do Segundo Estágio

A maior parte das questões da adolescência adiadas até agora são exploradas com maior profundidade no Terceiro Estágio. A prontidão da paciente e da família para progredirem para o Terceiro Estágio é indicada quando:

1. A paciente faz refeições regulares sem a supervisão dos pais.
2. Os sintomas bulímicos estão ausentes, e o peso é mantido entre 95% e 105% do peso corporal ideal (PCI).
3. A família é capaz de discutir questões não ligadas à alimentação e pertinentes à adolescência.
4. A paciente demonstra uma forte aliança com suas colegas.

Quando esses indicadores de progresso ocorrem, o terapeuta pode começar a transição do trabalho familiar para um foco em questões mais gerais do desenvolvimento adolescente, enquanto o Terceiro Estágio tem início.

CAPÍTULO 11

Segundo Estágio, na Prática

Este capítulo oferece um exemplo de uma sessão do Segundo Estágio. Ela começa com uma breve revisão da semana anterior, durante a qual o terapeuta tem a oportunidade de ver a adolescente sem a presença dos seus pais. Neste estágio do tratamento, a alimentação da paciente está amplamente sob controle e há mais espaço para conversas com o terapeuta sobre eventos e preocupações gerais. Os pais juntam-se ao profissional e à paciente na sessão após um período de 10 minutos. Esta sessão divide-se em partes separadas, assim como a maioria das sessões durante este estágio do tratamento, com base na intervenção específica usada. Além disso, acrescentamos observações durante seu desdobramento, para salientar os objetivos específicos do terapeuta.

Para recordarmos, aqui estão os três principais objetivos dessa sessão:

- Manter o manejo dos sintomas da BN pelos pais, até a paciente demonstrar que é capaz de se alimentar de forma saudável, e fazê-lo independentemente.
- Devolver o controle da alimentação e do peso à adolescente.
- Explorar a ligação entre as questões desenvolvimentais da paciente e a BN.

A fim de conquistar esses objetivos, o terapeuta adota as seguintes intervenções:

1. Pesar a paciente no início de cada sessão e coletar o registro de consumo alimentar compulsivo/purgação.

2. Continuar apoiando e auxiliando os pais no manejo dos sintomas do transtorno alimentar até a paciente ser capaz de se alimentar por conta própria, sem consumo alimentar compulsivo ou purgação.
3. Ajudar os pais e a adolescente a negociarem a devolução, a ela, do controle dos comportamentos ligados à alimentação.
4. Incentivar os familiares a examinarem a ligação entre os problemas da adolescente e o desenvolvimento da BN.
5. Continuar modificando as críticas dos pais e irmãos à paciente, especialmente em relação à tarefa de lhe devolverem o controle sobre a sua alimentação.
6. Continuar ajudando os irmãos a oferecerem apoio à irmã doente.
7. Continuar salientando a diferença entre as idéias e necessidades da própria paciente e aquelas associadas à BN.
8. Encerrar as sessões em tom positivo.

Observe que, embora as intervenções acima sejam, todas, parte do Segundo Estágio, isso não significa que o terapeuta terá uma oportunidade para implementar cada uma, em cada sessão. Por exemplo, no caso a seguir, o irmão caçula da paciente não compareceu às sessões no Segundo Estágio. Conseqüentemente houve pouca ou praticamente nenhuma oportunidade para incentivar o irmão a continuar ajudando a irmã durante este estágio do tratamento. Além disso, os pais de Lisa não a criticavam, e o terapeuta quase não teve oportunidades para aliviar críticas. Portanto, a sessão a seguir oferece ao terapeuta uma oportunidade para demonstrar a maior parte das intervenções típicas do Segundo Estágio, mas não todas.

Antecedentes Clínicos

Lisa é uma jovem caucasiana de 18 anos, com um diagnóstico de BN. Ela mede 1,60 m e pesa 62,5 kg, com um IMC de 24. A paciente declara que gostaria de pesar 45 kg. Ela reside com os pais e o irmão mais jovem. Lisa apresentou-se na clínica com sintomas bulímicos que começaram 12 meses atrás, e relata consumo alimentar compulsivo mais ou menos uma vez por dia e vômitos auto-induzidos duas vezes por dia, em média. Lisa não relata o uso de laxantes, diuréticos ou comprimidos para a redução do apetite, mas se engajou em exercícios compensatórios aproximadamente uma vez por semana, no último mês. Além disso, menciona que costumava consumir álcool freqüentemente em contextos sociais, embora tenha reduzido, ultimamente. Alguns meses antes do início do tratamento, fumava um maço e meio de cigarros por dia, mas agora reduziu para um ou dois maços por mês.

A paciente afirma que não é dependente da nicotina. Suas regras são regulares e ela não toma contraceptivos orais. Negou qualquer prejuízo funcional como resultado do transtorno alimentar e não apresenta outras comorbidades. Entretanto, ela iniciou tratamento com Lexapro, 20 mg, prescrito por um profissional anterior para sintomas de "ansiedade e humor". Lisa e sua família optaram por manter este medicamento e nível de dosagem.

Pesar a Paciente no Começo de Cada Sessão e Coletar o Registro de Consumo Alimentar Compulsivo/Purgação

Quando a sessão começa, a terapeuta conduz a paciente até seu consultório, onde ela é pesada e relata quantas vezes alimentou-se compulsivamente e purgou nos últimos 7 dias. Embora esses números sejam anotados nos gráficos de consumo alimentar compulsivo/purgação do terapeuta, tais comportamentos e sintomas estão amplamente sob controle, neste ponto do tratamento. Uma vez que o estágio está avançado, os eventos gerais da semana anterior são discutidos por mais tempo. Este breve período ainda é o único tempo reservado para a paciente sem a presença dos familiares, e representa uma oportunidade crucial para o cultivo do relacionamento entre a paciente e o terapeuta.

TERAPEUTA: Como foram as coisas, nessas últimas semanas?
LISA: Fui a um encontro sobre ginástica da minha prima sábado. Foi muito longo, acho que fiquei lá quase 10 horas.
TERAPEUTA: Uau. Você foi com toda a família?
LISA: Não, só eu, minha tia e meus primos. O aniversário de minha tia era no domingo, então jantamos fora e foi bem legal. Acordei quase todos os dias às 9 da manhã.
TERAPEUTA: Muito bem! Manter horários regulares é bom e ajuda quando pretendemos fazer as refeições na hora certa.
LISA: Sim. Eu me saí muito bem, só não acordei às nove horas dois dias.
TERAPEUTA: Ótimo, Como você conseguiu?
LISA: Com o despertador.
TERAPEUTA: Você comprou aquele novo despertador que queria?
LISA: Não, eu usei o mesmo de sempre.

TERAPEUTA: Hu-hum.

LISA: Mas, sim, eu acordo com muita fome. Na maior parte das vezes, eu acordava lá pelas seis e meia, com esse relógio dentro de mim que me faz despertar.

TERAPEUTA: Então, sente fome quando acorda?

LISA: Sim.

TERAPEUTA: Ótimo! É sensacional. Então, continua fazendo três refeições?

LISA: Sim.

TERAPEUTA: E lanches?

LISA: Sim, biscoitos de água e sal e alguma coisa, mas não muito, todas as tardes.

TERAPEUTA: Você está indo muito bem.

LISA: É!

TERAPEUTA: Parabéns.

LISA: Obrigada.

TERAPEUTA: Você deu um grande passo. Sei que no começo foi bem difícil...

LISA: Sim, bem...

TERAPEUTA: Sua mãe a ajuda a se levantar ou você faz isso sozinha?

LISA: Às vezes. Não é sempre.

TERAPEUTA: Entendo.

LISA: Eu vou à cozinha para tomar café da manhã. Quer dizer, não consigo dormir de novo.

TERAPEUTA: Sim. Ótimo, muito bom mesmo. Parece que esse era o último obstáculo para regular seus padrões de alimentação e sono.

LISA: Era, sim.

TERAPEUTA: Você se esforçou muito e conseguiu regular seus padrões de alimentação e sono. Isso é maravilhoso, parabéns. E em termos de consumo alimentar compulsivo e purgação, como você tem se saído?

LISA: Não fiz nenhuma vez.

TERAPEUTA: Parabéns! Há quatro semanas você não come demais e nem purga.

LISA: Sim.

TERAPEUTA: Estou admirada. Você está fazendo três refeições, os lanches, e parece que está se esforçando muito. Bom. Quer dar uma olhada no seu peso?

LISA: Claro!

TERAPEUTA: Quanto você espera ver na balança?

LISA: Provavelmente mais, um peso maior.

TERAPEUTA: Era isso que você queria?
LISA: Não lembro qual era meu peso anterior... Esqueci.
TERAPEUTA: Você estava com 55 quilos. Podemos flutuar dentro de uma faixa normal, mas nos últimos tempos houve uma leve queda, para uma taxa menor. Você começou com 62,5 kg e agora desceu para 57 quilos. Mais de cinco quilos.
LISA: Tudo bem.
TERAPEUTA: Por que você acha que seu peso mudou? Sei que tem havido altos e baixos, desde o começo. Uma flutuação é normal, mas você consegue imaginar alguma outra causa?
LISA: Talvez tenha a ver com diferir os alimentos, ou talvez meu metabolismo esteja funcionando. Eu não sei.
TERAPEUTA: Acho que é uma explicação razoável.
LISA: Acho que sim.
TERAPEUTA: Você acha que suas refeições têm sido boas e saudáveis?
LISA: Sim. Sinto-me bem satisfeita, depois que como.
TERAPEUTA: Você chega a ignorar a fome intensa, ou acha que está fazendo mais um lanche que uma refeição propriamente dita, no almoço ou janta?
LISA: Não, mas fiz refeições duas vezes à noite, porque não havia comido direito durante o dia.
TERAPEUTA: Então, você compensou por não ter comido mais cedo?
LISA: Sim, eu compensei.
TERAPEUTA: Bem, está ótimo. Certo, eu vou chamar seus pais. Quer me dizer alguma coisa, antes de eles entrarem?
LISA: Não.
TERAPEUTA: Qualquer coisa relacionada às refeições que deseje comentar, antes disso?
LISA: Não.
TERAPEUTA: Ok.

Após cerca de 5 ou 10 minutos de conversa, a terapeuta pede que o resto da família se reúna com eles no consultório. Essa parte da sessão tipicamente começa com a consulta dos pais aos gráficos de consumo alimentar compulsivo e purgação, para conferir o relato da paciente com as impressões dos pais. Como observado, agora a terapeuta dedica menos tempo a esses registros, porque a paciente está progredindo bem e a alimentação está amplamente sob seu controle.

Continuar Apoiando e Ajudando os Pais no Manejo dos Sintomas do Transtorno Alimentar, até que a Adolescente Seja Capaz de se Alimentar Bem por Conta Própria, sem Consumo Alimentar Compulsivo e sem Purgação

TERAPEUTA: Então, vocês acham que as coisas estão indo muito bem?

MÃE: Muito bem. Agora estamos no alto da montanha, e nos divertindo.

TERAPEUTA: O que vocês perceberam em casa, especificamente, desde a nossa última sessão?

MÃE: Ela está comendo mais tarde, à noite, e parece que de vez em quando volta aos cereais ou granola, e vez por outra uma almôndega de frango ou hambúrguer, que em geral ela raramente comeria.

LISA: Não, eu não comi hambúrguer. Comi almôndegas.

TERAPEUTA: Ok.

MÃE: Acho que, no geral, ela se sente melhor.

TERAPEUTA: Bem, vocês notaram uma maior variedade na alimentação de Lisa?

MÃE: Sim.

TERAPEUTA: Ela está acordando mais cedo e isso significa que toma café da manhã.

MÃE: Certo.

TERAPEUTA: E ela sente fome, no café da manhã?

MÃE: Sim, sente muita fome. Quer dizer, não fica só na maçã, mas prefere uma tigela de aveia ou algo assim, sem que eu sequer precise sugerir. Assim, sei que ela realmente melhorou.

TERAPEUTA: Então, algumas das coisas que você planejou, em termos de acordar Lisa de manhã, como ajustar o despertador, funcionaram?

MÃE: Sim. Acho que bastava ela querer, bastava ter de fazer isso. Realmente funcionou. Você se sente melhor, não?

LISA: Sim.

MÃE: Porque você ajusta o relógio, você conseguiu fazer isso. Levou algum tempo para acertarmos tudo, mas agora sabemos equilibrar melhor os horários de dormir e de comer.

TERAPEUTA: Acho que vocês conseguiram. Acho que grande parte daquela sessão concentrou-se em "O que eu realmente preciso fazer", em termos de planejar e dizer a ela.

MÃE: Sim. Acho que ela está dormindo melhor, à noite.

LISA: Ah, com certeza!

TERAPEUTA: Entendo.
PAI: Sim, ela dorme direto.
MÃE: É mesmo.

No diálogo acima, a terapeuta indagava sobre o nível de dificuldade sentida por Lisa para alimentar-se sob o controle dos pais, sem recorrer ao consumo alimentar compulsivo e à purgação. O tom da sessão é positivo e otimista, porque o progresso de Lisa tem sido excelente.

Ajudar os Pais e a Adolescente a Negociarem a Devolução, a Ela, do Controle sobre Comportamentos Ligados à Alimentação

TERAPEUTA: Eu acho realmente que regularizar seu sono e alimentação foi o maior e o último obstáculo superado, porque já faz algum tempo que você tem o controle sobre o consumo alimentar compulsivo e a purgação. Desde o começo, vocês, a família, conseguiram trabalhar para incorporarem novos alimentos à dieta de Lisa, e ela conseguiu se sair bem por conta própria, se não estou enganada.
MÃE: Foi assim mesmo.
TERAPEUTA: Então, parece que as coisas que vocês faziam no passado, como monitorar Lisa após as refeições, realmente foram úteis para o combate ao consumo alimentar compulsivo e à purgação. Faz mais ou menos um mês que não temos quaisquer sintomas de consumo alimentar compulsivo e purgação. Isso é maravilhoso. E vocês estão garantindo que ela faz as refeições?
MÃE: Sim. Ela parece exercitar-se mais, também.
PAI: Sim.
MÃE: O que provavelmente a ajudou a dormir melhor.
TERAPEUTA: Bem, na última vez nós falamos sobre fazer alguma atividade física. *(Para Lisa)*. Seus pais a ajudaram com os exercícios? O que sua mãe fez?
LISA: Bem, no primeiro dia nós saímos para caminhar, mas foi só isso.
MÃE: Lisa tem feito bastante ginástica no porão lá de casa.
PAI: Acho que isso tem ajudado muito.
TERAPEUTA: Vocês acham que Lisa tem feito muitas dessas coisas por conta própria? Ou é por que vocês a ajudam?
MÃE: Definitivamente, ela faz por conta própria.
PAI: É.

MÃE: Acho que ela se sente um pouco mais independente outra vez, como era antes. Acho mesmo. Ela me inclui em muitas coisas, mas parece que está se tornando um pouco mais independente, eu acho, o que é uma sensação ótima para todos nós.

TERAPEUTA: De que maneiras ela tem demonstrado mais independência?

PAI: Bem, ela está mais disposta a sair, como nesse passeio que fez. E está tomando a iniciativa.

TERAPEUTA: Então, vocês dois não precisam mais ajudá-la tanto com as atividades e ela toma mais iniciativas?

MÃE: Certamente.

PAI: Ah, sim.

TERAPEUTA: (*Para Lisa*). Você concordaria? Quer comentar sobre o que seus pais disseram?

LISA: Concordo. Meu pai me ajuda a planejar a rotina de exercícios, então não preciso exagerar.

TERAPEUTA: E isso a ajuda?

LISA: Eu nem preciso mais de ajuda. Acho que não.

TERAPEUTA: Então, isso é apenas uma ajuda normal da parte do seu pai para ajudá-la, mas não gira especificamente em torno da sua alimentação?

LISA: Isso mesmo.

TERAPEUTA: Ok.

TERAPEUTA: Então, parece que tudo está bem melhor. É uma progressão natural. Vocês já se afastaram, e isso mesmo antes de começarmos a falar sobre isso. Acho que tem dado muito certo. (*Para Lisa*) E você tem respondido muito bem.

MÃE: (*Para Lisa*) Acho que você está pronta para se sentir melhor, não é?

LISA: Sim.

MÃE: Bem, veremos como será na próxima semana, quando ela estiver longe de nós e se divertindo com os primos.

TERAPEUTA: Parece que essa será uma excelente oportunidade para testar realmente sua independência.

MÃE: Com certeza. Ela não ficará na casa da minha sogra. Ficará hospedada em um condomínio, lá no complexo, de modo que eles terão de se virar mais ou menos sozinhos, com relação à alimentação. Ela terá muito tempo para ser independente, lá, e terá de cuidar de si mesma e se lembrar de tomar o Lexapro. Terá de comer, também.

TERAPEUTA: E como estão indo as coisas com esse medicamento?

MÃE: Bem. Sabe, ela está tomando apenas 5 mg, o que parece ser o suficiente. Ela sente que não precisa de mais, e por que dar a ela, se não é necessário?

Nesse intercâmbio, a terapeuta está explorando as opiniões dos pais de Lisa sobre sua prontidão para lidar com seu comportamento alimentar com menos monitoramento consistente. Neste exemplo, os pais já estiveram testando um pouco a capacidade da filha para ser mais independente e têm um plano para testar sua capacidade ao viajar com parentes.

A terapeuta sente-se confortável com essa decisão, porque tudo indica que os planos dos pais são razoáveis. Se houvesse qualquer dúvida, ela provavelmente questionaria a decisão com mais atenção, sem que isso, contudo, prejudicasse a tomada de decisões pelos pais.

Incentivar os Familiares a Examinarem a Ligação entre Problemas da Adolescência e o Desenvolvimento da BN na Paciente

TERAPEUTA: Creio que estamos chegando ao fim do Segundo Estágio. O Primeiro Estágio tinha a ver com que vocês, os pais, se envolvessem em reduzir o consumo alimentar compulsivo e a purgação, especificamente a purgação, e também tentassem aumentar a variedade de alimentos, garantindo que Lisa fizesse refeições e lanches adequados. Acho que todos vocês fizeram um trabalho maravilhoso. O Segundo Estágio concentrou-se em devolver o controle a Lisa. E parece que isso está acontecendo. Mesmo neste processo as coisas continuaram melhorando, em termos de alimentos, porque vocês conseguiram adicionar o café da manhã às outras refeições. E parece que estamos no fim do Segundo Estágio, com Lisa novamente no controle de sua alimentação. (*Para Lisa*) você pretende viajar semana que vem, está por conta própria e parece que está indo muito bem, concorda?

LISA: Sim.

MÃE: Gostei muito quando descobrimos que ela precisava sentar-se e jantar conosco. Como bulímica, parece que não é fácil fazer isso. Ela se afastava de nós ou comia sozinha. Quando nos sentamos para jantar, ela começou a interagir e a comer conosco. Acho que esse foi um grande passo para ajudá-la, porque fazia algum tempo que ela não fazia as refeições conosco.

PAI: Você sabe que, apesar disso, ela desejava comer conosco.

TERAPEUTA: E como são as refeições em família, agora?

PAI: As refeições? Ih, acho que continuamos falando as mesmas besteiras de sempre! (*Risos*)

MÃE: Sim, ela agora faz mais refeições conosco.

TERAPEUTA: Já é um começo.

MÃE: E, além disso, ela sempre guarda um pouco – reserva um pouco de comida para depois. Senta-se e faz isso. Eu estou na cozinha, e se qualquer um de nós se levanta antes da mesa...
PAI: Ah, ela começa... Temos de ficar ali até vê-la terminar de comer.
MÃE: Ela diz: "Eu ainda não terminei!"
TERAPEUTA: Seu marido e seu filho simplesmente se levantam e deixam a mesa de jantar?
MÃE: Bem, sim, quando terminam. Eles não gostam de ficar sentados ali, sem fazer nada.
TERAPEUTA: E então, como vocês decidem o que comer?
MÃE: Acho que sou eu quem decide, na maior parte do tempo. Sabe, eu sei mais ou menos do que todos gostam e como gostam. Então, é quase tudo comigo.
TERAPEUTA: Então todos comem a mesma coisa?
LISA: Sim.
TERAPEUTA: E vocês estão comendo o mesmo?
MÃE: Sim, salada... Vegetais.
TERAPEUTA: E você prepara todas as refeições?
MÃE: Quase todo o tempo. Lisa gosta de cozinhar um pouco, sabe, e ela prepara algumas coisas.
TERAPEUTA: É mesmo?
LISA: Sim.
MÃE: Sim, ela cozinha um vegetal ou o prato principal, algo assim.
TERAPEUTA: (*Para Lisa*) Você pode opinar sobre o que irão comer?
LISA: Bem, sim, ela me pergunta o que podemos fazer para o jantar.
MÃE: Às vezes retiramos uma receita da Internet. Fizemos galinha *scallopini* uma noite e cozido, outro dia.
TERAPEUTA: E você faz as compras?
MÃE: Na maior parte do tempo, eu mesma vou. Mas geralmente pergunto a Lisa se ela quer alguma coisa.
TERAPEUTA: E você se sente bem com esse... Arranjo?
LISA: Por mim, não tem problema.
TERAPEUTA: E você participa da escolha de algum dos pratos ou da preparação, também?
LISA: Sim.
TERAPEUTA: Ok.
MÃE: Mesmo se eu não estivesse por perto, ela daria um jeito. Sabe, se eu tiver de sair o dia inteiro, ela cozinhará alguma coisa. Ela já faz isso com as duas primeiras refeições, de qualquer maneira.

TERAPEUTA: Certo. Então, o que acontece com as duas primeiras refeições?
LISA: Em uma eu como salada, e na outra, vegetais.
MÃE: Mas antes das nove da noite.
TERAPEUTA: E vocês não estão tomando café da manhã com ela?
MÃE: Não...
TERAPEUTA: E o almoço, onde você está comendo, especificamente?
MÃE: Em casa, na maior parte do tempo.
TERAPEUTA: E as porções, como vocês decidem sobre o tamanho das porções? Você faz isso sozinha?
LISA: Depende, se estou satisfeita.
TERAPEUTA: Isso acontece no jantar? Você serve seu próprio prato ou alguém o serve para você?
MÃE: Isso é bom ou ruim? Simplesmente pegamos o que achamos que vamos comer.
TERAPEUTA: Cada família é diferente.
MÃE: Sim.
TERAPEUTA: Neste estágio, Lisa deveria servir-se.
MÃE: Ela sabe o que pode e o que não pode comer.
TERAPEUTA: Pelo que estou vendo, as coisas estão indo bem. Você está se socializando novamente, o que considero um grande passo, e este é um indicador maravilhoso do seu grande progresso. Há algum outro plano? O que pretende fazer? Sei que pretende viajar semana que vem. E depois disso, você tem outros planos?
LISA: Não tenho nenhum outro plano. Quer dizer, não posso ficar em casa no próximo outono.
PAI: Bom... Eu quero dizer, nós gostaríamos que ela fosse para uma escola segura por um ano e, depois, se quiser ir para uma faculdade próxima, pode fazer isso...
MÃE: ... Desde que possamos entrar em contato com ela, se tiver qualquer problema relacionado à BN.
PAI: O desafio é fazer boas escolhas, enquanto isso.
TERAPEUTA: E como Lisa se sente, a esse respeito?
PAI: Bem, ela quer ir mais longe. Não está satisfeita com suas escolhas de lugares para estudar. Mas nós gostaríamos que ela continuasse por perto...
MÃE: ... Mesmo se fosse por seis meses, até janeiro ou fevereiro, para nos sentirmos bem e ela também. Acontece que ela se cobra demais, em termos acadêmicos, e precisamos estar próximos para apoiá-la um pouco.
PAI: Se isso der certo, ela nos pressionará para poder ir à faculdade que escolher.
MÃE: Ou ela poderia trancar a matrícula por meio ano. Isso seria ótimo.

TERAPEUTA: Parece que vocês dois estão de acordo.
PAI: Estamos, sim.
MÃE: Mas ainda não sabemos o que ela quer fazer. Veremos como se sai, quando viajar, semana que vem.
PAI: Bem, você não é obrigada a cursar uma universidade.
LISA: Mas eu quero, papai.
MÃE: Bem, eu não sei. Poderíamos procurar alguma outra coisa que você gostasse – por exemplo, moda, ou algo do seu interesse, mas que não exija faculdade. Algumas pessoas não querem fazer faculdade. Você se interessa tanto por história que eu acho que seria boa idéia, uma ótima alternativa.
PAI: Você pode fazer o que quiser.
TERAPEUTA: Lisa, qual é a sua resposta, ouvindo isso?
LISA: Não me importo, mas quero aprender mais.
TERAPEUTA: Agora você sabe o que não quer fazer (ficar em casa).
LISA: Sim.
TERAPEUTA: Você já deixou claro o que não quer fazer?
LISA: Dá tudo no mesmo, quer dizer... (*rindo*)
PAI: Porque se você quer cursar uma universidade, é melhor nos dizer onde, porque precisa nos contar. Não pode fazer isso no último minuto.
TERAPEUTA: Vocês já pensaram nisso?
PAI: Isso não é o ensino médio, então...
LISA: Bem, eu só não escolhi ainda o que quero fazer.

Nesses diálogos, a terapeuta começa a incentivar a família para ajudar Lisa a lidar com seu transtorno alimentar. A terapeuta tem por meta colocar a questão da vida social de Lisa na agenda durante as primeiras sessões do Segundo Estágio, mas não examiná-la a fundo, necessariamente. A terapeuta também explorará mais este tema à medida que o Segundo Estágio avançar.

Ajudar os Pais e a Adolescente a Negociarem a Devolução, a Ela, do Controle sobre a Alimentação

TERAPEUTA: A crescente independência de Lisa é algo difícil de experimentar e de manejar, neste estágio precoce. Cada família encontra um modo diferente de colaborar e descobrir o que vem a seguir, porque os transtornos alimentares realmente perturbam muitas atividades normais. Portanto, é importante, neste estágio, que Lisa se envolva em uma variedade de atividades adequadas à sua idade. Lisa, você está começando a se envolver em atividades sociais, ao sair de casa, passar tempo com amigos e se socializar muito mais que antes. Sei que já falamos sobre isso em diversas sessões, em termos de planejarmos com antecedência e o que fazer depois. Acho que cada família chega a um acordo sobre o que fazer à sua própria maneira, e acho que este é o lugar para a família poder planejar isso, mas às vezes é bem difícil. Vocês já negociaram em muitas frentes diferentes: primeiro, em relação à alimentação, sobre o consumo alimentar compulsivo e purgação, descobrindo como monitorar a alimentação sem que isso fosse visto como uma invasão excessiva. Vocês negociaram para devolverem o controle a Lisa, e essa questão da universidade é o próximo obstáculo, agora.

MÃE: Nós precisamos fazer com que ela se sinta confortável em algum lugar, e se ela estiver bem e nós nos sentirmos tranqüilos por ela, então ficará tudo bem.

PAI: Acho que deveríamos fazer uma lista dos lugares onde você gostaria de estudar.

TERAPEUTA: Eu já vi vocês se saindo muito bem ao tomarem decisões difíceis. Como pais, já ofereceram todo um leque de alternativas para Lisa, ao ajudá-la a fazer novas escolhas sobre comida e sobre a alimentação. Lembrem-se do começo, quando falamos sobre transtornos alimentares e tentamos encontrar maneiras de aumentar o consumo de Lisa nas refeições e garantir que fossem saudáveis e nutritivas? Muitas das opções apresentadas no início não eram perfeitas, mas vocês descobriram um modo maravilhoso de irem em frente. Algumas sugestões que ouvi de vocês parecem ótimas idéias para fazer as escolhas certas.

PAI: Bem, estamos aqui para ajudá-la com qualquer coisa que ela queira fazer.

TERAPEUTA: Como você se sente a esse respeito?

LISA: Ok.

MÃE: Precisamos saber o que você está pensando e então poderemos ajudá-la a chegar lá.

PAI: E fique longe de Tucson [referindo-se a opções de viagem ou de universidades]. Ok, você pode colocar Tucson na lista, mas não entre as primeiras opções (*em tom de brincadeira*).

MÃE: Faremos essa lista. Você poderia ir para Orland Park. Há muitas opções lá, e você só precisa descobrir as melhores. Acho que somos bons, em termos de reconhecer opções.

TERAPEUTA: Acho que são excelentes nisso. Creio que vocês todos exerceram um papel importante, em termos de capacidade para negociar. Creio que a sua sensibilidade em relação uns aos outros é o que torna isso tão significativo. Pareceu-me bem claro, desde o início, que vocês têm grande habilidade no relacionamento uns com os outros. Particularmente como pais, entendem muito bem sua filha e o que ela precisa para avançar, e como podem apoiá-la para que faça isso.

MÃE: Bem, por algum tempo nós nos sentimos muito confusos. John e eu estávamos quase perdendo o juízo.

PAI: Estávamos esgotados, um ano atrás.

MÃE: Estávamos mesmo.

TERAPEUTA: E é assim que acontece. O transtorno alimentar chega e os faz sentir como se não soubessem o que estão fazendo.

MÃE: É horrível.

TERAPEUTA: É, sim. É importante irem em frente, continuarem devolvendo o controle a Lisa e descobrindo o que fazer a seguir. O estágio final da terapia concentra-se em problemas da adolescência e em diferentes coisas que talvez tenham sofrido a interferência do transtorno alimentar. Vou começar revisando um pouquinho o desenvolvimento normal da adolescência, e falaremos um pouco mais sobre isso na próxima sessão. Depois, abordaremos quaisquer temas que vocês considerem importantes, nas últimas quatro sessões. Estamos agora na sessão número quinze, mas acho que as coisas estão progredindo tão bem que talvez não precisemos completar vinte sessões.

PAI: Por favor, gostaríamos de completar as vinte.

MÃE: Não estamos com pressa.

PAI: Acabei de pensar: e se algo ruim acontecer, ou um imprevisto qualquer? O que faremos?

TERAPEUTA: Bem, qual é a resposta para a sua pergunta?

PAI: Eu não sei.

MÃE: "Você continuou comendo direitinho?"

TERAPEUTA: Acho que é muito comum os pais sentirem-se assim, e é um problema para muitas pessoas, no fim do tratamento.

MÃE: Acho, apesar de tudo, que ela já percebeu que não engordará, fazendo refeições regulares. Corrija-me se eu estiver errada, Lisa. Ela está comendo muitas coisas, até sorvete e outras sobremesas. Em algumas semanas, ela emagrece um quilo e depois estabiliza. Entendem? Ela permanece dentro de certo limite.

TERAPEUTA: Sim, está fazendo refeições regulares e mantendo um peso saudável.

MÃE: Como uma pessoa normal. Espero que ela saiba como derrotar o transtorno alimentar. Não sei, não estou certa de que quando ela for embora e estiver cercada de pessoas que... Eu não sei... Acho que quando eu não estiver por perto, poderá ser diferente.

LISA: Pessoas mais magras? É isso que você quer dizer?
MÃE: Não. Eu quero dizer pessoas que não comem ou comem só porcarias.

Neste diálogo, a terapeuta usa a externalização para que a família perceba o quanto a BN perturbou suas vidas e a vida de Lisa. A terapeuta também discute a utilidade de negociar as mudanças com Lisa, garantindo, ainda, que os pais compreendessem sua responsabilidade. A negociação com pacientes de BN ocorre com freqüência muito maior do que com adolescentes com anorexia, nos estágios I e II. A negociação é uma das formas de conciliar diferenças entre a adolescente e seus pais, que minimiza a tensão e críticas.

Concluir as Sessões com Apoio Positivo

TERAPEUTA: Creio que nos concentraremos cada vez mais nessas questões, mais adiante. Acho que um ponto realmente importante para mantermos em mente é perceber a extensão do que vocês já fizeram, em termos deste tratamento. Eu fui apenas uma facilitadora, na medida em que este processo está ocorrendo em sua família. Desde o começo, vocês fizeram tudo. Quando chegaram, já percebiam que havia um problema. Vocês tiraram Lisa da escola e acabaram trazendo-a para tratamento imediatamente. Durante todo este tratamento, vocês exerceram um papel ativo, como uma equipe. Acho que esse é o segredo real do que torna este tratamento tão bem-sucedido para a superação de um transtorno alimentar.
MÃE: Mas a questão é, quando ela sair de casa... O que acontecerá?
TERAPEUTA: Certo.
MÃE: Será que ela conseguirá comer direito onde estiver, sem um apoio próximo de nós?
TERAPEUTA: (*Para Lisa*) O que você diz?
LISA: Totalmente.
PAI: Bem, *totalmente* por enquanto, mas ela tem mais 5 meses para consolidar seu progresso, antes de sair de casa.
MÃE: Certo, e ela precisa se lembrar que sempre estaremos aqui para lhe dar apoio.
PAI: E queremos apenas garantir que estaremos por perto.
TERAPEUTA: Vocês perceberam algumas grandes mudanças, em termos do modo como Lisa pensa. Vocês falam em tornar mais claro o que ela pensa sobre as coisas. Sim, ainda já tempo para consolidar muitos desses ganhos. Mas até certo ponto, isso já aconteceu. Desde o começo, Lisa demonstrou uma

mudança na atitude que apenas aumentou de lá para cá, e acho que é importante não esquecerem esse progresso. Aqui, vocês também estão falando sobre não estarem muito afastados dela, para poderem apoiá-la fisicamente, mas também estão afinados com o que ocorre na vida da sua filha. Portanto, é melhor avançarem a partir dessa perspectiva.

PAI: Está certo.

MÃE: Acho que ela está preparada para ir em frente sem nossa presença constante. Sabe, estar... É difícil quando ela fica perto de pessoas que falam sobre... Estivemos lá, sabe... Onde alguém pode entrar no dormitório estudantil a qualquer momento ou algo assim, e limpar a casa na companhia de rapazes, ter de tomar banho sem muita privacidade, colegas entrando e saindo a toda hora... Eles têm 19 ou 20 anos, e sabe, tenho certeza de que ela se sentirá extremamente constrangida.

TERAPEUTA: E acha que esse arranjo de vida não dará certo?

MÃE: Sei que é hora. Sei disso, e acho que ela sente mesmo falta da escola.

TERAPEUTA: E você pretende ajudá-la a voltar para esse mundo?

MÃE: É isso mesmo. É preciso arriscar, entende? E ela só precisa saber que estaremos sempre aqui, para ajudá-la.

TERAPEUTA: Vocês estão fazendo um ótimo trabalho, todos vocês. Eu sei que já falei isso muitas vezes, mas estou totalmente impressionada por vocês, como família, terem conseguido fazer isso com tanta rapidez e eficiência. Vocês sabem muito bem com o que estamos lidando, aqui. E vocês fizeram um excelente trabalho, sozinhos, em termos de doar cem por cento de vocês para essa missão.

MÃE: Obrigada.

PAI: Obrigado.

MÃE: Alguém me contou sobre a mãe de uma garota com BN. A mãe contou que não conseguia esquecer em nenhum momento da doença, que imaginava o tempo todo se a filha melhoraria, até que, de repente, esqueceu completamente de que um dia a filha havia sofrido de BN. Mal posso esperar por esse dia. (rindo)

TERAPEUTA: Em que estágio vocês estão?

MÃE: Pensamos muito menos na bulimia, e às vezes até esqueço ela.

A terapeuta encerra a sessão com entusiasmo e otimismo. Essa breve revisão serve como uma espécie de fecho para a primeira sessão do Segundo Estágio, demarcando o trabalho anterior e antecipando o trabalho futuro. O capítulo a seguir apresenta os objetivos e intervenções para o Terceiro Estágio e conclui com um exemplo final de uma sessão na prática.

CAPÍTULO 12

Terceiro Estágio
Preocupações Ligadas ao Desenvolvimento da Adolescente (Sessões 17-20)

Neste capítulo, discutimos os objetivos, intervenções e ritmo do Terceiro Estágio. Talvez o terapeuta precise mais que as quatro sessões previstas para este estágio, especialmente naqueles casos em que a progressão do Primeiro para o Segundo Estágio foi relativamente suave e breve. Entretanto, geralmente presumimos que o Terceiro Estágio não servirá para uma resolução dos problemas da adolescência, propriamente, mas sim para uma discussão de temas específicos da família, em três a cinco sessões. O objetivo é colocar os familiares no curso que lhes permita resolver esses problemas, à medida que surgirem. Neste capítulo, também apresentamos uma discussão geral sobre o desenvolvimento da adolescente em relação ao transtorno alimentar, que servirá como introdução para os tipos gerais de problemas abordados nesta fase. Finalmente, enfocamos o manejo do término neste tipo de terapia.

O Terceiro Estágio inicia-se quando os sintomas bulímicos da paciente estão ausentes, a restrição calórica cessou e o peso está estável e, além disso, a tomada de decisões envolvendo a alimentação está firmemente no domínio da paciente. Em outras palavras, os pais e a adolescente sentem-se confortáveis sobre o controle da paciente acerca do que, quando ou se deve comer. Esta avaliação depende da idade da adolescente e das regras e hábitos específicos ligados à alimentação de cada família. O objetivo central, nesta fase, é apoiar um relacionamento saudável entre a adolescente e seus pais, no qual a doença não se constitua na base da interação. Este objetivo envolve, entre outras coisas, o trabalho para a construção de limites apropriados entre as gerações e a necessidade de os pais reorganizarem sua vida como um casal, ante a perspectiva da saída de casa dos filhos. Atenção aos interesses profissionais e recreativos dos pais é um foco legítimo deste estágio. Diferente do que ocorre na AN, a maioria das adolescentes com BN são apropriadamente independentes para a idade, de modo que o terapeuta coloca um foco relativamente menor sobre a questão da autonomia pessoal.

Nesse ponto do tratamento, uma discussão sobre temas adolescentes, como sair de casa, independência e sexualidade, pode ser conduzida, porque o relacionamento entre a adolescente e seus pais não está mais fundido ao transtorno alimentar. Cada família apresentará problemas únicos, e o terapeuta deve permitir que ela determine os temas que serão discutidos nas sessões. O terapeuta geralmente ajuda os pais a reconhecerem que podem ter prioridades pessoais – que eles podem buscar seus próprios interesses como casal e como indivíduos – e que seus filhos exercerão cada vez mais um papel diferente em suas vidas. Essas sessões finais não visam resolver essas questões, mas sim ajudar os pais a comunicarem aos filhos que tais assuntos os preocupam atualmente e que eles, como um casal, buscarão maneiras de resolvê-los.

Prontidão para o Terceiro Estágio

O Terceiro Estágio é uma fase breve, caracterizada pela convicção de que os sintomas bulímicos estão amplamente ausentes e que existe grande probabilidade de não voltarem a ocorrer; portanto, os sintomas não são mais o foco da discussão. Entretanto, a preocupação de que o transtorno alimentar possa reaparecer é abordada. Além disso, embora a paciente possa ainda se mostrar um pouco preocupada com o peso e forma corporal, uma discussão sobre essas preocupações traz em si menos ansiedade. Como observado acima, uma adolescente está pronta para o Terceiro Estágio quando os sintomas bulímicos estão ausentes, seu peso está dentro de uma faixa normal (se isso não ocorria durante o transtorno) e a responsabilidade pela alimentação saudável foi por ela devolvida, como é apropriado para a sua idade. O relacionamento entre a adolescente e seus pais não é mais centrado nos comportamentos sintomáticos, e uma discussão sobre questões do desenvolvimento adolescente (por ex., sair de casa, independência e sexualidade) pode ser conduzida agora.

A técnica empregada nessas sessões usa a crescente autonomia da paciente e seus pais em relação ao terapeuta, que evoluiu durante as duas fases anteriores do tratamento. Isto é, os encontros com o profissional ocorrem em intervalos maiores (3-4 semanas) e a família deve ser mais capaz de assumir os desafios gerais da adolescência do que quando as expressões sintomáticas da BN dominavam a vida quotidiana.

Neste sentido, a família e a paciente estão prontas para assumirem as questões da adolescência como um processo do desenvolvimento, apoiando a autonomia e emancipação máximas da adolescente em relação ao controle dos pais.

Devido ao humor mais otimista do Segundo Estágio, a família, com freqüência, sente maior energia e interesse por assumir as questões mais gerais da adolescência, que muitas vezes parecem mais fáceis de manejar, comparadas com a BN. Em virtude dos seus esforços bem-sucedidos ao ajudarem a filha a restabelecer a alimentação saudável, a família agora pode esperar que ela seja bem-sucedida na adolescência. Isso não quer dizer que não haverá um senso de perda pela mudança de *status* da filha, de criança para uma jovem adulta; de fato, esta perda pode ser um dos temas que precisarão ser explorados. O humor mais leve dessas sessões, contudo, apóia a competência da família para assumir os desafios contínuos da adolescência.

Ao longo de todo o tratamento, o terapeuta manteve uma postura de apoio à adolescente, enquanto a diferenciava cuidadosamente da expressão sintomática da BN. Particularmente neste estágio, o terapeuta oferece amplo apoio à necessidade crescente da adolescente pela merecida autonomia. A tarefa do profissional é facilitada, até certo ponto, se conseguiu *não* alienar a paciente nos estágios anteriores. Este ponto salienta a necessidade de evitar um foco único nos pais, durante as sessões iniciais, mas de considerar a adolescente como participante ativa da sua própria recuperação. Para que essa última fase tenha sucesso, é importante que o terapeuta continue ampliando a aliança formada anteriormente.

Finalmente, este breve estágio pode acomodar uma discussão direta sobre alguns poucos problemas ou desafios, como encontros românticos, sair de casa ou escolher uma universidade. Tal limitação de tempo incentiva a família e o terapeuta a darem prioridade às questões mais importantes a serem trabalhadas nas sessões, embora haja o reconhecimento de outras questões que podem ser consideradas pela família fora das sessões. Nesse sentido, este estágio constitui-se em uma terapia familiar focada para adolescentes que se recuperaram de um transtorno alimentar.

Como ocorre na transição do Primeiro para o Segundo Estágio, e, novamente, deste para o Terceiro Estágio, o terapeuta anuncia a transição para a família; em outras palavras, ele permite que a família saiba que já fez um progresso suficiente para ser "promovida" para o estágio seguinte do tratamento. Quando a adolescente e seus pais avançam do Segundo para o Terceiro Estágio, o terapeuta resume brevemente os pontos principais do último estágio. Em particular, o terapeuta deixa claro, especialmente para a adolescente, que a revisão dos sintomas bulímicos e pesagem não são considerados características centrais deste estágio, porque se presume que tais preocupações não são mais centrais à terapia.

Os principais objetivos deste estágio do tratamento são:

- Estabelecer que o relacionamento entre a adolescente e seus pais não é mais definido pelos sintomas pela BN.
- Revisar as tarefas desenvolvimentais da adolescente com a família.
- Terminar o tratamento.

A fim de conquistar esses objetivos, o terapeuta deve assumir as seguintes intervenções:

1. Revisar os problemas da adolescência com a família e modelar sua resolução.
2. Envolver a família em uma revisão dos problemas da adolescente.
3. Delinear e explorar temas da adolescência.
4. Perguntar aos pais sobre suas realizações como um casal, separados de seus filhos.
5. Preparar a família para desafios e problemas que possam surgir no futuro.
6. Terminar o tratamento.

Desenvolvimento Adolescente e BN

O Terceiro Estágio do TBF para a BN é muito semelhante, em termos estruturais, àquele usado para a AN, exceto pelo fato de o terapeuta geralmente trabalhar com questões de um estágio adolescente mais precoce na AN do que ocorre com a BN adolescente. Muitas adolescentes com BN ingressam nos últimos estágios da adolescência enquanto se aproximam do fim do tratamento (veja a seguir uma revisão dos estágios da adolescência). Por exemplo, planos para estudos universitários e uma profissão e adquirir habilidades para relacionamentos interpessoais mais significativos fora da família podem ser bons tópicos para a discussão durante esses estágios finais. Em geral, este estágio caracteriza-se por maior desejo de intimidade emocional e sexual com colegas etários, e menor necessidade de uma base familiar de apoio. Os desafios que podem surgir nesta fase do tratamento derivam-se de problemas residuais em áreas como dependência emocional ou física excessiva e constante dos pais ou família, ansiedade constante acerca da imagem corporal, sexo e intimidade. Todas essas questões podem ser afetadas adversamente pela BN. Por exemplo, uma adolescente com BN pode se mostrar especialmente relutante em mostrar seu corpo a um namorado, em virtude de temores envolvendo a aceitação de sua forma corporal. O TBF é especialmente importante, no sentido de ajudar pais ansiosos por apoiarem o desenvolvimento de relacionamentos românticos pela filha ou para aqueles que podem impedir a exploração de oportunidades profissionais ou educacionais que poderiam afastar a filha de casa. Os pais também precisam dominar as tarefas do desenvolvimento associadas ao processo da adolescência em seus filhos. A seguir, apresentamos algumas sugestões que podem ajudar os pais durante esse estágio de transição do tratamento:

- Desenvolver atividades, interesses e habilidades que possam constituir uma vida após a criação dos filhos (isto é, envolvem apenas o casal).
- Desenvolver uma identidade como casal (isto é, os indivíduos não são definidos apenas como pais).
- Descobrir maneiras de integrar os papéis parentais, profissionais e de interesses de lazer e estudo com os interesses e necessidades dos adultos em desenvolvimento que residem com seus pais.
- Aceitar os aspectos físicos e emocionais distintivos do desenvolvimento, orientação e interesses sexuais dos adolescentes.
- Abandonar as habilidades, atitudes e atividades que eram apropriadas a estágios desenvolvimentais anteriores dos filhos.
- Desenvolver capacidades pessoais que aumentem a habilidade do adolescente para ver e aceitar os pais como indivíduos em desenvolvimento.

Cada um desses tópicos pode servir como tema, no terceiro estágio do tratamento. O fracasso dos pais no domínio dessas tarefas pode dificultar a realização da transição da adolescente para a idade adulta. Os terapeutas podem usar esta lista para identificarem um foco específico para as intervenções com o casal, usadas durante este estágio do tratamento.

Trabalho em Equipe no Terceiro Estágio

O trabalho em equipe provavelmente terá evoluído, desde o Primeiro Estágio, no sentido de haver uma redução no envolvimento com os membros da equipe externos à intervenção terapêutica primária. Em geral, quando a paciente alcança o Terceiro Estágio com sucesso, o pediatra há muito já diminuiu seu monitoramento, porque o progresso documentado é tal que ela já está em segurança, do ponto de vista médico. Entretanto, é provável (e recomendável) que a paciente continue mantendo esses relacionamentos até pelo menos concluir a terapia. O relacionamento entre os membros da equipe terapêutica (por ex., co-terapeutas que tratam uma condição comórbida) permanece tão ativo e importante quanto antes. À medida que os familiares movem-se rumo ao término da terapia, pode haver uma tentativa de envolver um ou ambos os terapeutas na dinâmica familiar, para minar este processo.

Similarmente, o término também pode ser difícil para terapeutas que investiram muito de si na recuperação desta paciente e família. A equipe terapêutica pode ajudar a identificar com maior clareza essas questões, para que possam ser abordadas de forma mais sistemática.

Revisar Questões da Adolescência com a Família e Modelar a Resolução Desses Tipos de Problemas

Por que

Uma vez que muitas pacientes jovens com BN desenvolvem dificuldades com a negociação de questões gerais do desenvolvimento adolescente, é importante ajudá-las e aos seus pais para que as reintegrem *na adolescência,* depois que os sintomas da BN cessaram. Em casos raros (contrastando com pacientes de AN) de sintomas bulímicos debilitadores, a adolescente com BN pode precisar se ausentar da escola, ocasionalmente. Nesses casos, ela pode permanecer dependente dos pais em razão de necessidades comportamentais, psicológicas e médicas associadas à superação da BN. Devido à batalha contra a BN durante meses ou anos, a adolescente pode não estar totalmente em sintonia com suas colegas. Quando os sintomas bulímicos cessam, essas outras questões podem exigir atenção. É possível prever uma grande faixa de necessidades nesta área, e sua resolução bem-sucedida dependerá dos recursos da paciente individualmente, e daqueles que a família traz para a superação desses problemas. Por exemplo, em um caso relativamente descomplicado no qual o estabelecimento da alimentação saudável foi conquistado com pouca dificuldade e existem geralmente poucas questões problemáticas na família, levar a adolescente de volta ao curso normal do desenvolvimento pode ser razoavelmente simples. Por outro lado, quando o restabelecimento da alimentação saudável no Primeiro e Segundo Estágios não transcorreu com facilidade, ou foi complicado por uma doença psiquiátrica comórbida, e/ou outros problemas familiares ou individuais, torna-se necessário um trabalho adicional para a resolução dessas questões comórbidas específicas e para o esclarecimento do seu impacto sobre o desenvolvimento adolescente, no Terceiro Estágio. Durante este estágio final, a indignação da paciente pela forma como foi tratada durante o processo de restabelecimento da alimentação saudável também pode se tornar um foco. O reconhecimento dos pais sobre o que podem fazer em relação às queixas da filha sobre o que lhe foi negado é útil. Devemos salientar que a abordagem descrita aqui é mais aplicável a pacientes com casos menos complicados e quando sua alimentação foi restabelecida com segurança, no Terceiro Estágio. Um curso adicional de psicoterapia familiar para adolescentes pode ser necessário, em casos muito complexos, e as questões que precisam ser abordadas nesses casos podem ir bem além das diretrizes oferecidas neste manual.

Como

O terapeuta deve começar este estágio revisando o progresso da paciente e dos pais até o momento. Assim, os desafios identificados por ele, pela paciente e por seus pais em fases anteriores do tratamento devem ser trazidos à luz. Tais desafios referem-se às questões adiadas antes, a fim de manter o foco sobre a eliminação de comportamentos não saudáveis. Ao orientar os pais sobre o tópico do desenvolvimento na adolescência, o terapeuta pode identificar vários outros temas a considerar e ajudar a garantir que os desafios mais relevantes sejam incluídos nesta discussão. Problemas com maior carga emocional, como o desenvolvimento e comportamento sexual, podem exigir especial ênfase se a família tentar evitá-los. Nesta parte do tratamento, não é incomum o terapeuta transmitir esta mensagem naquilo que lhe parecerá ser praticamente um monólogo.

Envolver os Pais na Revisão dos Problemas da Adolescência

Por que

Envolver os pais na revisão dos problemas da adolescência, na medida em que se relacionam com o desenvolvimento da filha, ajuda para que eles e a adolescente identifiquem e especifiquem áreas de preocupação. Isto permite que os pais demonstrem que o conjunto de habilidades que demonstraram ao ajudarem a adolescente a superar a bulimia pode ser útil para outros problemas, não ligados ao transtorno alimentar. Envolvê-los dessa maneira também ajuda a adolescente, com o apoio do terapeuta, a orientar os pais sobre o grau de envolvimento justificado, dada a sua idade e este estágio adiantado do tratamento. Além disso, tal envolvimento dos pais também ajuda a reforçar, pela repetição e pela assimilação das informações em um nível mais pessoal, o conteúdo da minipalestra sobre o desenvolvimento adolescente que o terapeuta lhes apresentou anteriormente.

Como

Como discutido no fim do Segundo Estágio, agora o terapeuta e a família podem enfocar alguns dos problemas identificados da adolescência. Ele pode mencionar, por exemplo, que anteriormente no tratamento, a paciente queixou-se de que os pais raramente lhe permitiam tomar suas próprias decisões "sobre praticamente qualquer coisa". Até este ponto do tratamento, o terapeuta não pediu que a adolescente elaborasse sua queixa em maior profundidade.

Entretanto, o Terceiro Estágio é o momento apropriado para examinar essas questões de forma mais completa. Por exemplo, o terapeuta pode perguntar à adolescente:

> "Vamos conversar um pouco sobre a sua sensação de que seus pais não lhe permitem tomar muitas ou nenhuma decisão por conta própria. Você pode me contar mais sobre isso?"

Similarmente, é possível solicitar que os pais compartilhem suas idéias sobre o que a filha disse e também declarem suas opiniões com relação à tomada de decisões na família. Essa discussão dá ao terapeuta uma oportunidade de ajudar a família a explorar a questão da tomada de decisões e da autonomia adequada à idade, e sobre como chegar a uma resolução de tais dilemas. É útil se o terapeuta consegue identificar questões levantadas por todos os familiares. Isso exige a atenção a questões potenciais do Segundo Estágio desde o início do processo de tratamento, e a manutenção de registros desses problemas, de modo que possam ser usados como exemplos concretos no Terceiro Estágio. É importante que o terapeuta permita aos os pais e a adolescente que cheguem a um acordo sobre os problemas específicos do desenvolvimento adolescente (por ex., encontros, afastamento da família, sair de casa). Esta discussão é semelhante à estratégia empregada no Primeiro Estágio, em termos de capacitar os pais, em colaboração com a adolescente, para que lidassem com a BN. O objetivo, aqui, é envolver os pais e a paciente em uma discussão sobre o processo da adolescência, e incentivá-los a abordar e lidar com esses problemas como considerarem correto e aplicável à sua própria família.

Após a identificação dessas questões mais importantes, às vezes é útil passar alguns minutos oferecendo uma visão geral dos tipos de problemas que todas as famílias com adolescentes tendem a encontrar, como permanecer na rua após o horário estipulado, ser pego consumindo bebidas com álcool na escola, experimentar drogas recreativas ou contar aos pais que estão tendo relações sexuais com um parceiro. Esta visão geral ajuda a normalizar o processo da adolescência para a paciente e para a família, além de oferecer uma oportunidade para educar a família sobre este processo geral. A seguir, o terapeuta deve tentar integrar as questões identificadas pela paciente e seus pais no esquema geral do desenvolvimento adolescente apresentado. Este deve ser um processo interativo que envolva os pais na incorporação de suas próprias questões passadas no esquema geral de desenvolvimento adolescente. Por exemplo, o terapeuta deve pedir que os pais falem sobre suas próprias experiências durante a adolescência. O reconhecimento dos desafios que eles próprios enfrentaram durante esse período pode ajudá-los a entender melhor os conflitos da filha. O terapeuta deve oferecer orientação neste processo, mas deve permitir que a maior parte da discussão venha da adolescente e de seus pais.

Delinear e Explorar Temas Adolescentes

Por que

Para ajudar os pais a descobrirem como manejar o processo adolescente, agora que o comportamento ligado à BN ficou para trás, o terapeuta deve oferecer auxílio enfocado na solução de problemas, que possa servir como um gabarito para seus esforços em casa após o término da terapia. É importante que os pais e a adolescente explorem parte dos problemas sem a interferência dos problemas alimentares ou sem que esses se tornem o foco de sua comunicação. Os familiares precisam saber que têm as habilidades para lidarem com os problemas mais gerais, agora que o transtorno alimentar não está mais presente.

Como

Esta tarefa de delinear e explorar temas adolescentes pode ser executada usando-se a estratégia de questionamento circular empregada em sessões anteriores. Esta técnica envolve toda a família e ajuda a "dar vida" às questões. Detalhes suficientes sobre o problema devem estar evidentes, para que o terapeuta tenha material para interpretação. Naturalmente, neste ponto o terapeuta terá um entendimento sofisticado de como esta família tende a abordar (ou não abordar) certas questões problemáticas. Este conhecimento proporciona uma vantagem considerável, porque o modo como a família manejou o problema com alimentação e peso tende a ser semelhante ao modo como lidam com outros problemas da adolescência. Por exemplo, se um tema identificado pela paciente é sua necessidade de apoio no desenvolvimento de amizades, o terapeuta pode começar solicitando a opinião de cada um dos pais sobre a importância de amigos fora da família. A seguir, ele deve indagar à adolescente se ela concorda com a visão dos pais e se consegue se sentir apoiada pelos pais para desenvolver amizades. Se existem outros familiares adolescentes, suas opiniões também devem ser solicitadas. Enquanto os familiares descrevem seus pensamentos e experiências, o terapeuta deve estar preparado para oferecer auxílio quando houver problemas. Se, por exemplo, estiver claro que os pais são excessivamente restritivos, o terapeuta deve perguntar a eles por que acham que precisam limitar os passos da filha e o que os tornaria mais abertos para o desenvolvimento de amizades fora de casa. A resposta deve gerar um diálogo que permita que os pais, o terapeuta e a paciente cheguem a um acordo sobre a melhor forma de fazer amigos, disponível dentro do contexto das preocupações dos pais.

Perguntar aos Pais como Estão se Saindo Como Casal, Separados dos Filhos

Por que

É importante que os pais também cultivem seu relacionamento, agora que a crise imediata do transtorno alimentar já passou. Grande parte da terapia incentivou a ação parental conjunta em face das dificuldades da BN da filha, que podem ter-se tornado o único modo de o casal se relacionar por algum tempo. Entretanto, a fim de apoiar a autonomia crescente e apropriada da filha e seu próprio relacionamento, o foco do terapeuta sobre as necessidades dos pais e sobre o relacionamento é indicado.

Esta terapia e este estágio do tratamento, em particular, não são uma tentativa de tratamento abreviado para o casal, nem uma tentativa de realizar uma terapia familiar completa para adolescentes. A idéia, em vez disso, é identificar a necessidade de o casal considerar seu próprio relacionamento e suas necessidades no contexto alterado da saúde renovada e desenvolvimento adolescente contínuo e bem-sucedido da filha. Se considera apropriado e necessário abordar o relacionamento dos pais, especialmente se existem problemas importantes entre os cônjuges, o terapeuta deve estabelecer expectativas modestas. Esta intervenção não deve ser vista como uma terapia conjugal, se tal terapia for necessária para abordar grandes problemas no relacionamento. Entretanto, em muitos casos, o transtorno alimentar e seu tratamento são a fonte de qualquer conflito no relacionamento entre os pais. Nesses casos, a simples indicação de que existe um problema potencial que precisa ser abordado é suficiente para colocar as coisas no curso certo. Por outro lado, as dificuldades anteriores ao transtorno alimentar podem ter sido deixadas de lado no interesse da saúde da filha. Esses problemas podem reemergir neste ponto, mas o tratamento contido neste manual provavelmente não os aborda. Em vez disso, o casal pode buscar tratamento adicional em outro local, e o terapeuta deve intermediar o encaminhamento.

Como

Para a conquista deste objetivo do tratamento, o terapeuta deve perguntar aos pais quanto tempo passam juntos, o que fazem e como este padrão se compara com suas experiências de antes do início da BN. O terapeuta não precisa intervir com idéias específicas sobre como melhorar a estrutura do relacionamento; em vez disso, deve incentivar a exploração dessas questões entre os próprios parceiros.

O terapeuta deve deixar claro que a terapia não se transformou em terapia conjugal, sendo apenas uma tentativa de incentivá-los a pensar mais sobre seu próprio relacionamento e como eles, como um casal, passam o tempo juntos. Se essa discussão gerar grande discórdia entre os pais, o terapeuta obviamente intervirá e lhes oferecerá um encaminhamento apropriado para a terapia de casais.

Preparação para Problemas Futuros

Por que

A fim de dar apoio à família, é importante que o terapeuta ajude os familiares a descobrirem formas de lidar com futuros dilemas ou desafios. Este esforço ajuda a comunicar o interesse do terapeuta pela família e também especifica como proceder se ocorrerem problemas.

Como

O terapeuta pode oferecer alguma orientação sobre problemas que poderão ocorrer no futuro, por exemplo, saída da paciente para estudar em outra cidade, diferentes formas de facilitarem esta etapa para ela, questões mais restritas (por exemplo, vínculo excessivamente estreito com um dos pais, ou preocupação dos pais com amigos da paciente) que não foram exploradas antes por falta de tempo neste arranjo de tratamento etc. Novamente, o terapeuta deve alertar para o tempo e ênfase colocados nesta manobra terapêutica – este é um estágio breve do tratamento, e uma revisão dos problemas do desenvolvimento da adolescente deve preceder outras questões. Conseqüentemente, esta intervenção terapêutica em particular não deve consumir mais que uma sessão. É importante que todos os familiares tenham a oportunidade de participar e se envolver nesta discussão; assim, o terapeuta deve dirigir a conversa de modo que cada familiar presente tenha a oportunidade de verbalizar uma opinião sobre como lidar com problemas no futuro. Também é provável que problemas relacionados à paciente e seus pais dominem a discussão, como ocorreu durante a sessão anterior neste estágio, embora talvez em menor grau.

Término do Tratamento

Por que

O processo de conclusão respeitosa do tratamento é tão importante quanto à recepção aos pais, que ocorreu no início do tratamento. Este processo deve concluir claramente o relacionamento terapêutico, conferindo à adolescente e seus pais a confiança sincera de que poderão agir com igual sucesso se surgirem problemas no futuro. O TBF para adolescentes, usando o modelo familiar descrito neste manual, dura aproximadamente 6 meses. Embora as intervenções iniciais sejam mais intensas e com intervalos menores entre uma e outra, o envolvimento com a família, embora menos freqüente, ainda é consistente e significativo na última parte do tratamento. O uso precoce da autoridade do terapeuta para convencer a família sobre a gravidade da doença torna bastante intenso o relacionamento com o profissional. Durante o Segundo e Terceiro Estágios, há um grande esforço para reduzir a dependência em relação ao terapeuta e também para aumentar o funcionamento autônomo da paciente e sua família, em linha com o objetivo principal de uma conclusão bem-sucedida. O método de conclusão empregado aqui não é necessariamente específico, mas a preocupação crucial é a de que a família possa revisar a terapia, discutir a prevenção da recaída e despedir-se do profissional; este, por sua vez, tem a oportunidade de transmitir otimismo e apoio, no processo da separação.

Como

Na sessão final do tratamento, o terapeuta deve reservar metade do tempo para concluir a terapia, despedindo-se de cada membro da família. Este ritual de encerramento deve espelhar os cumprimentos calorosos e atenciosos oferecidos a cada familiar na primeira sessão. O terapeuta deve dar atenção ao envolvimento de cada familiar, com amplos elogios pelo trabalho realizado em favor da família. A postura do profissional deve transmitir calor humano e conforto genuínos, assim como um otimismo brando. Cada familiar deve ter a oportunidade de retribuir os cumprimentos do terapeuta na despedida. O objetivo, aqui, é incentivar a capacidade da família de avançar tranqüilamente e assumir com sucesso quaisquer problemas que possam surgir.

O principal método desta sessão é a escuta. O terapeuta pede que cada familiar revise sua experiência com a terapia, do início ao fim. Ele pode auxiliar este processo, demarcando as fases da terapia e salientando certas questões que surgiram para cada membro da família no processo. Este processo deve começar com os pais, passando depois para a paciente e, por último, para seus irmãos. É preciso atenção para incluir cada familiar, embora, por necessidade, os pais e a paciente tendam a consumir um tempo maior. O terapeuta deve planejar cuidadosamente o tempo nesta sessão, de modo a não usar mais que metade do tempo disponível para esta reminiscência.

Estratégias específicas que podem ser usadas incluem pedir que cada familiar descreva como as coisas mudaram em relação à BN e ao funcionamento familiar, desde o início do tratamento. Quanto mais específicos forem os exemplos oferecidos pela família, mais claro ficará, para todos, o nível de mudança. Este procedimento também pode ajudar os familiares a identificarem áreas que ainda apresentam crescimento e aquelas que precisam ser melhoradas.

Questões Comuns e Solução de Problemas para o Terceiro Estágio

- *O que fazer se a família persistir no uso da comunicação ligada a comportamentos bulímicos e preocupações com alimentos e peso, com a adolescente?* Pode ser que, em algumas famílias, apesar de os sintomas bulímicos mais sérios e as preocupações relacionadas terem passado, ainda haja um padrão persistente de uso das preocupações sobre consumo alimentar compulsivo e purgação como um modo de comunicação entre os familiares. Nesses casos, o objetivo do terapeuta deve ser o de identificar as razões para a permanência desse foco. Por exemplo, os pais podem estar excessivamente ansiosos, pensando que a doença não foi eliminada, e considerarem difícil relacionar-se com a adolescente em qualquer nível que não seja pela preocupação com o transtorno alimentar. Nesses casos, o terapeuta reitera uma avaliação realista do estado clínico da adolescente e tenta garantir aos pais, pela psicoeducação, que a filha realmente está melhor. O terapeuta afasta a conversa da doença e aponta aos pais, de um modo muito direto, o tópico real da discussão. Essa discussão sobre a adolescência pode ajudar a orientar a família para preocupações mais apropriadas. Nesse ponto, o terapeuta pode considerar útil explorar diretamente as preocupações com sintomas bulímicos da família como um todo, para entender melhor por que elas ainda existem.

- *E se os pais negarem que existem outras questões ou problemas da adolescência?* Algumas famílias têm dificuldades para admitir a existência de questões problemáticas além da BN, entre seus membros. Se esse é o caso, é importante que o terapeuta oriente os pais e a adolescente para o reconhecimento de quaisquer áreas problemáticas identificadas por ele. Pode ser útil usar a estratégia de revisão geral, oferecida na intervenção terapêutica descrita nas páginas 224-225, para discutir os problemas típicos associados a adolescentes. Assim, qualquer tema problemático poderá ser identificado de um modo não patológico e uma discussão sobre ele ocorrerá de forma isenta de críticas à família.

- *E se os pais não estão envolvidos na revisão do processo de desenvolvimento da adolescente?* Um possível problema com a intervenção terapêutica de revisar o desenvolvimento adolescente é que o terapeuta pode se tornar um palestrante sobre a adolescência. Conseqüentemente, o terapeuta pode criar, inadvertidamente, uma situação em que quase só ele fala e os pais (e, até certo ponto, a adolescente) não se envolvem diretamente na revisão das questões da adolescência. Embora o terapeuta deva ser visto como um orientador especializado na área do processo de desenvolvimento adolescente, esta discussão deve ocorrer em colaboração com a família, oferecendo oportunidades para interação. Se o terapeuta se descobrir nesta posição, ele poderá mudar o foco, abordando as experiências dos próprios pais durante a adolescência, como um modo de solicitar sua participação nesta discussão. É útil pedir diretamente que os pais recordem algumas das suas próprias dificuldades quando eram adolescentes. Isso não apenas ajuda a envolvê-los na discussão, mas também os leva a rever suas próprias estratégias quando ajudam a filha a enfrentar desafios semelhantes, ainda que 30 anos depois.

- *E se os pais não vêem valor em passar tempo juntos como um casal, sem os filhos, para cultivarem seu relacionamento conjugal?* Os parceiros raramente acreditam que não precisam passar qualquer tempo juntos como um casal, sem os filhos. Entretanto, em famílias nas quais a paciente é filha única, os pais podem estar menos dispostos a se afastarem dela. Nesses casos, é válido lembrar-lhes que logo a filha sairá de casa e que pode ser bom praticarem fazer coisas sem ela.

Conclusão do Terceiro Estágio

Em um caso relativamente descomplicado de BN adolescente, o terapeuta deve tentar encerrar o tratamento em mais ou menos 20 sessões, ao longo de um período de 6 meses. Se, nesse ponto, ainda existem problemas não relacionados ao transtorno alimentar, como uma condição comórbida não resolvida ou um problema de desenvolvimento específico da adolescência, o terapeuta deve fazer um encaminhamento apropriado para tratamento. Entretanto, em nossa experiência, a grande maioria dos casos termina o tratamento com sucesso no período especificado. No capítulo a seguir, apresentamos um caso, na prática, que demonstrará a maior parte das estratégias e desafios apresentados no Capítulo 12.

CAPÍTULO 13

Terceiro Estágio, na Prática

Neste capítulo, apresentamos um exemplo de uma sessão do começo do Terceiro Estágio. Ela começa com um breve resumo do progresso feito pela paciente e sua família, um lembrete sobre as três fases do tratamento e de que estão ingressando agora no terceiro e último estágio do tratamento. Em razão do progresso satisfatório demonstrado, o terapeuta começa com uma revisão do desenvolvimento adolescente e sua relevância para a paciente.

Os quatro objetivos principais deste estágio do tratamento são:

- Estabelecer que o relacionamento entre a adolescente e seus pais não é mais definido pelos sintomas de BN.
- Revisar questões da adolescência com a família e modelar a solução de problemas.
- Terminar o tratamento.

A fim de conquistar esses objetivos, o terapeuta deve assumir as seguintes intervenções:

1. Revisar as questões da adolescência com a família e modelar a solução de problemas.
2. Envolver os pais na revisão dos problemas da adolescência.
3. Perguntar aos pais quanto estão fazendo como casal, separados dos filhos.
4. Delinear e explorar temas adolescentes.

5. Preparar a família para desafios e problemas que podem surgir no futuro.
6. Terminar o tratamento.

Antecedentes Clínicos

Beth é uma adolescente caucasiana de 15 anos que se apresentou com um diagnóstico de BN. Sua altura é de 1,60 m e seu peso é de 58 quilos, com um IMC de 22. Idealmente, Beth desejaria pesar 52 quilos. Ela reside com os pais fora da cidade. Seus três irmãos já saíram de casa. Beth apresentou-se na clínica com sintomas bulímicos com 8 meses de duração, caracterizados por consumo alimentar compulsivo duas vezes ao dia, seguidos por vômitos auto-induzidos. A paciente não relatou uso de laxantes, diuréticos ou pílulas redutoras do apetite, mas rituais de exercícios compensatórios ocasionais estavam presentes. Seus ciclos menstruais são regulares e ela não toma contraceptivos orais. A paciente negou qualquer prejuízo funcional como resultado do transtorno alimentar e não apresentava outras comorbidades.

Revisar as Questões da Adolescência com a Família e Modelar a Sua Solução

TERAPEUTA: Nós completamos o Primeiro e o Segundo Estágios e agora entramos no Terceiro Estágio, sobre o qual já conversamos. Uma vez que sua filha tinha um transtorno alimentar, nós nos concentramos o tempo todo nele, o que precisávamos fazer até o consumo alimentar compulsivo e a purgação terem fim. Nos últimos meses, ela não teve consumo alimentar compulsivo e purgação; assim, agora podemos abordar algumas dessas outras questões que deixamos suspensas. Sua filha está na adolescência, e existem muitos outros temas, como vocês provavelmente sabem, a serem tratados. Não é apenas o fato de vocês terem enfrentado um transtorno alimentar. Vocês criaram três garotos e eles já passaram da adolescência. Então, vocês sabem como é essa época, mas com uma menina, provavelmente, surgirão mais questões ainda. Quero começar falando um pouco sobre os três estágios distintos da adolescência, e então, cobriremos cada um deles durante o restante do tratamento. Parte do que desejo fazer é saber se existem quaisquer questões específicas que surgiram nesses estágios para Beth (*voltando-se para a paciente*). Eu também sei que seus pais já foram adolescentes, quero saber como foi a adolescência deles (*rindo*), e como se compara com a sua. Assim, prestem atenção neste pequeno tutorial aqui. Como mencionei, podemos pensar na adolescência como sendo composta de três estágios diferentes. Há o estágio inicial, entre os 12 e os 14 anos, e este está relacionado principalmente às alterações físicas causadas pela puberdade. O próximo é o estágio intermediário da adolescência, que vai tipicamente dos 14 aos 16 anos. Embora a tendência seja dividirmos os estágios por idades, os jovens passam por eles em diferentes idades. O período intermediário da adolescência tem a ver com a crescente importância dos colegas na vida do adolescente e, mãe e pai, vocês podem se sentir um pouco deixados de lado, na medida em que os colegas de sua filha adquirem uma importância maior. Parte deste estágio também tem a ver com o desenvolvimento de idéias sobre a sexualidade e sobre quem ela gostaria de namorar – esse tipo de experiência. Vejo que o pai está revirando os olhos, então acho que teremos muito sobre o que conversar, certo? (*rindo*)

A visão geral acima (e sua continuação, abaixo) da adolescência é um exemplo do tipo de descrição concisa que o terapeuta pode oferecer para orientar as famílias quanto a possíveis temas adicionais. A estrutura específica tem a vantagem de ser relativamente simples, enquanto oferece claros pontos do desenvolvimento que a família pode usar para localizar suas próprias preocupações.

Envolver os Pais na Revisão das Questões da Adolescência

PAI: É, tivemos uma experiência assim, no fim de semana.
TERAPEUTA: É (*rindo*), então vocês já conhecem o pacote completo desse período intermediário da adolescência. Acho que sua filha está bem no meio, entre o meio e o fim da adolescência, que ocorre tipicamente dos 16 aos 19 anos de idade e envolve entrar na idade adulta e ser capaz de tomar decisões independentes, como ir para a faculdade e se afastar dos pais, ingressar no mercado de trabalho e entrar em relacionamentos interpessoais mais duradouros – em resumo, como fazer a transição da adolescência para a idade adulta jovem. Como eu disse, iremos falar sobre cada estágio. Acho que seria realmente útil se vocês [os pais] pensassem em suas próprias experiências, além das experiências de Beth. Acho que é maravilhoso termos chegado a este ponto do tratamento, e todos nesta sala se saíram muito bem, ajudando Beth. Beth, você está melhorando e falo por mim mesma, como terapeuta, que é muito bom poder conversar sobre outras coisas, sabendo que esses sintomas perigosos estão sob controle. Esta é uma oportunidade para tomar-

mos esses assuntos que deixamos de lado ou na gaveta e os colocarmos mais no primeiro plano. Esses problemas são muito importantes, e o transtorno alimentar infelizmente consegue se colocar no primeiro plano, em muitas situações. O transtorno alimentar muitas vezes perturba a capacidade de um adolescente de progredir como outros jovens que não têm um transtorno alimentar. Isso dito, talvez devêssemos começar com o primeiro estágio, o estágio inicial da adolescência, que diz respeito principalmente à puberdade e às mudanças físicas associadas. (*Voltando-se para os pais*) Eu mencionei que vocês já passaram pela adolescência com seus três garotos, mas vocês sabem que a puberdade afeta meninos e meninas diferentemente, especialmente na nossa cultura. Espera-se que as meninas amadureçam dentro da média ou, se estão amadurecendo cedo demais nesse estágio, algumas pessoas pensam que há algo errado nisso. Nesses casos, é como se fossem jovens demais para passarem por tudo isso ou como se estivessem amadurecendo cedo demais. Isso é visto como algo fora das normas. Com meninos, por outro lado, é diferente; espera-se que amadureçam cedo e quando se tornam mais altos ou mais gordos que a média, isso é aceitável. As meninas, em comparação, são julgadas com muito rigor nesta cultura, em relação à sua aparência física. A puberdade pode ser um estágio muito difícil do desenvolvimento, particularmente para alguém que tem um transtorno alimentar. Assim, eu não sei se você está disposta a falar sobre suas experiências com a puberdade. Podem falar sobre qualquer coisa que queiram, é claro, particularmente em relação a este estágio em que ocorrem mudanças físicas e como têm lidado com elas. Não se preocupem, vocês também poderão "meter a colher"! (*todos riem*)

Embora isso possa parecer um monólogo, o terapeuta cobre um terreno essencial, de um modo relacionado, revisando com atenção os estágios da adolescência e por que essas informações são relevantes para esta família e para as discussões neste estágio do tratamento. Embora a terapeuta dirigisse a maior parte dessa discussão aos pais, e desejasse que eles começassem falando sobre suas experiências durante a adolescência, Beth é quem responde primeiro.

BETH: Foi ruim.
TERAPEUTA: Sim?
BETH: Foi ruim quando comecei a engordar e todo mundo ria de mim.
TERAPEUTA: Riam? Quem? Seus colegas ou seu...
BETH: É, e meus irmãos também riam um pouco.

TERAPEUTA: Foi quando você chegou à puberdade que começou a emagrecer?
BETH: Não. Menstruei pela primeira vez na quinta série.
TERAPEUTA: Então você estava...
BETH: Eu pesava 59 quilos na quinta série, o que é mais ou menos o que peso agora.
TERAPEUTA: Ok.
BETH: Então, foi bem difícil, principalmente porque eu não estava acostumada a ter de controlar meu peso. Crescendo com três irmãos, só se tem vontade de ser igual a eles.
TERAPEUTA: É claro.
BETH: Assim, eu comia o que eles comiam e fazia o que eles faziam. Meninas não podem comer tanto quanto os meninos.
TERAPEUTA: É verdade.
BETH: Então, eu precisei descobrir isso, e meus pais são daquele tipo que exige que se raspe o prato.
TERAPEUTA: Do tipo Clube do Prato Sem Sobras?
BETH: Eu ainda não consegui superar isso. Lá em casa, é impossível *não* terminar de comer tudo que há no prato. Essa provavelmente foi a parte mais difícil, para mim.
PAI: Quando você emagreceu?
BETH: No verão entre a sétima e a oitava série, porque entrei na terapia pela primeira vez no inverno da nona série.
PAI: Foi por causa daqueles episódios em que você não comia nada?
BETH: Mamãe me colocou em terapia principalmente porque comecei a ter períodos em que não comia bem.
PAI: Será que você estava... anoréxica?

O pai demonstra uma impressionante falta de conhecimento sobre o desenvolvimento do transtorno alimentar da filha. Isso não é visto pela terapeuta como falta de interesse, mas como um reflexo do grau em que esta família separava os "assuntos femininos" dos "assuntos masculinos". Entretanto, o pai está se inteirando mais da história da doença da filha. Em vez de falarem sobre suas próprias adolescências, os pais permitem que a filha explore os primeiros estágios da sua puberdade e o desenvolvimento do transtorno alimentar.

BETH: Não, a terapeuta disse que eu estava bem... Não estava anoréxica... Ela disse que abaixo de 45 quilos eu estaria.
TERAPEUTA: Você estava no limite.

TODOS: É!

MÃE: Ela pesava 46 quilos.

BETH: Estava com 47,5 kg!

PAI: Ela emagreceu tanto que seu corpo nem funcionava direito.

TERAPEUTA: Como isso acontece? Você mencionou que essa época foi difícil, porque comia com seus irmãos e então começou a perceber...

BETH: Eu não sei, porque aconteceu bem depressa. Em apenas um mês durante o verão eu emagreci muito. Devo ter perdido de 4,5 a 7 quilos em um mês. Eu já tinha emagrecido um pouco entre a quinta e a sétima série, talvez 4 quilos, algo assim, então estava com mais ou menos 54,5 kg e, então, em um mês, baixei de repente para 47,5.

TERAPEUTA: Uau. Você fez dieta, ou algo assim?

BETH: Sim. De repente, era como se pudesse passar vários dias sem comer.

TERAPEUTA: (*dirigindo-se aos pais*) Vocês sabiam o que estava acontecendo, na época?

PAI: Sim. Ela era uma menina robusta e rechonchuda, e era ridicularizada por isso o tempo todo. Alguns colegas de classe faziam piadas. Então, ela amadureceu um pouco, fisicamente, e começou a assumir formas de mulher. Ela já é bonita, de modo que alguns garotos começaram a notá-la. Acontece que, bem, garotos adolescentes não são muito espertos.

TERAPEUTA: Verdade (*rindo*).

PAI: Chegávamos a imaginar o que eles pensavam: "Puxa, ela até que é bonitinha." Assim, logo que ela começou a melhorar na aparência, eles começaram a provocá-la ainda mais, para ganhar a sua atenção.

TERAPEUTA: Entendo.

BETH: Bom, essa é a teoria dele...

PAI: O que?

BETH: Essa é a sua teoria...

PAI: Bem, quer dizer, nossa, acho que se poderia dizer que... Eles queriam sua atenção com tanta freqüência e pareciam tão...

BETH: Mas não antes de eu emagrecer tanto.

PAI: Não, quer dizer, isso aconteceu enquanto você emagrecia ainda mais. Quanto mais você emagrecia, mais eles a provocavam sobre isso. Não deveria fazer sentido, mas foi o que aconteceu.

BETH: Não. Eles me provocavam por meu peso principalmente da terceira à quinta série, quando eu era mais gorda.

PAI: Mas continuavam fazendo isso, mesmo enquanto você emagrecia.

BETH: Sim, mas não piorou.

PAI: Não. Bom, talvez não, mas a provocavam por outra razão. Os meninos eram mais velhos que ela e só queriam receber sua atenção.

MÃE: Sim, mas, às vezes, as meninas eram piores que os meninos.

TERAPEUTA: De que maneira?

BETH: Não, os meninos eram sempre mais malvados. As meninas nunca me provocaram tanto. Quero dizer, às vezes faziam algum comentário. Quando começamos a praticar basquete, na quinta série, meu apelido era "bola de manteiga".

TERAPEUTA: Está brincando?

BETH: Não. Não sei como inventaram isso, mas me chamavam assim.

PAI: Mas quando ela começou a emagrecer um pouco e a amadurecer fisicamente, como uma mulher, ficou muito feliz. Começou a receber muita atenção, e algumas mães até diziam: "Ah, ela deu uma lição nos meninos". Essas mães nos contavam sobre ela, sabe. Mas parece que uma coisa alimentava outra. Ela gostava da aparência que tinha, gostava da atenção e, assim, tentou emagrecer mais ainda.

BETH: Bem, eu acho que não sabia quando parar a dieta e o que poderia comer para me manter magra. Eu não sabia mesmo – ainda não sei direito –, mas é difícil encontrar um equilíbrio, para poder parar. Eu tinha tanto medo de engordar novamente – a gente sabe que é fácil voltar a engordar. Acho que pensei: "Eu já cheguei até aqui, por que não continuar?"

TERAPEUTA: Certo, e você tinha medo de recuperar o peso que havia perdido. Não é divertido ser...

BETH: ... A gorducha da turma

TERAPEUTA: ... O alvo das gozações. Bem, essa é a parte difícil de ser adolescente. As crianças podem ser muito cruéis e dizer coisas que só podem ser interpretadas como maldade.

PAI: Era tudo tão estúpido! Ela já estava com 50 quilos e até parecia magra demais... Para nós, ela parecia magra demais... Sabe, nós já estávamos satisfeitos. Primeiro, nós a víamos andando de cabeça baixa. Depois, soubemos que os garotos ainda faziam piadinhas e pensamos: "Ah, isso é tão horrível!" Eles só queriam a atenção dela.

BETH: Bom, eu emagreci tanto que podia ver todas as minhas costelas e meus ossos púbicos.

TERAPEUTA: Nossa!

PAI: É, eu me lembro disso.

MÃE: As provocações foram tão longe que eu conversei com uma professora que minha filha respeitava muito.

BETH: Sim, e foi má idéia.

MÃE: Eu lhe contei o que estava acontecendo e ela me disse que Beth teria de aprender a enfrentar essas coisas e que ela não podia fazer nada para impedir as gozações.

TERAPEUTA: É mesmo? Isso é lamentável.

BETH: Se eu gritava com meus colegas, eles simplesmente aumentavam as gozações.

MÃE: Às vezes, recorrer a uma pessoa que tem autoridade só piora as coisas, mas achei que precisava interferir, nessa situação. Sabe, eles eram muito maus. Eu chegava em casa – isso foi logo depois que comecei a trabalhar – e a encontrava chorando.

BETH: Não me lembro de chorar tanto.

MÃE: Você chorava muito.

BETH: Não.

MÃE: É verdade, chorava muito!

BETH: Olhe, eu lembro que chorei uma ou duas vezes, mas nunca tanto quanto eles dizem.

MÃE: Mas já que a maltratavam tanto, nós pensávamos que eles [os professores] perceberiam e fariam *alguma coisa*. Um dos nossos filhos também era maltratado por colegas e ele nos disse: "Não façam nada, porque isso só piora as coisas."

BETH: Bem, é verdade.

TERAPEUTA: Beth, o que você pensava disso, na época?

BETH: Bem, se os garotos percebem que nos magoaram, que conseguiram o que queriam, então começam a provocar mais ainda, porque agora sabem onde dói.

PAI: Ao emagrecer, ela se encheu de energia – pelo menos, achamos que sim – e se tornou realmente boa em basquete. Tornou-se quase que líder da equipe. Ela também é muito esperta, e então não apenas estava mais magra, mas era líder da classe, e isso ajudou. Os meninos começaram a admirá-la, no basquete. Depois disso, ela se tornou muito confiante.

Vale a pena notar que alguns dos eventos que serviram de gatilho para o desenvolvimento da BN são discutidos pela primeira vez aqui. Em outros tipos de tratamento, isso poderia ter ocorrido no início do tratamento. O exame desses eventos sem a presença de comportamentos e pensamentos da BN altera a capacidade da adolescente e dos pais para discuti-los e pensarem sobre sua importância no passado e no presente. Também é importante notar a crescente participação de

Beth durante a sessão. A terapeuta não permitiu que os pais falassem sobre a filha sem conferir freqüentemente se esta concordava ou discordava do que diziam. À medida que o tratamento chega ao fim, a opinião da adolescente será cada vez mais requisitada.

TERAPEUTA: Isso é verdade?
BETH: É, acho que um pouco, mas não sei.
TERAPEUTA: Qualquer pessoa tem dificuldade para lidar com insultos.
PAI: Ela não conseguia caminhar pelo corredor sem que os meninos tentassem chamar sua atenção.
TERAPEUTA: Então, sobre o que seu pai estava dizendo... As provocações passaram dos limites e eles agora faziam isso para chamar sua atenção, porque gostavam de você? Parece que você disse, antes, que os garotos eram tolos demais para apreciarem Beth.
BETH: (*rindo*) Essa é a teoria dele. Eu não tenho certeza.
PAI: Eu não sei... Ela só mudou muito, deixando de ser...
BETH: ... A garotinha baixinha e gorda.
PAI: Bem, tudo bem, eu não diria...
BETH: Mas era verdade.
PAI: Então, ela começou a emagrecer e não conseguiu mais parar.

Delinear e Explorar Temas da Adolescência

Revisitar a época em que o transtorno alimentar de Beth começou pareceu um tema importante, em termos de seu desenvolvimento adolescente. Porém, após sua recuperação, Beth e sua família podem examinar atentamente as origens de seu transtorno alimentar, quase o dissecando, mas sob uma perspectiva mais saudável, em termos psicológicos, que no início do tratamento e, portanto, a família tende a obter um benefício muito maior desse tipo de discussão.

TERAPEUTA: Por quê? Talvez seja bom falarmos sobre isso. Você disse que era difícil encontrar um equilíbrio. Tenho certeza de que você também disse que recebia muita atenção ou reforço positivo...
BETH: Ah, sim.
TERAPEUTA: ... Por ter emagrecido. Então, é difícil. Todos gostam de ouvir coisas positivas sobre si mesmos, e continuam fazendo as coisas que recebem atenção positiva.

BETH: E é difícil ver-se como alguém adequado. Mesmo quando eu pesava 47,5 kg, sempre achava que havia gordura em algum lugar, e que precisava me livrar dela.

TERAPEUTA: Sim, é uma busca que nunca termina.

BETH: *Ainda* é. Ainda não estou satisfeita com minha aparência, mas acho que nunca estarei. Nunca tive muita autoconfiança, de qualquer maneira (*rindo*).

MÃE: Sempre havia algo pequeno demais ou grande demais, sabe? Acho que nenhuma mulher diria que está totalmente satisfeita com sua aparência. Até as modelos – nenhuma delas diria que está perfeitamente feliz com sua aparência, porque nenhuma mulher se sente absolutamente perfeita.

TERAPEUTA: Bem, você tocou num ponto interessante. O termo para isso é "insatisfação normativa", e se refere exatamente a isso. Na nossa cultura, e em outras também, tornou-se normativo nunca estar completamente satisfeita com a própria aparência, e acho que isso é particularmente exagerado entre as mulheres, embora os homens também possam se sentir assim. Acho que muitas revistas masculinas atuais não existiam, algum tempo atrás, como a *Men's Health* por exemplo. A cultura dita que precisamos ter determinada aparência, mas penso que isso é particularmente difícil para as mulheres. É por essa razão que todo esse estágio do início da adolescência tem a ver com aceitar as mudanças que ocorrem em nossos corpos. As meninas precisam ter a aparência adolescente, como seu pai já falou, de uma mulher jovem, com curvas e tudo o mais.

BETH: Bom, na verdade eu comecei a purgar em abril, quando estava na oitava série. Fazia pouco tempo que eu havia saído do tratamento.

TERAPEUTA: Você quer dizer, o tratamento para anorexia, por ter emagrecido tanto?

BETH: Sim. Acho que comecei naquele verão. Não era muito freqüente, talvez uma vez por mês, mas então simplesmente aumentou.

PAI: Para mim, você até parecia bem. Então, engordou um pouco e eu pensei: "Ah, ela está ótima." Estamos pagando por isso, agora.

TERAPEUTA: (*para a mãe*) O que você acha disso?

BETH: É, o que você achava do tratamento, mãe? Você o considerava necessário, ou que a doença era grave?

PAI: Eu não sei, ela sempre...

BETH: Por que você não a deixa falar primeiro?

MÃE: Eu sempre fui o tipo de pessoa que faz o que os médicos mandam, e se eles mandam, obedeço. Ele [o pai] é sempre quem diz que não precisamos de médico, que podemos fazer tal e tal coisa e tudo terminará bem. Mas ela [Beth] relutava e não queria se tratar.

BETH: Não gostei nem um pouco.

MÃE: Ela não gostou da terapeuta. Não queria ir e então combinamos que se as regras recomeçassem, ela poderia parar o tratamento.

BETH: Fazia mais ou menos duas semanas ou um mês...

TERAPEUTA: Sua menstruação voltou?

BETH: Sim, e então eu disse: "Está bem, já chega para mim."

TERAPEUTA: Então você foi salva pelo gongo, quando seus períodos recomeçaram?

BETH: Isso mesmo.

MÃE: Eu lutava com ela e com ele [o pai].

TERAPEUTA: E não gostava, por achar que estava no meio dos dois?

MÃE: Sim.

BETH: Certa noite, depois de uma semana de terapia e de engordar 1 quilo, mais ou menos, eu simplesmente comecei a vomitar depois de comer.

TERAPEUTA: Foi assim?

BETH: Era incontrolável, e eu disse: "Não quero fazer mais isso! Isso é tão horrível! Eu vou engordar!" Ela queria que eu engordasse quatro ou cinco quilos, acho que era isso.

TERAPEUTA: E isso lhe pareceu terrível?

MÃE: Sim, ela estava assustada.

BETH: Eu estava louca de pavor (*rindo*)

TERAPEUTA: Porque 4 quilos se pareciam com 40?

BETH: Eu pensei, 4 quilos sobre o meu peso atual é pura loucura e eu... Eu lutei muito contra isso.

PAI: Bem, seu corpo precisava se tornar regular, então ela precisava engordar um pouco, fazer algo, funcionar um pouco mais.

BETH: Foi ruim porque eu já tinha todas aquelas roupas. Eu estava usando tamanho 36.

TERAPEUTA: Uau!

BETH: É, e (*rindo*)... Então eu engordei, sabe. Eu sabia que precisaria usar um tamanho maior, mas... A gente não gosta de admitir que aumentou um tamanho de roupa.

TERAPEUTA: Você deveria caber nas roupas, porque antes elas serviam. É difícil ter uma doença que a faz pensar que o tamanho pequeno é apropriado ou que seu peso corporal deveria ser esse, mesmo quando todos os outros sinais apontam que você não está saudável.

MÃE: E ela havia feito tanto esforço para chegar naquele peso que ainda não queria ter de desistir de tudo.

A terapeuta permite que a adolescente e sua família explorem as origens da doença, mas continua levando a discussão de volta para os eventos envolvendo o início da BN.

TERAPEUTA: Se pensarmos particularmente sobre o estágio da adolescência em que você estava e nas mudanças físicas, quando a terapeuta lhe disse que você precisaria engordar quatro ou cinco quilos, o que lhe ocorreu?
BETH: Eu estava tentando me preparar para o ensino médio, e ninguém quer ser gorda no ensino médio, porque nada dá certo. Eu sabia disso. Então eu... Eu tinha me esforçado tanto para chegar onde estava, que não queria desistir. Engordar me levava a pensamentos como: "Para que fiz tudo isso? Não faz sentido!"
MÃE: Mas então você começou a praticar exercícios intensos. Quero dizer, o pai dela e eu tínhamos de impedi-la, porque se não podia sair [por causa do clima], ela usava a escada. Subia e descia os degraus, descia correndo até o térreo, subia e descia novamente, e não conseguíamos impedi-la. Durante muito tempo ela só corria, corria, para cima e para baixo, nas escadas. E nós lhe pedíamos para parar.
BETH: Eu me exercitava por uma ou duas horas, todas as noites.
MÃE: Ah, no mínimo! Então, ela descia e nós a ouvíamos fazendo polichinelos. E depois de irmos para a cama, nós a ouvíamos no andar de cima, fazendo mais exercícios pesados. Ela podia estar comendo um pouco mais, mas depois tentava eliminar todas as calorias com exercícios.
TERAPEUTA: Entendo. Era um modo de compensar.
MÃE: Sim.
TERAPEUTA: "Se eu preciso comer, farei o máximo de exercícios possíveis para garantir que não engordarei."
MÃE: Certo, e finalmente tivemos de mandá-la ir mais devagar.
PAI: Bem, exercícios – exercícios pesados – produzem algo no cérebro que – é quando você... Não consegue relaxar...
BETH: Endorfinas.
TERAPEUTA: Elas lhe dão vigor.
PAI: Ela começou a se irritar porque eu apagava as luzes cedo. Eu gosto de uma filha quieta e tranquila.
BETH: Ele gosta de ver todo mundo na cama às nove da noite.

PAI: Às nove (*rindo*).

BETH: Nem comece...

PAI: Ela estava no andar de cima com as luzes acesas, e nós a ouvíamos correndo lá e simplesmente... Ah, meu Deus. Eu acho que disse a ela: "Se pretende fazer exercícios, faça-os mais cedo para poder relaxar por uma ou duas horas antes de ir para a cama."

BETH: E, como uma adolescente, eu respondi: "Não, eu vou fazer exercícios quando bem entender, e você pode gritar até cair a língua que não vai adiantar."

PAI: Tentávamos combater essa coisa de exercícios quando começamos a nos perguntar por que o vaso sanitário não estava funcionando. Era por causa dos vômitos.

TERAPEUTA: Então, parece que vocês tentavam regular um corpo que tinha vontade própria?

BETH: É, ele não queria cooperar.

TERAPEUTA: Presumo que vocês dois tentaram ajudá-la com conselhos sensatos.

MÃE: Bem, nós tentamos.

TERAPEUTA: O que vocês tentaram?

BETH: Bem, ele podia dizer qualquer coisa, mas eu não obedecia.

TERAPEUTA: Foi assim?

PAI: Não, nós não sabíamos o que fazer, com essa coisa estúpida.

MÃE: John tentava conversar com ela, mas nossa filha apenas...

PAI: Quando eu tentava falar, ela gritava mais alto.

TERAPEUTA: Sobre os exercícios?

PAI: Ela começava a berrar sem parar.

BETH: Eu só olhava para ele e era como: "O que ele poderia saber sobre exercícios e dietas!"

TERAPEUTA: Parece um pouco hipócrita.

BETH: Eu não entendia como ele poderia saber do que estava falando.

PAI: Eu joguei futebol durante quatro anos, mais ou menos.

BETH: Sim, mas o metabolismo masculino é muito diferente do feminino!

PAI: Eu quero dizer sobre engordar, emagrecer e ficar em forma – eu passei por tudo isso.

BETH: Mas é homem.

TERAPEUTA: Bem, isso é interessante.

PAI: É um extremo.

Com o desvio do foco da discussão, a terapeuta volta-se para a mãe, na tentativa de solicitar suas experiências com a forma corporal e peso, durante a adolescência.

TERAPEUTA: Isso é interessante. Sabe, certamente existem transtornos alimentares entre atletas e problemas com melhora do desempenho. Assim, é claro que os homens não estão imunes, particularmente homens jovens que praticam esportes e atletismo. Mas temos outra mulher nesta sala, sua mãe, e ela passou pelo mesmo estágio do desenvolvimento. Imagino se você se importaria de contar a Beth algumas de suas idéias ou sentimentos sobre passar exatamente pela mesma coisa que ela passou. Não quero lhe causar constrangimento. Realmente não quero. Se preferir, não precisa nos contar.

MÃE: Quando eu estava crescendo, até concluir o ensino médio, nunca tive problemas com meu peso. Mas naquele tempo as meninas aceitavam mais – quer dizer, eu usava roupas tamanho médio e era considerada uma das meninas mais magras. Não era tamanho pequeno daqueles bem apertados, que ela tenta usar...

BETH: Tenta?! Obrigada, mãe (*rindo*).

MÃE: Naquela época, as mulheres nem pensavam em ser cada vez mais magras. Mas depois que terminei o ensino médio, eu engordei um pouco. Antes de eu começar a namorar John, emagreci; se continuasse como antes, ele não teria se interessado por mim, porque eu me considerava gorda. Mas quando viu que eu havia emagrecido, interessou-se por mim.

TERAPEUTA: Isso é verdade?

MÃE: Sim, é verdade, ele mesmo me contou (*rindo*).

PAI: Sim, eu sei.

MÃE: Ele me viu em uma partida de futebol americano.

PAI: Eu a vi durante o jogo e...

MÃE: E você me considerou um pouquinho redonda demais.

PAI: Acabei vendo a irmã dela, que se casou com meu melhor amigo, e eles se casaram antes, e foi assim que nos conhecemos. Eu a via o tempo todo.

TERAPEUTA: Então foi no casamento – sim, eu recordo que você mencionou isso em uma de nossas sessões.

PAI: Sim, ela veio a uma das nossas partidas de futebol quando estava terminando o segundo grau e...

MÃE: Eu era mesmo meio gordinha.

PAI: Um pouquinho, eu pensei. Não me lembro direito o que pensei.

MÃE: Uma vez você me disse.

PAI: Acho que eu pensei mesmo que ela estava mais para gorda, mas sabe, na época eu era apenas um jovem meio bobo. A primeira coisa que se olha é pensando em sexo, entende? (*rindo em silêncio*) Quer dizer, é assim, entende? Porque, queiramos ou não...
BETH: Mas será que temos de falar sobre isso? Vou andar um pouco.
TERAPEUTA: Você está embaraçada.

Quando os pais começam a falar sobre sua própria adolescência e sobre o despertar sexual, Beth se sente muito incomodada e expressa o desejo de sair da sala. A terapeuta percebe isso imediatamente e tenta demonstrar empatia. Os pais, apesar disso, continuam a discussão sobre sua época de namoro.

PAI: Os garotos daquela idade só pensam nisso, ora! Que idiotice, eles não sabem fazer outra coisa.
MÃE: Eu sabia que eu tinha um problema, assim como Beth sabe. Eu também era alvo de piadinhas. Na escola, o pessoal me incomodava por causa do meu peso.
TERAPEUTA: Eles a provocavam por causa do seu peso ou por outras razões?
MÃE: Por causa do meu peso. Não, por outras coisas.
TERAPEUTA: Ok, então você entende como é e pode demonstrar solidariedade por sua filha, que já enfrentou o mesmo.
MÃE: Ah, houve uma vez em que precisei me esconder no banheiro, quando estava na sétima série, porque começaram a me insultar quando passei pelo ginásio.
BETH: Mas por que fariam isso?
MÃE: Eu era uma CDF.
TERAPEUTA: Estudiosa?
MÃE: É, e então começaram a me chamar de...
TERAPEUTA: Bem, ser CDF é algo bom, em minha opinião.
MÃE: Mas começaram a me insultar, então me escondi no banheiro e saí pelo outro lado. Mas ainda assim, me provocaram.
TERAPEUTA: Voltando ao comentário da professora, de que Beth precisava endurecer e suportar as provocações. Sei que as pessoas dizem isso, mas é mais fácil falar que fazer.
MÃE: É difícil mesmo.
TERAPEUTA: De muitas maneiras, seria tentador dizer: "Bem, então eles precisam aprender a enfrentar as coisas", ou precisam desenvolver uma sensibilidade maior.

MÃE: Eu me sentia muito mal quando ela chegava a casa com todos aqueles problemas. Pensei que talvez, se eu fosse até lá e insistisse mais... Achei que não a tinha defendido o bastante, entende?
BETH: Não teria adiantado.
TERAPEUTA: Você pode ter essas idéias, mas pelo menos acha que isso poderia ter ajudado?
BETH: Não, os professores não teriam tomado nenhuma atitude e, mesmo se tivessem, só piorariam as coisas. Os garotos teriam aumentado a dose. Então, você não podia fazer nada.
TERAPEUTA: Você se sentiu um pouco impotente, e tenho certeza de que John também.
PAI: Com certeza. Um dos nossos filhos estava no ensino médio na época em que ela lutava com a anorexia, e ele também sofria com provocações, principalmente no primeiro e segundo anos. Achávamos que a situação estava saindo do controle, e conversamos com o diretor.
MÃE: Sim, mas só fizemos alguma coisa quando ele começou a chegar a casa após a escola com hematomas.
TERAPEUTA Chegou a esse ponto?
PAI: Nós apenas suportávamos e achávamos que o tempo consertaria as coisas. Então, as provocações diminuíram e ele se firmou. Nos últimos anos, não houve problemas. É difícil cuidar do menino.
MÃE: Eu vi alguém se aproximar dele e torcer suas orelhas, e John teve de me conter. Minha vontade era ir até lá e puxar as orelhas *daquele menino*.
TERAPEUTA: É mesmo?
MÃE: Que direito ele tem de fazer isso com o meu filho? E é tão triste...
BETH: É, mas se você fizesse isso... Ah, meu Deus!
MÃE: Eu sei, eu sei.
BETH: Você sabe o que aconteceria.
MÃE: Mas, sabe, como pais nós só queremos ir até lá para defender nossos filhos.
PAI: Eu sempre precisei contê-la.
TERAPEUTA: Vocês falaram sobre sua preocupação com seu filho e com Beth. Com seu filho, era possível ver as marcas, o que é bem assustador, mas de algum modo...
MÃE: Não víamos os ferimentos em Beth.
TERAPEUTA: Sim. As marcas são internas. Os dois tipos são... Nenhum é menos traumático que o outro, e ambos deixam cicatrizes e marcas.
PAI: Nosso filho mais velho suportou bem o ensino médio. Ele era um dos líderes de sua classe e tudo transcorreu bem.

BETH: Ele era meio idiota.
PAI: O que?
BETH: Era, sim!
PAI: Era, mas conseguiu se safar.
BETH: É.
PAI: Ele conseguiu se dar bem... Deu tudo certo para ele. Nosso segundo filho, Jeremy, teve problemas.
BETH: Jim [o mais velho] tinha essa coisa, não se importava de ser excluído. Quer dizer, ele tinha a sua turma de amigos, três ou quatro deles, e todos concordavam que eram uns pamonhas (*rindo*). Então, ficava tudo bem. Mas hoje em dia é difícil encontrar amigos que não se importem de formar o grupo de excluídos.
PAI: Mas Jeremy...
BETH: Ele queria ser igual a todo mundo.
PAI: Ele é muito sensível. Tivemos problemas com alguns professores que diziam coisas muito cruéis, e ainda temos problemas com os mesmos professores. Esses professores, quando nosso filho participou da olimpíada de conhecimentos entre estudantes, disseram que ele não era inteligente o bastante. O professor disse isso a ela, e nos contaram depois.
TERAPEUTA: O professor disse isso diretamente ao seu filho?
MÃE: Um deles falou: "Vamos incluir Jeremy", e o outro respondeu: "Eu não o considero muito inteligente", bem na frente dos outros garotos. Foi a última competição da qual ele participou. Ele tentou no ano seguinte, na mesma escola.
PAI: Aconteceu a mesma coisa, três ou quatro vezes, e ele ficou muito abatido. Quando chegou a hora de Joe, pensamos: "Ah, o que vamos fazer com este aqui?" Mas sempre tentamos não nos intrometer muito em suas vidas.

Beth está fazendo um comentário geral sobre seus pais, e comenta que seu pai, principalmente, não consegue dar aos filhos adolescentes um "espaço" maior. Enquanto essas questões teriam sido difíceis de discutir na parte inicial do tratamento, com o transtorno alimentar totalmente incluído na supervisão parental, agora a família tem uma oportunidade de ver isso mais no contexto de um desafio saudável para uma filha saudável que está próxima dos dezesseis anos de idade.

BETH: Não sei, não...
TERAPEUTA: Você acha que eles precisariam interferir menos, Beth?

BETH: Sim, eu acho... Não sei. Acho que ir até a escola e se intrometer, como fizeram – minha mãe foi até lá e falou com o treinador de Jim, porque o provocaram durante o basquete, e...
MÃE: Foi seu pai.
BETH: Alguém. Isso só piora as coisas. Quando eu tiver filhos, não vou entender isso, desejarei proteger meus filhos, mas vocês precisam entender que as crianças precisam lidar sozinhas com certas coisas. Interferir só piora.
PAI: Mas eu o ajudei um pouco. Como eu disse, o diretor reuniu alguns professores, e eles então...
BETH: É, mas depois, quando os professores não estavam olhando, eles provocavam mais ainda.
PAI: Bem, por algum tempo a situação melhorou, e então ele ficou mais velho e mais maduro, e esses dois ou três valentões que o provocavam simplesmente pararam.
TERAPEUTA: Acho que estamos agora nos referindo ao próximo estágio da adolescência, que tem muito a ver, como eu mencionei quando começamos a falar, com ser aceito e ter amigos. Nessa idade, o que os colegas pensam é mais importante do que as opiniões dos pais, e os jovens assimilam parte dos valores dos amigos.
BETH: É claro.
TERAPEUTA: Falando de alguém que está no meio da adolescência e rumo ao final desse estágio, o que Beth está tentando dizer é que realmente faz muita diferença o que os colegas pensam, e ela também está dizendo que é muito difícil ser pai ou mãe. Como você (*para a mãe*) mencionou, sempre que via esses garotos horríveis fazendo comentários cruéis sobre sua filha, sentia vontade de revidar ou de insultá-los, algo assim.
PAI: É doloroso ver nossos filhos passando por tudo isso no meio da adolescência. É a pior época. Porque você vê seus filhos tomando más decisões apenas para serem aceitos por colegas, e você percebe tudo. É muito óbvio. Não é difícil perceber isso.
BETH: Imagino se vocês conseguem recordar sua própria adolescência.
MÃE: É claro.
PAI: Isso poderia piorar tudo. Dava para perceber. Felizmente, Beth, nos últimos meses, vimos uma decisão boa, pelo menos uma vez em muito tempo, sobre tudo.
TERAPEUTA: Uma vez em muito tempo?
PAI: Bem, ela toma umas decisões erradas.
MÃE: É difícil tentar ser aceito. Entende, é difícil mesmo.

TERAPEUTA: Com certeza.
BETH: Especialmente em uma cidade como Winnetka, onde todo mundo cresceu junto desde o maternal, onde todos se conhecem a vida inteira. Estive com eles por apenas quatro anos, tentando ser aceita e ser igual a eles...
TERAPEUTA: Entendo.
BETH: Quando se está junto por tanto tempo, é praticamente impossível.
TERAPEUTA: Seu desejo de ser aceita e entrar para a turma é totalmente compreensível. Além da necessidade adolescente normal de pertencer ao grupo, ainda é preciso lidar com o fato de que os outros se conhecem desde que nasceram. Você deve ter pensado: "Eu preciso dar um jeito de compensar o tempo perdido."
PAI: E Winnetka é mesmo uma...
BETH: Eles são arrogantes.
MÃE: É uma cidade esnobe.
TERAPEUTA: Você acha mesmo?
TODOS: Sim!
TERAPEUTA: Preciso lembrar a mim mesma para nunca ir a Winnetka.
MÃE: Tudo bem, se você pensa na cidade como a melhor do mundo, se você mora lá. Mas tentar fazer parte é difícil.
PAI: É, eles são tão...
TERAPEUTA: ... Fechados?
MÃE: Sim.
TERAPEUTA: E o ensino médio e a adolescência já são difíceis em si mesmos.
MÃE: Certo.
PAI: Acho bom os meninos terem estudado em outra escola, no ensino fundamental. Eu disse isso várias vezes: eles sofrerão se forem para uma nova escola no ensino médio, mas será mais fácil quando forem para a faculdade, porque já terão se acostumado com tantas mudanças.
MÃE: Facilita um pouco quando entram na faculdade, porque já tentaram se adaptar a outros lugares.
BETH: Nossa, eu nem consigo imaginar ir para a escola com os mesmos colegas até a faculdade e, então, separar-me deles.
TERAPEUTA: Sim, então há algo positivo nisso, está vendo?
BETH: Neste momento não consigo perceber muito bem, ainda.
MÃE: É, por enquanto não parece haver algo positivo.
TERAPEUTA: Talvez não lhe pareça tão positivo, ainda.
TERAPEUTA: É muito gostoso ansiar pelo ingresso em uma universidade, se pelo menos conseguirmos superar esse estágio da adolescência.

PAI: Ela faz tanto escândalo por causa das amigas! Uma noite dessas, saiu, voltou e ficou reclamando e choramingando conosco porque achava importante fazer o que as amigas diziam, como pegar o carro só para rodar até a esquina. Quer dizer, é estupidez, mas ela fez um escândalo.

TERAPEUTA: Você se lembra dessa noite?

BETH: Ah, em detalhes.

TERAPEUTA: Lembra-se de ter irritado seu pai e sua mãe?

BETH: Sim. E eu entendo como se sentem, mas ainda assim é difícil ser aceito, e em Winnetka não há nada para fazer. Não há grandes redes de *fast-food* ou algo parecido.

TERAPEUTA: Bem, isso torna a tarefa dos pais muito difícil. Falamos um pouco sobre como é ser mulher nesta cultura e passar pela adolescência com o mínimo de traumas. Acho muito difícil ser um adolescente atualmente, mas – perdoem-me o trocadilho – o coquetel pode sair caro. Os pais oferecem álcool aos filhos e esses bebem para serem aceitos por outros jovens. Acho que seria muito difícil para vocês saberem que...

PAI: Foi muito ruim.

TERAPEUTA: É difícil disciplinar...

PAI: Tivemos nosso segundo filho, que só queria ficar pela rua o tempo todo, e dissemos que fizesse então o que bem entendesse.

TERAPEUTA: Sim.

PAI: Quando se tem um filho de 16 ou 17 anos que se recusa absolutamente a nos obedecer e insiste em fazer as coisas à sua maneira, e é teimoso, não nos resta muito a fazer.

TERAPEUTA: Entendo.

PAI: Não podemos agredi-lo fisicamente ou contê-lo, mesmo se desejarmos – ele é do nosso tamanho. Não temos opções. Já chegamos a sentir vontade – olhe, *eu* senti vontade – de expulsá-lo de casa o tempo todo. Eu não sabia o que fazer. Beth tornou-se adolescente um pouco depois e também desobedece um pouco, mas não tanto. Ela já me atacou verbalmente, mas não é tão difícil de lidar.

TERAPEUTA: Isso é um grande elogio do seu pai. Pelo menos, eu penso que sim.

BETH: É, sim.

Nesta sessão do início do Terceiro Estágio, a terapeuta está satisfeita com a capacidade dos pais para recordarem suas experiências anteriores – sua própria adolescência e a experiência de criarem seus filhos adolescentes. Os temas gerais que serão abordados neste estágio começam a ser tocados, particularmente na última parte da sessão. Embora os irmãos mais velhos da paciente não residam mais em casa, talvez a terapeuta peça que um ou dois deles compareçam à sessão, se puderem, para participarem desse estágio do tratamento, porque eles podem compartilhar parte das dificuldades que tiveram na adolescência. Como já mencionamos, nem todos os problemas são abordados em uma sessão típica.

Encerramento da Sessão

Como ocorreu em todas as sessões, a terapeuta conclui a sessão com uma declaração, embora neste caso seja mais breve:

"Bem, nós abordaremos todas essas questões nas sessões restantes. Assim, tocaremos em todos os estágios, e apenas porque deixamos um tema para a próxima sessão, não quer dizer que não podemos retomá-lo. Obrigada por falarem com tanta franqueza. Anseio por vê-los novamente em três semanas."

Neste estágio final do tratamento, as discussões sobre o transtorno alimentar não são centrais às sessões. As discussões serão centradas principalmente no desenvolvimento da adolescência e em como a adolescente avançará em sua vida, lidará com desafios, quase sempre por conta própria, mas também com a ajuda de sua família quando e se for necessário ou adequado. No capítulo final, oferecemos um estudo de caso que conduz o leitor por todos os três estágios do tratamento bem-sucedido de uma adolescente com BN.

CAPÍTULO 14

Resumo de um Caso Concluído

O caso apresentado neste capítulo final demonstra como o terapeuta pode solicitar novamente a ajuda da família, juntamente com a colaboração da adolescente, na restauração de padrões alimentares saudáveis para ela. O tratamento para este caso foi relativamente descomplicado, e em sua maior parte seguiu de acordo com o plano. Jane, como chamaremos esta paciente, tinha 17 anos ao chegar ao tratamento. Era uma jovem relativamente bem-ajustada, que já dera alguns passos para o estabelecimento de sua própria identidade e independência em relação à sua família. Na verdade, sua independência apresentava o desafio singular de envolver uma adulta jovem em um tratamento que exige que os pais, no mínimo, ajudem-na em seus esforços de recuperação. O caso de Jane demonstra muito bem esta "dança" terapêutica delicada e mostra como o terapeuta conseguiu recrutar o auxílio de Jane e de seus pais para trabalharem como uma equipe em sua recuperação.

Problema Apresentado

Jane, a mais jovem de duas filhas de um lar intacto com ambos os pais, é uma adolescente de 17 anos com uma história de transtorno alimentar com duração de quatro anos. Na infância e pré-adolescência, Jane tinha excesso de peso. Aos 13 anos, pesando noventa e um quilos, ela começou a fazer dietas restritivas e perdeu quarenta e oito quilos (relatando um peso de quarenta e três quilos).

Uma versão deste caso foi publicada pela primeira vez em Le Grange, Lock e Dymek (2003). Direitos autorais de Association of the Advancement of Psychotherapy, 2003. Adaptado com permissão.

Dos 13 aos 15 anos, seu peso permaneceu estável em quarenta e três quilos; ela teve amenorréia e reuniu os critérios de diagnóstico para AN. Aos 15 anos, começou a ter episódios de consumo alimentar compulsivo e purgação por vômitos auto-induzidos. Sua mãe ligou para marcar consulta para uma avaliação inicial em nossa clínica. A paciente apresentou-se com peso de 57,5 kg e altura de 1,64 m (IMC de 21,2) e relatou quatro episódios de consumo alimentar compulsivo por semana, com média de dois episódios de vômito auto-induzido por dia. No exame, ela também reunia os critérios para um transtorno maior de humor e de pânico. Jane e seus pais mostraram-se um pouco relutantes em se envolverem no tratamento familiar e solicitaram terapia individual. Entretanto, Jane foi colocada aleatoriamente no tratamento familiar, e ela e seus pais ingressaram em um curso de 20 sessões de TBF segundo este manual. A maior parte das sessões com a família foi conduzida também com sua irmã mais velha, estudante universitária, enquanto estava em casa, em momentos livres dos estudos. A família recusou qualquer tratamento para os transtornos comórbidos, afirmando que os medicamentos psicotrópicos "não ajudaram em nada".

Formulação do Caso

Embora os pais de Jane estivessem preocupados com seu consumo alimentar compulsivo e purgação, ainda assim, mostravam-se preocupados em não "ultrapassar" os limites do envolvimento parental, segundo sua perspectiva, dada a idade da filha. A abordagem liberal dos pais na criação dos filhos, assim como a semi-independência da paciente na maioria dos aspectos de sua vida no fim da adolescência, apresentavam um desafio potencial para um enfoque baseado na família. O relacionamento entre os pais e sua história passada de manejo das dificuldades de Jane não estavam muito claros, especialmente em termos de sua habilidade de trabalharem juntos como uma equipe unida para ajudarem Jane a superar sua BN. Sob uma perspectiva prática, as carreiras profissionais muito distintas dos pais e seus compromissos com seus empregadores apresentaram uma dificuldade adicional para a praticabilidade do tratamento familiar. O objetivo inicial do tratamento era encontrar-se com todos os familiares que residiam sob o mesmo teto, a fim de fazer uma avaliação da paciente e de sua família. A irmã mais velha da paciente residia em outra cidade, cursando a universidade e, portanto, não participou do tratamento, exceto por períodos em que estava em casa com sua família, sem aulas. Mais especificamente, desde o começo o objetivo era ajudar para que os pais esboçassem um modo de auxiliarem Jane com sua alimentação, de modo a iniciarem o processo de restabelecimento de padrões alimentares saudáveis.

Curso do Tratamento

Uma das tarefas iniciais do terapeuta é iniciar o processo de definir e melhorar a autoridade parental com relação ao manejo do transtorno alimentar. Diferentemente da AN na adolescência, esta autoridade é difusa, e assume uma qualidade mais colaborativa, porque muitas adolescentes com BN parecem mais independentes que aquelas com AN. Os pais ajudam a adolescente com sua alimentação, garantindo o consumo de porções saudáveis de alimentos em intervalos regulares e apropriados e planejando como prevenir o consumo alimentar compulsivo e purgação. Para a conquista deste objetivo, é importante que ambos os pais dêem início ao processo de restabelecimento de padrões alimentares saudáveis como uma equipe unida, a fim de serem eficazes na abordagem dos sintomas do transtorno alimentar. Além da avaliação do transtorno alimentar, a sessão inicial também tem por finalidade educar a família, em termos da natureza e gravidade do transtorno alimentar, especialmente sobre os comportamentos secretos e vergonha associados ao consumo alimentar compulsivo e purgação. O terapeuta argumentará que, uma vez que os adolescentes estão embutidos em suas famílias, geralmente é muito útil ter a participação dos pais como um recurso primário para a superação da BN. Na primeira sessão, os pais de Jane questionaram o fato de assumirem o controle sobre a alimentação da filha, citando sua idade e o tempo que ela passava fora de casa (por ex., na escola e nos treinos da banda). Entretanto, estavam suficientemente mobilizados pelos perigos potenciais do transtorno e concordaram em ir em frente, como a terapeuta sugerira. Embora expressasse alguma ansiedade sobre o envolvimento dos seus pais, Jane também sentiu alívio por ter ajuda com parte dessas decisões ligadas a alimentos, que para ela eram tão difíceis. A terapeuta deixou claro que o tratamento a respeitaria muito, uma vez que a tarefa dos pais era ajudarem-na a superar o transtorno alimentar, para poder enfrentar a adolescência e início da idade adulta sem esse empecilho. A terapeuta também adotou a postura de levantar a ansiedade parental sobre a gravidade da doença e externalizá-la, a fim de mobilizar os pais para assumirem o controle sobre ela. A primeira sessão foi encerrada com a solicitação de que a família voltasse na semana seguinte com um almoço do tipo piquenique, que incluísse uma sobremesa (ou qualquer item alimentar que, em geral, constasse da lista de alimentos proibidos da paciente e que servisse como gatilho para o consumo alimentar compulsivo).

Resumo de um Caso Concluído

O principal objetivo da segunda sessão, a refeição em família, era continuar o processo de avaliação, pela observação da família durante a refeição, de modo a aprender mais sobre a dificuldade de Jane com porções saudáveis de comida. A família trouxe sanduíches de pão francês, batatas fritas e refrigerantes.

Durante grande parte da sessão, os familiares viram Jane remexendo em sua comida e consumindo muito pouco. A terapeuta ajudou os pais a determinarem a quantidade de alimentos saudáveis para uma adolescente e os incentivou a ajudarem a filha a consumir porções apropriadas do sanduíche e uma pequena porção de batatas fritas, que estavam na lista de alimentos proibidos. A tarefa da terapeuta era ajudar Jane a verbalizar seus pensamentos e emoções ligados a ter comido "demais" ou "as comidas erradas", e ajudar os pais a compreenderem seu esforço para não purgar, enquanto ela sentia crescente ansiedade e culpa por consumir batatas fritas. A tarefa dos pais, por sua vez, era entender a dificuldade disso para Jane, compreender sua culpa e vergonha por esses comportamentos e ajudá-la a *não* purgar, passando algum tempo com ela após a refeição.

Durante a revisão dos padrões da família com relação à alimentação, a terapeuta soube que a mãe da paciente fazia a maior parte das compras e quase sempre preparava as refeições. Entretanto, a família raramente se reunia para comer, devido a diferenças em seus horários. Jane resistiu a comer algo de manhã, inicialmente, queixando-se de que "isso me dá náusea" e freqüentemente se evadia na hora do jantar com a mãe, dizendo que já havia comido. Os pais foram incentivados a descobrir um modo de trabalharem juntos para superar esses obstáculos e garantir que Jane recebesse nutrição adequada, em intervalos regulares. Apesar da relutância inicial de Jane e dos obstáculos ligados aos horários, seus pais conseguiram ajudá-la rapidamente a estabelecer padrões regulares de alimentação. A terapeuta ofereceu incentivos consideráveis para as tentativas da família, e na quarta sessão Jane já fazia três refeições regulares por dia. O restante do primeiro estágio do tratamento serviu para revisar atentamente, com Jane e seus pais, os esforços que haviam feito durante a semana anterior, para garantir que Jane não apenas fazia três refeições saudáveis por dia, mas também evitava o consumo alimentar compulsivo e purgação. A estratégia de passarem algum tempo com ela, "supervisionando-a" depois das refeições, teve sucesso apenas parcial. Como esperado, Jane relatou que considerava útil a vigilância exercida pelos pais, mas que isso impedia apenas alguns dos episódios de purgação. Em momentos em que ela se sentia aflita e os pais não estavam próximos, ela purgava, reconhecendo que a purgação era mais uma tentativa de lidar com a angústia que uma preocupação real com o ganho de peso. Uma vez que sua alimentação foi rapidamente normalizada, o restante do Primeiro Estágio serviu para orientar os pais sobre como ajudarem a filha a descobrir alternativas mais saudáveis para lidar com suas emoções e, portanto, reduzir a purgação. Na sétima sessão, a purgação de Jane havia sido reduzida para uma vez por semana.

O Segundo Estágio do tratamento iniciou-se quando os comportamentos alimentares de Jane voltaram a um padrão saudável e sua purgação foi imensamente reduzida.

Nesse ponto, a terapeuta dedicou-se a orientar os pais para reduzirem seu envolvimento direto nas decisões de Jane sobre as refeições e permitirem que a alimentação da filha refletisse a independência que ela havia adquirido na maior parte das outras áreas de sua vida. Com a presença dos pais, a questão de manejar as emoções pela purgação permaneceu como uma área central de discussão, e os pais ajudaram a filha a trabalhar as situações ou emoções difíceis com estratégias saudáveis, em vez de fazê-lo por comportamentos de purgação. Com freqüência, por exemplo, Jane se sentia muito aflita com diferentes problemas interpessoais e recorria à purgação para aliviar seu sofrimento. A terapeuta encorajou os pais a discutirem com a filha essas situações, quando surgissem, para ajudarem-na a encontrar soluções mais saudáveis. Durante diversas sessões, a terapeuta ajudou os pais de Jane a desenvolverem com a paciente uma lista de comportamentos adaptados e de manejo nos quais ela poderia se engajar para lidar melhor com sua angústia.

Quando Jane e sua família chegaram ao terceiro e último estágio da terapia, o consumo alimentar compulsivo e a purgação haviam cessado. O foco restante do tratamento foi uma revisão das tarefas restantes do desenvolvimento adolescente com a paciente e sua família. As tarefas desenvolvimentais que Jane teria de enfrentar no futuro próximo foram identificadas e o nível apropriado de envolvimento dos pais nessas tarefas também foi explorado. As principais questões discutidas diziam respeito a ajudar para que Jane desenvolvesse limites apropriados com amigos, seu novo namorado e seus pais. A terapeuta também intermediou discussões familiares sobre tabagismo, sexo e métodos contraceptivos, e saída de casa para cursar uma universidade.

O tratamento terminou com um tom positivo; Jane estava livre dos sintomas e otimista sobre sua crescente independência. Além disso, Jane também percebeu que grande parte de sua depressão e ansiedade dissipou-se, no curso do tratamento.

Resultado, em Termos de Sintomatologia do Transtorno Alimentar

O consumo alimentar exagerado e subjetivo de Jane cessou em um estágio precoce do tratamento, e ela não relatou episódios adicionais após a quarta sessão.

Embora o comportamento de purgação continuasse um pouco mais, após a décima quarta sessão a paciente não relatou qualquer purgação. No fim do TBF, Jane estava livre do consumo alimentar compulsivo e da purgação e relatou que, agora, "começava a comer como uma pessoa normal". Ela ganhou alguns quilos durante as sessões iniciais do tratamento, mas seu peso logo se estabilizou em uma faixa saudável, que ela manteve durante os últimos seis meses do tratamento (o IMC no término do tratamento era de 22,9).

Questões Clínicas e Resumo

Apesar de sua prevalência, a BN adolescente tem recebido relativamente pouca atenção na literatura. Embora a avaliação sistemática de tratamentos eficazes tenha superado recentemente o primeiro obstáculo, no sentido de dois grandes ensaios aleatórios terem sido concluídos, nosso conhecimento sobre a apresentação clínica da BN nesta população ainda é incipiente. Neste livro, argumentamos que um TFF em forma de manual, com eficácia comprovada para a AN adolescente, pode ser benéfico também para adolescentes com BN. Oferecemos uma lógica para o TBF da BN e descrevemos o esquema geral desta abordagem de tratamento. Embora experimental neste estágio, mas semelhante ao nosso TBF para a AN, descobrimos que uma versão do TBF para a BN na forma de manual pode oferecer uma intervenção consistente, focada e dirigida nos arranjos, tanto clínico quanto de pesquisas. No desenvolvimento deste manual de tratamento, aderimos aos seguintes estágios:

1. Revisamos as descrições existentes do tratamento familiar para a BN.
2. Revisamos a literatura que compara a AN e a BN em adolescentes.
3. Revisamos e adaptamos nosso manual para a AN, de acordo com as etapas anteriores.
4. Realizamos tratamentos-piloto deste manual revisado em diversos casos, antes de sua implementação em um estudo controlado de tratamento.
5. Implementamos este manual com sucesso em um ensaio clínico aleatório recentemente concluído na Universidade de Chicago (Le Grange, Rathauz, Crosby e Leventhal, 2006).

Neste estágio relativamente precoce do nosso trabalho com as famílias de adolescentes com BN, está bastante claro que o envolvimento dos pais na BN deve ser um pouco diferente do que ocorre na AN. A BN representa um desafio singular para a adolescente e seus pais, exigindo maior flexibilidade na abordagem dos sintomas do transtorno alimentar. Isto, além de outras diferenças importantes entre esses dois transtornos alimentares, como comportamentos secretos e vergonha na BN, contrastando com a resistência e até mesmo orgulho, na AN, assim como a noção de que a maioria das adolescentes com BN mantém-se na trilha correta em termos de desenvolvimento, enquanto a maioria das adolescentes com AN está atrasada em relação às suas companheiras etárias, foi levado em conta no tratamento em forma de manual para os profissionais, descrito aqui.

Está claro, porém, que este novo tratamento mostra-se promissor para o alívio dos sintomas bulímicos em adolescentes e que os pais podem servir como recursos úteis na terapia.

Conclusões

Em resumo, a terapia familiar para a BN adolescente pode permitir a recuperação sem tratamento ambulatorial ou baixa hospitalar prolongados. A restauração bem-sucedida da saúde de uma adolescente, por um retorno aos hábitos alimentares saudáveis e pela ausência de consumo alimentar compulsivo e purgação, depende amplamente da capacidade dos pais de ajudarem a filha, assim como ocorre com pais de uma adolescente com AN. Entretanto, ainda precisamos de mais estudos controlados de tratamento para uma avaliação profunda da eficácia deste tratamento, que nos permitirão comentários mais definitivos sobre o papel dos pais na recuperação da BN.

Referências

Ackard, D. M., Neumark-Sztainer, D., Hannan, P. J., French, S., & Story, M. (2001). Binge and purge behavior among adolescents: Associations with sexual and physical abuse in a nationally representative sample: The Commonwealth Fund survey. *Child Abuse and Neglect,* 25(6), 771-785.

Agras, W. S., & Kraemer, H. C. (1983). The treatment of anorexia nervosa: Do different treatments have different outcomes? *Psychiatric Annals,* 13, 928-935.

American Psychiatric Association. (1994). *Diagnostic and statistical manual of mental disorders* (4th ed.). Washington, DC: Author.

Attie, L, & Brooks-Gunn, J. (1989). Development of eating problems in adolescent girls: • A longitudinal study. *Developmental Psychology,* 25, 70-79.

Bachrach, L. K., Guido, L R., & Katzman, D. K. (1990). Decreased bone density in adolescent girls with anorexia nervosa. *Pediatrics,* 86, 440-447.

Baran, S. A., Weftzer, T. E., & Kaye, W. H. (1995). Low discharge weight and outcome in anorexia nervosa. *American Journal of Psychiatry,* 152(7), 1070-1072.

Bliss, E. L., & Branch, C. H. (1960). *Anorexia nervosa: Its psychology and biology.* New York: Hoeber.

Bossert, S. (1988). Modifications and problems of behavioral inpatient management of anorexia nervosa: A patient-suited approach. *Acta Psychiatrica Scandinavica,* 77(1),105-110.

Bruch, H. (1973). *Eating disorders, obesity, anorexia nervosa, and the person within.* New York: Basic Books.

Bruch, H. (1995). *Conversations with anorexics.* New York: Basic Books. Bryant-Waugh, R. J., Cooper, P. J., Taylor, C. L., & Lask, B. D. (1996). The use of the eating disorder examination with children: A pilot investigation. *International Journal of Eating Disorders,* 19, 391-397.

Burck, C., & Daniel, G. (1990). Feminism and strategic therapy: Contradiction or complementarity? In R. J. Perelberg & A. C. Miller (Eds.), *Gender and power in families* (pp. 82-103). London: Draper Campbell.

Casper, R. c., Hedeker, D., & McClough, J. F. (1992). Personality dimensions in eating disorders and their relevance for subtyping. *Journal of the American Academy of Child and Adolescent Psychiatry,* 31(5), 830-840.

Channon, S., De Silva, P., Hemsley, D., & Perkins, R. (1989). A controlled trial of cognitive-behavioral and behavioral treatment of anorexia nervosa. *Behaviour Research and Therapy,* 27(5), 529-535

Childress, A. c., Brewerton, T. D., Hodges, E. L., & Jarrell, M. P. (1993). The Kids' Eating Disorder Survey (KEDS): A study of middle school students. *Journal of the American Academy of Child and Adolescent Psychiatry,* 32, 843-850.

Cloninger, C. R. (1986). A unified biosocial theory of personality and its role in the development of anxiety states. *Psychiatric Developments,* 3, 167-226.

Cloninger, C. R. (1987). A systematic method for clinical description and classification of personality variants. *Archives of General Psychiatry,* 44, 573-588.

Cloninger, C. R. (1988). A unified theory of personality and its role in the development of anxiety states: Reply to commentaries. *Psychiatric Developments,* 6, 83-120.

Cooper, Z., & Fairburn, C. (1987). The Eating Disorder Examination: A semi-structured interview for the assessment of the specific psychopathology of eating disorders. *International Journal of Eating Disorders,* 6, 1-8.

Crisp, A. H. (1985). Gastrointestinal disturbance in anorexia nervosa. *Postgraduate Medical Journal,* 61, 3-5.

Crisp, A. H. (1997). Anorexia nervosa as a flight from growth: Assessment and treatment based on the mo de!. In D. M. Garner & P. E. Garfinkel (Eds.), *Handbook of treatment for eating disorders* (2nd ed., pp. 248-277). New York: Guilford Press.

Crisp, A. H., Hsu, L. K. G., Harding, B., & Hartshorn, J. (1980). Clinical features of anorexia nervosa: A study of 102 cases. *Journal of Psychosomatic Research,* 24, 179-196.

Crisp, A. H., Norton, K., Gowers, S., Hale, K. c., Boyer, c., Yeldham, D., et a!. (1991). A controlled study of the effect of therapies aimed at adolescent and family psychopathology in anorexia nervosa. *British Journal of Psychiatry,* 159, 325-333.

Crowther, J. H., & Chernyk, B. (1986). Bulimia and binge eating in adolescent females: • A comparison. *Addictive Behaviors,* 11(4),415-424.

Crowther, J. H., Post, G., & Zaynor, L. (1985). The presence of bulimia in high schools. *Adolescence,* 20, 45-51.

Dare, C. (1985). The family therapy of anorexia nervosa. *Journal of Psychiatric Research,* 19(2-3),435-443.

Dare, c., & Eisler, I. (1997). Family therapy for anorexia nervosa. In D. M. Garner & P. E. Garfinkel (Eds.), *Handbook of treatment for eating disorders* (2nd ed., pp. 307324). New York: Guilford Press.

Dare, C., Eisler, 1., Russell, G. F. M., & Szmukler, G. (1990). Family therapy for anorexia nervosa: Implications from the results of a controlled trail of family and individual therapy. *Journal of Marital and Family Therapy,* 16, 39-57.

Dare, C., Le Grange, D., Eisler, 1., & Rutherford, J. (1994). Redefining the psychosomatic family: Family process of 26 eating disorder families. *International Journal of Eating Disorders,* 16,211-226.

Dodge, E., Hodes, M., Eisler, 1., & Dare, C. (1995). Family therapy for bulimia nervosa in adolescents: An exploratory study. *Special Issue: Eating Disorders, Journal of Family Therapy,* 17(1),59-77.

Dolan, R. J., & Mitchell, J. A. (1988). Structural brain changes in patients with anorexia nervosa. *Psychiatric Medicine,* 18, 349-353.

Eckert, E. D., Halmi, K. A., Marichi, P., Grove, W., & Crosby, R. (1995). Ten-year follow up of anorexia nervosa: Clinical course and outcome. *Psychological Medicine*, 25(1), 143-156.

Eisler, 1., Dare, c., Hodes, M., Russell, G. F. M., Dodge, E., & Le Grange, D. (2000). Family therapy for adolescent anorexia nervosa: The results of a controlled comparison of two family interventions. *Journal of Child Psychology and Psychiatry*, 41(6),727-736.

Eisler, 1., Dare, c., Russell, G. F. M., Szmukler, G., Le Grange, D., & Dodge, E. (1997). Family and individual therapy in anorexia nervosa: A 5-year follow-up. *Archives of General Psychiatry*, 54(11), 1025-1030.

Fabian, L., & Thompson, J. K. (1989). Body image and eating disturbances in young females. *International Journal of Eating Disorders*, 8, 63-74.

Fairburn, C. G., & Cooper, Z. (2003). Relapse in bulimia nervosa: Comment. *Archives of General Psychiatry, 60(8), 850.*

Fairburn, C. G., Cooper, Z., Doll, H. A., Norman, P., & O'Connor, M. (2000). The natural course of bulimia nervosa and binge eating disorder in young women. *Archives of General Psychiatry*, 57(7), 659-665.

Fairburn, C. G., Shafran, R., & Cooper, Z. (1999) A cognitive behavioral theory of anorexia nervosa. *Behaviour Research and Therapy*, 37, 1-13

Fichter, M., & Quadflieg, N. (2004). Twelve-year course and outcome of bulimia nervosa. *Psychological Medicine*, 34(8), 1395-1406.

Fisher, M., Golden, N. H., Katzman, D. K., Kreipe, R. E., Rees, J., Schebendach, J., et aI. (1995). Eating disorders in adolescents: A background paper. *Journal of Adolescent Health*, 16,420-437.

Franko, D. L., Keel, P. K., Dorer, D. J., Blais, M. A., Delinsky, S. S., Eddy, K. T., et aI. (2004). What predicts suicide attempts in women with eating disorders? *Psychological Medicine*, 34(5), 843-853.

French, S. A., Story, M., Neumark-Sztainer, D., Downes, B., Resnick, M., & Blum, R. (1997). Ethnic differences in psychosocial and health behavior correlates of dieting, purging, and binge eating in a population-based sample of adolescent females. *International Journal of Eating Disorders*, 22(3), 315-322.

Garfinkel, P. E., & Garner, D. M. (1982). *Anorexia nervosa: A multidimensional perspective.* New York: Brunner/Mazel.

Garfinkel, P. E., & Garner, D. M. (Eds.). (1987). *The role of drug treatment for eating disorders.* New York: Brunner/Mazel.

Garner, D. M. (1993). Pathogenesis of anorexia nervosa. *The Lancet*, 341,1632-1634. Gillberg, I. C., Rastam, M., & Gillberg, L. (1994). Anorexia nervosa outcome: Sixyears controlled longitudinal study of 51 cases including a population cohort. *Journal of the American Academy of Child and Adolescent Psychiatry, 33(5),* 729-739.

Golden, N. H., & Shenker, I. R. (1992). Amenorrhea in anorexia nervosa: Etiology and implications. *Adolescent Medicine: State of the Art Reviews,* 3, 503-517.

Golden, N. M., Kreitzer, P., & Jacobson, M. S., Chasalow, F. 1., Schebendach, J., Freedman, S. M., et al. (1994). Disturbances in growth hormone secretion and action in adolescents with anorexia nervosa. *Journal of Pediatrics,* 125, 655-660.

Gowers, S., Norton, K., Halek, c., & Crisp, A. H. (1994). Outcome of outpatient psychotherapy in a random allocation treatment study of anorexia nervosa. *International Journal of Eating Disorders,* 15(2), 165-177.

Gull, W.W. (1874). Anorexia nervosa (apepsia hysterica, anorexia hysterica). *Transactions of the Clinical Society of London, 7*, 222-228.

Gwirtzman, H. E., Guze, B. H., & Yager,]. (1990). Fluoxetine treatment of anorexia nervosa: An open clinical trial. *Journal of Clinical Psychiatry, 51*, 378-382.

Haley, J. (1973). *Uncommon therapy: The psychiatric techniques of Milton H. Erickson.* New York: Norton.

Hall, A., & Crisp, A. H. (1987). Brief psychotherapy in the treatment of anorexia nervosa: Outcome at one year. *British Journal of Psychiatry, 151*, 185-191.

Harper, G. (1983). Varieties of failure in anorexia nervosa: Protection and parentectomy revisited. *Journal of the American Academy of Child Psychiatry, 22*, 134-139.

Herpertz-Dalmann, B. M., Wewetzer, C., Schulz, E., & Remschmidt, H. (1996). Course and outcome in adolescent anorexia nervosa. *International Journal of Eating Disorders, 19*(4), 335-345.

Herzog, D. B., Dorer, D. J., Keel, P. K., Selwyn, S. E., Ekeblad, E. R., Flores, A. T., et aI. (1999). Recovery and relapse in anorexia and bulimia nervosa: A 7.5-year followup study. *Journal of the American Academy of Child and Adolescent Psychiatry, 38*(7), 829-837.

Herzog, D. B., Field, A. E., Keller, M. B., West,]. C., Robbins, W. M., Staley, B. A., et aI. (1996). Subtyping eating disorders: Is it justified? *Journal of the American Academy of Child and Adolescent Psychiatry,* 37(7), 928"":'936.

Herzog, D. B., Greenwood, D. N., Dorer, D.]., Flores, A. T., Ekeblad, E. R., Richards, A., et aI. (2000). Mortality in eating disorders: A descriptive study. *International Journal of Eating Disorders, 28*(1), 20-26.

Herzog, D. B., Keller, M. B., & Lavori, P. W. (1992). The prevalence of personality disorders in 210 women with eating disorders. *Journal of Clinical Psychiatry, 53,* 147.

Herzog, D. B., Sacks, N., Keller, M., Lavori, P., von Ranson, K., & Gray, H. (1993). Patterns and predictors of recovery in anorexia nervosa and bulimia nervosa. *Journal of the American Academy of Child and Adolescent Psychiatry, 32*(4), 835-842.

Hill, A.]., Weaver, C., & Blundell,]. E. (1990). Dieting concerns of 10-year-old girls and their mothers. *British Journal of Clinical Psychology, 29*, 346-348.

Hoberman, H. M., & Garfinkel, B. D. (1990). Completed suicide in children and adolescents: Erratum. *Journal of the American Academy of Child and Adolescent Psychiatry, 29*(1), 156.

Hodes, M., & Le Grange, D. (1993). Expressed emotion in the investigation of eating disorders: A review. *International Journal of Eating Disorders,* 13,279-288.

Hoste, R., & Le Grange, D. (2006, June). *Expressed emotion among Caucasian and minority families of bulimic adolescents.* Paper presented at the International Conference of the Academy for Eating Disorders, Barcelona, Spain.

Howard, W., Evans, K., Quintero-Howard, C., Bowers, W., & Anderson, A. (1999). Predictors of success or failure of transition to day hospital treatment for inpatients with anorexia nervosa. *American Journal of Psychiatry, 156,* 1697-1702.

Hsu, L. K. G. (1986). The treatment of anorexia nervosa. *American Journal of Psychiatry, 143,* 573-581.

Hsu, L. K. G. (1990). *Eating disorders.* New York: Guilford Press.

Jager, B., Liedtke, R., Lamprecht, F., & Freyberger, H. (2004). Social and health adjustment of bulimic women 7-9 years following therapy. *Acta Psychiatrica Scandinavica, 110(2),138-145.*

Jenkins, M. E. (1987). An outcome study of anorexia nervosa in an adolescent unit. *Journal of Adolescence, 10*(1), 71-81.

Jones, J., Bennett, S., Olmsted, M. P., Lawson, M. L., & Rodin, G. (2001). Disordered eating attitudes and behaviors in teenaged girls: A school-based study. *Canadian Medical Assciatian Journal,* 165, 547-552.

Jones, L. M., Halford, W. K., & Dooley, R. T. (1993). Long-term outcome of anorexia nervosa. *Behaviar Change, 10(2), 93-102.*

Keel, P. K., Mitchell, J. E., Miller, K. B., Davis, T. L., & Crow, S. J. (2000). Social adjustment over 10 years following diagnosis with bulimia nervosa. *Internatianal Journal af Eating Disarders,* 27(1), 21-28.

Kennedy, S. H., & Garfinkel, P. E. (1989). Patients admitted to hospital with anorexia nervosa and bulimia nervosa: Psychotherapy, weight gain, and attitudes toward treatment. *Internatianal Journal af Eating Disarders,* 8(2), 181-190.

Kent, A., Lacey, H., & McClusky, S. E. (1992). Pre-menarchal bulimia nervosa. *Journal af Psychasamatic Research,* 36, 205-210.

Killen, J. D., Hayward, c., & Litt, 1., (1992). Is puberty a risk factor for eating disorders? *American Journal af Diseases af Children,* 146, 323-325.

Killen, J. D., Taylor, C. B., Telch, M. J., Robinson, T. N., Maron, D. J., & Saylor, K E. (1987). Depressive symptoms and substance use among adolescent binge eaters and purgers: A defined population study. *American Journal af Public Health,* 77, 15391541.

Killen, J. D., Taylor, C. B., Telch, M. J., Saylor, K. E., Maron, D. J., & Robinson, T. N. (1987). Evidence for an alcohol stress link among normal weight adolescents reporting purging behavior. *Internatianal Journal of Eating Disarders,* 6(3), 349356.

Kreipe, R. E. (1989). Short stature in females with anorexia nervosa. *Pediatric Resident,* 25,7A.

Kreipe, R. E., Churchill, B. H., & Strauss, J. (1989). Long-term outcome of adolescents with anorexia nervosa. *American Journal af Diseases af Children,* 43,1322-1327.

Kreipe, R. E., & Harris, J. P. (1993). Myocardial impairment resulting from eating disorders. *Pediatric Annals,* 21, 760-768.

Kreipe, R. E., & Uphoff, M. (1992). Treatment and outcome of adolescents with anorexia nervosa. *Adalescent Medicine: State af the Art Review,* 3, 519-540.

Lanzi, G., Balottin, u., & Borgatti, R. (1987). Follow-up study of thirty-three hospitalized anorectic patients. *International Journal of Psychasamatics,* 34(3), 3-6.

Larson, B. J. (1991). Relatianship of family communication patterns to eating disorder inventory scores in adolescent girls. *Journal af American Dietetic Assciatian,* 91, 1065-1067.

Lasegue, E. C. (1873). On hysterical anorexia. In M. R. Kaufman & M. Heiman (Eds.), *Evaluation af psychasamatic cancepts: Anarexia nervasa-A paradigm* (pp. 298319). New York: International Universities Press.

Lask, B., & Bryant-Waugh, R. (1992). Early-onset anorexia nervosa and related eating disorders. *Journal af Child Psychalagy and Psychiatry and Allied Disciplines,* 33, 281-300.

Le Grange, D. (1993). Family therapy outcome in adolescent anorexia nervosa. *Sauth African Journal af Psychalagy,* 23(4), 174-179.

Le Grange, D. (2005). Family assessment. In J. E. Mitchell & C. B. Peterson (Eds.), *Assessment of eating disorders* (pp. 150-174). New York: Guilford Press.

Le Grange, D., Binford, R., & Loeb, K. L. (2005). Manualized family-based treatment for anorexia nervosa: A case series. *Journal of the American Academy of Child and Adolescent Psychiatry,* 44(1), 41-46.

Le Grange, D., Eisler, l., Dare, c., & Hodes, M. (1992). Family criticism and self-starvation: A study of expressed emotion. *Journal of Family Therapy,* 14, 177-192.

Le Grange, D., Eisler, l., Dare, c., & Russell, G. F. M. (1992). Evaluation of family treatments in adolescent anorexia nervosa: A pilot study. *International Journal of Eating Disorders,* 12(4), 347-357.

Le Grange, D., Lock,]., & Dymek, M. (2003). Family-based therapy for adolescents with bulimia nervosa. *American Journal of Psychatherapy,* 67, 237-251.

Le Grange, D., Loeb, K., Van Orman, S., & Jellar, C. (2004). Adolescent bulimia nervosa: A disorder in evolution? *Archives of Pediatrics and Adalescent Medicine,* 158, 478-482.

Le Grange, D., Crosby, R., Rathauz, P., & Leventhal, B. (2006). *A contralled comparisan of family-based treatment and individual suppartive psychatherapy far adalescents with bulimia.* Manuscript submitted for publication.

Le Grange, D., & Schmidt, U. (2005). The treatment of adolescents with bulimia nervosa. *Journal of Mental Health,* 14(6), 587-597.

Leon, G. R., Fulkerson,]. A., Perry, C. L., & Cudeck, R. (1992). Personality and behavioral vulnerabilities associated with risk status for eating disorders in adolescent girls. *Journal of Abnarmal Psychalagy, 102(3),438-444.*

Liebman, R., Minuchin, S., & Baker, L. (1974). An integrated treatment program *of* anarexia nervosa. *American Journal of Psychiatry,* 131,432-436.

Liebman, R., Sargent,]., & Silver, M. (1983). A family systems approach to the treatment of anorexia nervosa. *Journal of the American Academy of Child Psychiatry,* 22, 128-133.

Lack, J., Agras, W. S., Brysan, S., & Kraemer, H. C. (2005). A comparison of short- and long-term family therapy for adolescent anorexia nervosa. *Journal of the American Academy of Child and Adolescent Psychiatry,* 44(7), 632-639.

Lock, J., & Le Grange, D. (2005). *Help yaur teenager beat an eating disarder.* New York: Guilford Press.

Lock,]., Le Grange, D., Agras, W. S., & Dare, C. (2001). *Treatment manual far anarexia nervasa: A family-based appraach.* New York: Guilford Press.

Lucas, A. R., Beard, C. M., O'Fallon, W. M., & Kurland, L. T. (1991). 50-year trends in the incidence of anorexia nervosa in Rochester, Minnesota: A population-based study. *American Journal of Psychiatry,* 148, 917-922.

Madanes, C. (1981). *Strategic family therapy.* San Francisco: Jossey-Bass.

Maddocks, S. E., Kaplan, A. S., Woodside, D. B., Langdon, L., & Piran, N. (1992). Two year follow-up of bulimia nervosa: The importance of abstinence as the criterion of outcome. *Internatianal Journal of Eating Disorders,* 12, 133-141.

Maloney, M., McGuire,]., & Daniels, S. (1988). Reliability testing of a children's version of the Eating Attitudes Test. *Journal of the American Academy of Child and Adolescent Psychiatry,* 27, 541-543.

McKenzie, J. M. (1992). Hospitalization for anorexia nervosa. *Internatianal Journal af Eating Disarders*, 11 (3), 235-241.

Minuchin, S., Baker, L., Rosman, B. L., Liebman, R., Milman, L., & Todd, T. C. (1975). A conceptual model of psychosomatic iIIness in children. *Archives af General Psychiatry*, 32, 1031-1038.

Minuchin, S. Rosman, B. L., & Baker, B. L. (1978), Psychosomatic families: *Anorexia nervosa in contexto* Cambridge, MA: Harvard University Press.

Mitchell, J. E., Hatsukami, D., Pyle, R. L., & Eckert, E. D. (1987). Late onset bulimia. *Comprehensive Psychiatry*, 28(4), 323-328.

Morgan, H. G., & Hayward, A. E. (1988). Clinical assessment of anorexia nervosa: The Morgan-Russell Outcome Assessment Schedule. *British Journal of Psychiatry*, 152, 367-371.

Morgan, H. G., & Russell, G. F. M. (1975). Value of family background and clinical features as predictors of long-term outcome in anorexia nervosa: A four year followup study of 41 patients. *Psychological Medicine*, 5, 355-371.

Nozoe, S., Soejima, Y., Yoshioka, M., Naruo, T., Masuda, A., Nagai, N., et aI. (1995). Clinical features of patients with anorexia nervosa: Assessment of factors influencing the duration of inpatient treatment. *Journal of Psychosomatic Research, 39(3)*, 271-281.

Palla, B., & Litt, I. F. (1988). Medical complications of eating disorders in adolescents. *Pediatrics*, 81, 613-623.

Palmer, E. P., & Guay, A. T. (1985). Reversible myopathy secondary to abuse of ipecac in patients with major eating disorders. *New England Journal of Medicine, 313*, 1457-1459.

Palmer, R., Oppenheimer, R., Dignon, A., Chalnor, D., & Howells, K. (1990). Childhood sexual experiences with adults reported by women with eating disorders: An extended series. *British Journal of Psychiatry*, 156, 699-703.

Patton, G. (1988). Mortality in eating disorders. *Psychological Medicine,* 18,947-961. Pomeroy, c., Mitchell, J. E., & Eckert, E. D. (1992). Risk of infection and immune function in anorexia nervosa. *International Journal of Eating Disorders*, 12,4755.

Pumariega, A. (1986). Acculturation and eating attitudes in adolescent girls: A comparative and correlational study. *Journal of the American Academy of Child and Adolescent Psychiatry*, 25(2), 276-279.

Radke-Sharpe, N., Whitney-Saltiel, D., & Rodin, J. (1990). Fat distribution as a risk factor for weight and eating concerns. *International Journal of Eating Disorders*, 9(1), 27-36.

Rastam, M. (1992). AN in 51 Swedish adolescents: Premorbid problems and comorbidity. *Journal of the American Academy of Child and Adolescent Psychiatry, 31,* 819-828.

Ratnasuriya, R. H., Eisler, 1., & Szmukler, G. I. (1991). Anorexia nervosa: Outcome and prognostic factors after 20 years. *British Journal of Psychiatry*, 158, 495-502.

Roberto, L. G. (1986). Bulimia: The transgenerational view. *Journal of Marital and Family Therapy,* 12,231-240.

Robin, A. L., Siegel, P. T., Koepke, T., Moye, A. W., & Tice, S. (1994). Family therapy versus individual therapy for adolescent females with anorexia nervosa. *Journal of Developmental and Behavioral Pediatrics,* 15(2), 111-116.

Robin, A. L., Seigel, P. T., Moye, A. W., Gilroy, M., Dennis, A. B., & Sikand, A. (1999). A controlled comparison of family versus individual therapy for adolescents with anorexia nervosa. *Journal of the American Academy of Child and Adolescent Psychiatry,* 38(12), 1428-1489.

Root, M. P. P., Fallon, P., & Friedrich, W. N. (1986). *Bulimia: A systems approach to treatment.* New York: Norton.

Rorty, M., Yager, j., & Rossotto, E. (1994). Childhood sexual, physical, and psychological abuse in bulimia nervosa. *American Journal of Psychiatry,* 151, 1122-1126.

Rosman, B. L., Minuchin, S., & Liebman, R. (1975). Family lunch session: An introduction to family therapy for anorexia nervosa. *American Journal of Orthopsychiatry,* 45, 846-853.

Russell, G. F. M. (1979). Bulimia nervosa: An ominous variant of anorexia nervosa. *Psychological Medicine,* 9, 429-448.

Russell, G. F. M. (1992). Anorexia nervosa of early onset and its impact on puberty. In P. F. Cooper & A. Stein (Eds.), *Monographs in clinical pediatrics: Vol. 5. Feeding problems and eating disorders in children and adolescents* (pp. 85-113). Warsaw, Poland: Harwood Academic.

Russell, G. F. M., Szmukler, G. 1., Dare, c., & Eisler, I. (1987). An evaluation of family therapy in anorexia nervosa and bulimia nervosa. *Archives of General Psychiatry,* 44, 1047-1056.

Rutherford, J., McGuffin, P., Kutz, R. J., & Murray, R. M. (1993). Genetic influences on eating attitudes in a normal female twin population. *Psychological Medicine,* 23, 425-436.

Schebendach, j., & Nussbaum, M. P. (1992). Nutrition management in adolescents with eating disorders. *Adolescent Medicine State of the Art Reviews,* 3, 541-548.

Schwartz, R. c., Barrett, M. J., & Saba, G. (1985). Family therapy for bulimia. In D. M. Garner & P. E. Garfinkel (Eds.), *Handbook of psychotherapy for anorexia nervosa and bulimia* (pp. 280-307). New York: Guilford Press.

Selvini Palazzoli, M. (1974). *Self-starvation: From the intrapsychic to the transpersonal approach.* London: Chaucer.

Sharpe, T., Ryst, E., Hinshaw, S., & Steiner, H. (1998). Reports of stress: A comparison between eating disorders and normal adolescents. *Child Psychiatry and Child Development,* 28, 117-132.

Shaw, E., Ryst, E., & Steiner, H. (1997). Temperament in juvenile eating disorders. *Psychosomatics,* 38, 126-131.

Sn.ore, R. A., & Porter, J. E. (1990). Normative and reliability data for 11 to 18 year olds on the Eating Disorder Inventory. *International Journal of Eating Disorders,* 9(2), 201-207.

Silber, T. j., Delaney, D., & Samuels, J. (1989). Anorexia nervosa: Hospitalization in adolescent medicine units and third-party payments. *Journal of Adolescent Health Care,* 10, 122-125.

Smith, c., Nasserbakht, A., Feldman, S., & Steiner, H. (1993). Psychological characteristics and DSM-III-R diagnoses at six-year follow-up of adolescent anorexia nervosa. *Journal of American Academy of Child and Adolescent Psychiatry,* 32(6), 12371245.

Society for Adolescent Medicine. (1995). Eating disorders in adolescents: A position paper of the Society for Adolescent Medicine. *Journal of Adolescent Health,* 16, 476-480.

Steiger, H., Leung, F., & Houle, L. (1992). Relationships among borderline features, body dissatisfactions and bulimic symptoms in nonclinical families. *Addictive Behaviors,* 17(4),397-406.

Stein, S., Chalhoub, N., & Hodes, M. (1998). Very early onset bulimia nervosa: Report of two cases. *International Journal of Eating Disorders,* 24, 323-327.

Steiner, H., & Lock, J. (1998). Eating disorders in children and adolescents: A review of the past ten years. *Journal of the American Academy of Child and Adolescent Psychiatry,* 37(4), 352-359.

Steiner, H., Lock, J., & Reissel, B. (1999). Developmental approaches to diagnosis and treatment of eating disorders. *La Revue Prisme, 52-67.*

Steiner, H., Mazer, c., & Litt, 1.(1990). Compliance and outcome in AN. *Western Journal of Medicine,* 153, 133-139.

Steiner, H., Sanders, *M.,* & Ryst, E. (1995). Precursors and risk factors of juvenile eating disorders. In H. D. Steinhausen (Ed.), *Eating disorders in adolescence: Anorexia and bulimia nervosa* (pp. 95-125). New York: de Gruyter.

Steiner, H., Smith, c., Rosenkrantz, R., & Litt, L F. (1991). The early care and feeding of anorexics. *Child Psychiatry and Human Development,* 21(3), 163-167.

Steinhausen, H. C. (Ed.). (1995). *Eating disorders in adolescence.* New York: de Gruyter. Steinhausen, H. C., Rauss-Mason, c., & Seidel, R. (1991). Follow-up studies of anorexia nervosa: A review of four decades of outcome research. *Psychological Medicine,* 21, 447-454.

Steinhausen, H. c., Rauss-Mason, c., & Seidel, R. (1993). Short-term and intermediate term outcome in adolescent eating disorders. *Acta Psychiatrica Scandinavica, 88,* 169-173.

Stevens, J., Story, *M.,* Ring, K., Murray, D. *M.,* Cornell, C. E., Juhaeri, J., & Gittelsohn, J. (2003). The impact of the Pathways intervention on psychosocial variables related to diet and physical activity in American Indian schoolchildren. *Preventive Medicine: An International Journal Devoted to Practice and Theory,* 37(6, Pt. 2), S70-S79.

Stice, E., Agras, S., & Hammer, L. (1999). Risk factors for the emergence of childhood eating disturbances: A five-year prospective study. *International Journal of Eating Disorders,* 25, 375-387.

Stice, E., Killen, J. D., Hayward, c., & Taylor, C. B. (1998). Age of onset for binge eating and purging during late adolescence: A 4-year survival analysis. *Journal of*

Abnormal Psychology, 107(4), 671-675.

Story, *M.,* French, S. A., Resnick, M. D., & Blum, R. W. (1995). Ethnidracial and socioeconomic differences in dieting behaviors and body image perceptions in adolescents. *International Journal of Eating Disorders,* 18(2), 173-179.

Strober, H. (1990). Family-genetic studies of eating disorders. *Journal of Clinical Psychiatry,* 52(10),9-12.

Strober, M. (1991). Disorders of the self in anorexia nervosa: An organismic--developmental paradigm. In C. Johnson (Ed.), *Psychodynamic treatment of anorexia nervosa and bulimia* (pp. 354-373). New York: Guilford Press.

Szmukler, G., Eisler, L, Russell, G., & Dare, C. (1985). Anorexia nervosa: Parental "expressed emotion» and dropping out of treatment. *British Journal of Psychiatry,* 147, 265-271.

Toner, D. D., Garfinkel, P. E., & Garner, D. M. (1986). Long-term follow-up of anorexia nervosa. *Psychosomatic Medicine,* 48, 320-329.

Treasure, L., Todd, G., Brolly, *M.,* Tiller, J., Nehmed, A., & Denman, F. (1995). A pilot study of a randomized trial of cognitive analytical therapy vs educational behavioral therapy for adult anorexia nervosa. *Behaviour Research and Therapy,* 33(4),363-367.

Van der-ham, T., van Strien, D. c., & van England, H. (1994). A four-year prospective follow-up of 49 eating disorder adolescents: Differences in course of illness. *Acta Psychiatrica Scandinavica, 90(3),*229-235.

Vaughn, C., & Leff, J. (1976). The influence of family and social factors on the course of psychiatric illness: A comparison of schizophrenic and depressed neurotic patients. *British Journal af Psychiatry,* 129, 125-137.

Walford, G., & McCune, W. (1991). Long-term outcome in early-onset anorexia nervosa. *British Journal af Psychiatry,* 159, 383-389.

Waller, G. (1991). Sexual abuse as a factor in eating disorders. *British Journal af Psychiatry,* 159, 664-671.

Walsh, B. T., & Wilson, G. T. (1997). *Supportive psychotherapy manual. Appendix II, bulimia nervosa treatment trial.* Unpublished manual, Columbia University, New York, NY, and Rutgers University, Piscataway, NJ.

Webster, J.J., & Palmer, R. L. (2000). The childhood and family background of women with clinical eating disorders: A comparison with women with major depression and women without psychiatric disorder. *Psychological Medicine, 30,* 53-60.

Whitaker, A., Johnson, J., Shaffer, D., Rapoport, J. L., Kalikow, K., Walsh, B. T., et al. (1990). Uncommon troubles in young people: Prevalence estimates of selected psychiatric disorders in a nonreferred adolescent population. *Archives of General Psychiatry,* 47, 487-496.

Windauer, U., Lennerts, W., Talbot, P., Touyz, S. W., & Beumont, P. J. (1993). How will one "cure" anorexia nervosa patients? An investigation of 16 weight-recovered anorectic patients. *British Journal of Psychiatry,* 163, 195-200.

Wynne, L. C. (1980). Paradoxical interventions: Leverage for therapeutic change in individual and family systems. In M. Strauss, T. Bowers, S. Downey, S. Fleck, & I. Levin (Eds.), *The psychotherapy of schizophrenia* (pp. 191-202). New York: Plenum Press.

Yager, J., Andersen, A., Devlin, M., Mitchell., Powers, P., & Yates, A. (1993). American Psychiatric Association practice guidelines for eating disorders. *American Journal of Psychiatry, 150, 207-228.*

Yates, A. (1990). Current perspectives on the eating disorders: 11. Treatment, outcome, and research directions. *Journal of the American Academy of Child and Adolescent Psychiatry,* 29, 1-9.

Zipfel, S., Löwe, B., & Herzog, W. (2005). Medical complications. In J. Treasure, U. Schmidt, & E. van Furth (Eds.), *The essential handbook of eating disorders* (pp. 53-74). Chichester, UK: Wiley.

Índice Remissivo

Abordagem de Maudsley, 8-10. *Ver também* Tratamento baseado na família
    filosofia da, 27-9
    outros tratamentos, 28-9
Abuso de substâncias, 26-7
Abuso físico, bulimia e, 18
Abuso sexual, bulimia e, 18
Aceitação isenta de críticas, modelagem pelo terapeuta, 147-9, 194-5
Adolescente. *Ver* Paciente
Alimentação
    controle da, pelos pais, 34-5, 191-2, 206-08
    padrões de transação familiar envolvendo, 101-06, 116-121
Alimentos proibidos, 102, 106-9, 128-9. *Ver também* Alimentos-gatilho
    na refeição familiar, 112-3
Alimentos-gatilho, 165-6
    identificação do, 98-9
    na refeição da família, 112-3
Amenorréia, 18
Anorexia nervosa
    aspectos psicológicos da, 20-3
    comorbidade na, 19-21
    em adolescentes de famílias críticas, 147
    natureza ego-sintônica da, 33-4, 257-8
    pressão das colegas e, 21-3
    reações dos pais à, 148
    TBF para, 15, 23-4
    versus bulimia nervosa, 15, 19-23
Ansiedade social, problemas, 56-7
Ansiedade
    como motivador, 69-70
    dos pais, aumento da, 59, 61-3, 67-8, 87-92
Auto-estima, 18
Autonomia
    adolescente, 27-8, 185-6, 217-8
    aumento, 35-6
Auto-relatos, 51-2
Avaliação do peso, 63-5, 79
    evitação, pela paciente, 48-9
    informação da, aos pais, 65
    no Primeiro Estágio, sessões de 3 a 10, 137-9
Avaliação nutricional, 49-51

Avós, envolvimento dos, 157-8
Bulimia nervosa
    abordagens de tratamento para, 22-3
    abordagens desenvolvimentais à, 15
    acomodação da família à, 120-1
    apoio empírico para. Ver externalização
    aspectos psicológicos da, 20-3
    ciclo renovado de, 198
    comorbidades com. Ver Condições comórbidas
    complicações médicas da, 18
    comunicação da gravidade da, 68-70. Ver também Ansiedade dos pais
    comunicação pela, 228-9
    consumo alimentar compulsivo na. Ver Consumo alimentar compulsivo
    contingências futuras da, 226-7
    controle conjunto entre paciente e pais, 136
    critérios do DSM-IV para, 47
    em adultos, 36-7
    gatilhos da, 48-9, 98-9, 112-3, 165-6
    invisibilidade da, 71
    manual para, 15-7, 22-5
        indicações para uso, 37-8
        lógica para uso, 28-31
    manutenção do foco sobre, 101
    morbidade psiquiátrica e, 18
    natureza egodistônica da, 32-4, 47, 51-2, 83-4, 233, 152-3, 257-8
    organização da família em torno da, 101
    origem do conceito, 86-7
    origens da, 27-28, 60-1, 67-8, 84-5, 239
    pré-menarca, 19-20
    pressão das colegas e, 21-3
    prevalência da, 18-20
    purgação na. Ver Purgação
    questões adolescentes e. Ver Questões ligadas à adolescência
    questões ligadas ao desenvolvimento da, 28-9, 219-21
    reações dos pais a, 148
    recorrência da, 217
    resultados para, 26-7
    separar a paciente da, 61-2, 66-70, 83-8, 139-151. Ver também Externalização

subtipos de, 47
versus anorexia nervosa
visão geral da, 17-9
Cardiomiopatia, emetina, 18
colaboração da paciente com, 192
　abandono do controle pelos, 211-4
　como recurso, 16, 23-4, 27-8, 140-1
　da paciente com AN, 148
　da paciente com BN, 148
　na revisão de questões ligadas à adolescência, 222-5, 233-9
　　papel no estabelecimento de padrões alimentares, 91-100, 106-9, 122-134, 140, 144-5, 179-83, 189-91, 205-6
　　papel dos, 25-6, 27-9, 31, 3-4, 87-8
　　psicopatologia nos, 155-7
　　rejeição dos, pela paciente, 74-5
　　separados/divorciados, 59-61
　　　apoio dos, 61-3, 107-8, 144-5, 150, 183-4, 189-91, 196-7, 205-6, 214-5
　　falta de envolvimento dos, 52-4
Comportamentos autodanosos, manejo de, 154-6
Compulsão alimentar
　gatilhos para, 98-99. Ver também Gatilhos
　papel dos pais para eliminação da, 91-100, 140
　respostas emocionais à, 17
　verdadeira × "subjetiva", 48-49
Comunicação. Ver também Críticas
　comportamentos bulímicos como, 228-9
　entre terapeuta-família, 58-9
Condições comórbidas, 19-21, 55-57
　abordagem, 35-6
　agudas, manejo de, 143-5, 154-6
　manejo separado de, 74, 83-4, 107, 140
　menstrual, 48-9
Condições médicas, avaliação, 49-50, 50t, 51t
Condições psiquiátricas
　comórbidas, 18, 55-6
　dos pais, 155-6
Conflitos familiares, 27-9
Contratransferência, 55-6
Críticas pelos pais, 6-70, 86-7, 146-9, 194-5
Cuidados parentais, estilos de, 54-5
Culpa
　da paciente, 141-3
　dos pais, 67-8
　alívio, 83-5
Culpa, evitar impor, 59-60, 63, 66-7, 84-6
　de adolescentes com BN versus de adolescentes com AN, 20-2
Depressão, 26-7, 55-6
Desenvolvimento psicossocial, interferência da BN com, 195
DSM-IV-TR, critérios para BN, 47
Eating Test Attitudes, 51-2

Emetina, cardiomiopatia, 18
Encontros românticos, na adolescência, 193-4
Engordar, medo de, 17
Entrevistas. Ver também Questionamento circular
　com a adolescente, 47-9
　com os pais, 48-50
　padronizadas, 36-37
Estrutura familiar, avaliação durante refeição familiar, 103-6
Exame do Transtorno Alimentar, O, 50-1
Exercícios
　excessivos, 92-3
　nível apropriado de, 191
Externalização, 73, 83-8, 167-170, 177-9, 196, 213-4
　e modelagem de aceitação sem críticas, 147-9
　finalidade da, 66-7
Família
　abandono do controle pela, 191-2
　abordagem sem imposição de culpa à, 59-60, 63, 66-7, 84-6
　acomodação do transtorno, 120-1
　alianças improdutivas na, 104-5
　altamente crítica, manejo de, 156-8
　atitude em relação à, 33-4
　aumento da ansiedade na, 59, 61-3, 67-8, 87-9
　com um só membro parental, 52-3
　como recurso, 27-8, 30-1, 58, 67-8, 144-5
　comparecimento parcial pela, 72-3
　conflito na, 27-9
　críticas pela, 66-9, 86-7, 146-9, 194-5
　de pacientes com AN, 23-4, 147
　de pacientes com BN × AN, 20-1, 22-3
　definição, 35-6
　encontro com a, 65-6
　hostil, manejo de, 156-8
　impactos da BN sobre, 65-7, 80-4
　influência sobre a BN, 51-3
　Minuchin, descrição de, 104
　obtenção da história, 80-4
　papel da paciente com BN na, 53-4
　papel da, 59
　primeiro encontro com a, 58-77, 79-80
　　marcação do, 58-61
　relacionamento da adolescente com a, 216-7
　sentimentos do terapeuta em relação à, 54-5
　vista como influência maligna, 16
Hipocalcemia, 18
Hipofosfatemia, 18
Hipomagnesemia, 18
Hospitalização, indicações para, 50, 51t, 76-7
Ideação/comportamento suicida, 18, 55-6
　idade de início da BN e, 26-7
　manejo de, 154-5
Independência. Ver Autonomia

Índice Remissivo

Intestinos, anormalidades, 18
Inventário do Transtorno Alimentar, 51
Ipeca, transtornos associados com, 18
Irmãos
   alinhamento da paciente com, 59-60, 109-11, 221-24
   apoio pelos, 195
   avaliação familiar dos, 145-6
   críticas por, 146-49, 176-7, 194-5
   em papéis semelhantes aos dos pais, 52-4
   papel dos, 109-10, 121-2
   resistência por, 75
Kids Eating Diorders Survey, 51-2
Laxantes, abuso, 142-3
Limites entre as gerações, estabelecimento, 59-60, 145
Marcação da primeira sessão, 58-61
Medicamentos, 187
Menstruação, estado da, 48-9
Minuchin, abordagem de, 28-9, 104
Negação
   pela paciente, 25-6
   pelos pais, 228-30
Negligência parental, 19-20
Nutricionista, consulta com, 49-50
Osteopenia, 191
Osteoporose, 191
Paciente
   aliança com os pais, 61-3, 110
   alinhamento com irmãos, 59-60, 109-11, 120-3
   apoio à, 183-4, 214-5
   apoio ao relacionamento da família com, 216-7
   apoio dos irmãos à, 195
   avaliação da família, 145-6
   autoferimentos, 154-5
   autonomia da, 185-6, 217-8
   colaboração dos pais com, 192
   comportamento enganoso pela, 153-4
   críticas da, 66-70, 86-7, 146-9, 176-7, 194-5
   devolução do controle à, 34-5, 191-2, 206-8, 211-4
   entrevista, 47-9
   limites entre os pais e, 145
   negociação com, 214
   rejeição ao apoio parental pela, 74-5
   relacionamento com o terapeuta, 186
   resistência pela, 74, 197
   segredos da, 73
   sentimentos de culpa na, 141-3
   separação entre a, e BN, 66-70, 83-8, 149-151, 196. Ver também Externalização
   verbalização pela, 109
Padrões de alimentação
   manutenção do foco sobre, 170-6
   normalização de, 105, 162-3, 165-6
   papel dos pais no estabelecimento de, 91-100, 106-09, 122-34, 165-8, 179-183, 189-191, 205-06
Pais
   abordagem sem atribuição de culpa, 59-60, 63, 66-7, 84-5
   aliança da paciente com, 110
   após saída dos filhos de casa, 217
   aumento da ansiedade dos, 59, 61-3, 87-92
   capacitação dos, 16, 93-4
   colaboração (trabalho conjunto) com adolescente, 32-4
   críticas pelos, 66-70, 86-7, 146-9, 176-7, 194-5
   de pacientes de BN × de pacientes de AN, 20-1, 257
   definição da autoridade dos, 59-60
   dependência do terapeuta, 198
   detalhes oferecidos pelos, 151-3
   discórdia entre, 152-3
   divorciados, 53-4
   entrevista dos, 48-50
   experiências dos adolescentes sobre os, 223-5
   impactos da BN sobre, 80-4
   limites entre paciente e, 145
   questões ligadas ao desenvolvimento adolescente e, 220-1
   relacionamento colaborativo com adolescente, 61-3
   relacionamento de apoio ao crescimento, 225-6
   relacionamento do adolescente com os, 35-6
Papel do médico, 187
Pediatra
   papel do, 220-1
   relacionamento com, 38-9
Pressão das colegas, e pacientes de BN × AN, 21-3
Primeiro Estágio, 16, 46-57
   avaliação no, 46-55
   avaliação/tratamento médico/nutricional no, 49-52, 50t, 51t
   conceitualização do caso no, 52-4
   entrevista da adolescente no, 47-9
   entrevista dos pais no, 48-50
   ferramentas no, 50-2
   foco do, 32-5
   primeira sessão na prática, 78-100
   primeira sessão, 58-77
   solução de problemas da, 72-7
   segunda sessão na prática, 114-35
   segunda sessão, 101-13. Ver também Refeição da família
   solução de problemas da, 111-3
   sentimentos do terapeuta, 54-6
   sessões 3 a 10 na prática, 160-84
   sessões 3 a 10, 136-59
   solução de problemas nas, 151-9

transtornos comórbidos e, 55-7
Psiquiatra, contato do terapeuta com, 187
Purgação
  estratégia de evitação, 141-3
  exercícios excessivos como, 92-3
  papel dos pais na eliminação,91-100, 140
  tipos de, 17
Questionamento circular, 143, 190-1, 224-5
  procedimento para, 66-7
Questões da adolescência, 186. *Ver também* Questões ligadas ao desenvolvimento
  BN e, 193-4, 198-9, 208-11
  exploração dos temas, 224-6, 239-50
  negação parental de, 228-30
  revisão de, pelos pais, 222-5, 233-9
  solução de problemas para, 221-3, 224-5, 232-3
Questões ligadas ao desenvolvimento, 216-230. *Ver também* Questões ligadas à adolescência
  BN e, 28-9, 193, 219-220
  nas abordagens de tratamento, 15
  no TBF, 30-1
Refeição da família, 101-13
  fracasso para trazer, 111-2
  padrões de transação familiar durante, 116-21
  preparação para, 99-100
  solução de problemas durante111-3
  tomada da história durante, 103-6
Registro de consumo alimentar compulsivo/purgação, dar início a, 63-65, 80
Resultados, 26-7
  história de caso de, 256-7
Risco psiquiátrico, 26-7
Russell, G., 86-7
Segredos da paciente, 74
  paciente, 73
Segundo Estágio, 16-7
  avaliação da prontidão para, 187
  conclusão do, 199
  equipe de tratamento no, 187-9
  foco do, 34-5
  mudança na ênfase, 190
  na prática, 200-15
  sessões 11 a 16, 185-99
  transição, 199
Sexualidade, BN e, 193, 219-20
Society for Adolescent Medicine, diretrizes de tratamento médico da, 50
  solução de problemas no, 197-9
Solução de problemas, modelagem do terapeuta para, 221-2, 224-5, 232-3
Terapeuta
  atitude do, no Primeiro Estágio x Segundo Estágio, 186
  como consultor, 93-4, 107
  comunicações com a família, 58-9

dependência dos pais em relação ao, 198
discurso motivacional pelo, 69-71
envolvimento emocional do, 76
exaustão, 158-9
independência em relação ao, 185-6
modelagem da solução de problemas pelo, 147-9, 194-5
relacionamento da paciente com, 186
sentimentos em relação à família, 54-6
Terapia familiar
  anorexia nervosa e, 23-4
  argumentos em favor da, 25-6
  para bulimia nervosa, 24-6
Terceiro Estágio, 17, 216-30
  conclusão do, 230
  foco do, 34-5
  na prática, 231-53
  prontidão para, 217-9
  solução de problemas, 228-9
  trabalho em equipe no, 220-2
  transição para, 199
Transtorno de ansiedade, 55-6
Transtorno de humor, 55-6
Transtornos de personalidade, 55-7
Transtornos eletrolíticos, 18
Transtornos esofágicos, 18
Transtornos gástricos, 18
Tratamento baseado na família. *Ver também* Abordagem de Maudsley
  abordagem da equipe, 37-9
  apresentação de objetivos/intervenções terapêuticas, 40t-42t
  candidatos apropriados para, 35-7
  contexto do, 59
  contra-indicações para, 36-7
  gráficos de consumo alimentar compulsivo/purgação no, 44-5
  introdução ao, 26-9
  manual para, 257
  membros problemáticos da equipe no, 154-5
  origens da BN no, 27-8, 60-1, 67-8, 84-85, 239
  para anorexia nervosa, 15
  platô do progresso, 152-4
  Primeiro Estágio do. Ver Primeiro Estágio
  questões desenvolvimentais no, 157-8
  registro de consumo alimentar compulsivo/purgação no, 43t
  resumo do caso completo, 252-8
  ritmo do, 27-8
  Segundo Estágio do. Ver Segundo Estágio
  Terceiro Estágio do. Ver Terceiro Estágio
  término, 227-9
Vergonha, 47, 51-2
  alívio da, 33-4
  e externalização do transtorno alimentar, 66-7